人地系统导论

An Introduction to Human-Nature Systems

Введение в системы «Человек-Земля»

مقدمة حول أنظمة الإنسان والطبيعة

曹小曙　李　鹏　党小虎　编著

版权所有　翻印必究

图书在版编目（CIP）数据

人地系统导论：精装版／曹小曙，李鹏，党小虎编著．
广州：中山大学出版社，2024．8． -- ISBN 978-7-306-08170-4

Ⅰ．K901

中国国家版本馆 CIP 数据核字第 20246P9G39 号

RENDI XITONG DAOLUN

出 版 人：	王天琪
策划编辑：	陈晓阳
责任编辑：	陈晓阳
封面设计：	曾　斌
责任校对：	舒　思
责任技编：	靳晓虹
出版发行：	中山大学出版社
电　　话：	编辑部 020-84110776，84113349，84111997，84110779
	发行部 020-84111998，84111981，84111160
地　　址：	广州市新港西路 135 号
邮　　编：	510275　传　真：020-84036565
网　　址：	http：//www.zsup.com.cn　E-mail：zdcbs@mail.sysu.edu.cn
印 刷 者：	恒美印务（广州）有限公司
规　　格：	787mm×1092mm　1/16　21 印张　331 千字
版次印次：	2024 年 8 月第 1 版　2025 年 9 月第 2 次印刷
定　　价：	98.00 元

如发现本书因印装质量影响阅读，请与出版社发行部联系调换

本教材为国家自然科学基金重点项目、自然资源部高层次科技创新人才工程科技创新团队、陕西师范大学地理学科教材建设项目、广州大学"百人计划"领军人才项目、广州大学地理空间信息与智慧生态环境交叉创新平台的研究成果。

出版说明

人类社会发展与地球环境之间的关系日趋紧密和复杂，以地球表层系统为主体构成的地理环境与人类社会两大系统逐渐被视为一个统一整体——人地系统。如何科学认识人地关系、有效协调人与自然和谐共生、实现人类命运共同体的可持续人地系统，成为人类社会普遍关注的前沿科学领域。

《人地系统导论》平装版于2022年12月面世，受到了广泛关注。该教材以习近平生态文明思想为指引，尝试建立中国特色人与自然生命共同体自主知识体系，支撑中国式现代化的人地系统基础理论与实践路径的创新探索。为了进一步扩大教材的全球影响力，此次出版增加了人地系统重要概念中、英、俄、阿四个语种的术语对照表（附录部分），以及英文、俄文和阿拉伯文目录。此外，还对部分章节标题和正文进行了勘误和校正，并将版式改为精装版。

在此，特别感谢两位博士后合作者康喆文博士和杨洁博士对本书俄文、英文目录及术语的翻译和校对工作，感谢智慧宫国际文化传播集团有限公司对阿拉伯文目录及术语的翻译，感谢中山大学出版社王天琪社长对本教材出版的支持！

地球有边界，人类认知无边界，我们一直在路上！

曹小曙　李　鹏　党小虎
2024年4月11日
于古都西安

前　　言

　　人类活动和地球环境的相互作用贯穿于人类社会发展的各个阶段。人类不仅仅是地球系统的一部分，而且通过自身的活动直接影响和改变着地球系统。人类被自然塑造的程度并不亚于其自身塑造自然的程度。近万年以来，人类活动已经成为一种重要的地质营力，在地球系统的运转中发挥着越来越鲜明的作用，人类活动与地球环境之间的关系进入"人类世"世代。

　　由于人类社会的发展与地球环境之间的关系日趋复杂化，学界将地球表层系统为主体所构成的地理环境和人类社会两大系统视作一个整体——人地系统，并研究它们相互作用的机理、结构、功能和整体调控的途径。以上内容共同构成地理科学的研究核心。

　　地球环境与人类自身所创造的环境是人类生存的基础，为人类提供清洁的空气、水及营养元素。地球环境有维系生命所需的充足矿藏赋存与再生资源，以粮食、水、能源等为主，水—粮食—能源三者之间的关系成为认知人地系统的重要纽带。

　　乡村、城市与区域是人类活动与地球环境相互作用的直接结果，是人类活动累积的影响在地球表面留下的可辨识的印记，也是人类生存的主要载体，为人类提供了健康、舒适与安全的生存空间。

　　人类活动的加速化发展克服了空间上的各种障碍，使空间联系更加紧密，地球从一个星球收缩成为一个"地球村"。这一时空压缩，正是随着现代交通技术变革、信息化及网络技术的快速发展，地理空间格局呈现均质化状态的结果。

　　尽管当今人类的科学技术水平已经取得了前所未有的进步，但人类仍然无法脱离地球而生存。地球的资源是有限的，而人类的需求是无限的。人类过于频繁地索取地球资源，给地球带来了巨大的生态负担及负面效应。与此同时，人类社会也面临着众多已知与未知的风险，因而如何科学认知和有效协调人类活动与地球环境之间的关系，成为人地系统所关注的主要问题。

人地系统的认知与实践以地球系统科学为基础、以地理科学为主体，具有自然科学、社会科学、人文科学等多学科交叉融合的特征。人地系统科学是理解人与自然生命共同体、人类命运共同体的基础科学，旨在培养具备全球视野、家国情怀，关注人类命运，脚踏实地地服务于国家战略的复合型人才。

本教材由陕西师范大学、广州大学、西安理工大学、西安科技大学、长安大学、山西财经大学、西安外国语大学等不同学科背景的学者共同编著。

全书分为七章（共二十三节），各章节撰写人员如下所示。

第一章：第一节的作者为张苗、曹小曙，第二节的作者为周建、曹小曙，第三节的作者为曹小曙、李鹏、党小虎。

第二章：第一节的作者为邱孟龙、陈秦，第二节、第三节的作者为李鹏、于坤霞。

第三章：第一节、第二节的作者为殷江滨，第三节的作者为杨晴青，第四节的作者为康喆文。

第四章：第一节的作者为杨晴青，第二节的作者为黄晓燕，第三节的作者为张甜。

第五章：第一节、第二节的作者为李涛，第三节的作者为黄晓燕。

第六章：第一节的作者为徐建斌，第二节的作者为党小虎、赵洲、艾泽民，第三节的作者为陈秦、邱孟龙，第四节的作者为张苗、李元。

第七章：第一节的作者为王晓峰、杨洁，第二节的作者为李继园、董云云、赵常军，第三节的作者为曹小曙、李鹏、党小虎。

全书由曹小曙、李鹏、党小虎负责结构设计与统稿。

当今知识浩瀚如海，作者认知有限，但求对学科的发展创新、人才的培养做一点推进和尝试，如有错误之处，敬请批评指正！

曹小曙　李鹏　党小虎
2024 年 1 月于西安

| 第一章 | 绪论 | 1 |

第一节 地球系统 ……………………………………… 1
　　一、地球系统的组成 …………………………… 1
　　二、地球系统科学 ……………………………… 8
第二节 地理系统 ……………………………………… 9
　　一、地理要素 …………………………………… 9
　　二、地理空间 …………………………………… 10
　　三、人地系统 …………………………………… 11
第三节 课程特点 ……………………………………… 19

第二章 粮食、水和能源 ……………………………… 22
第一节 粮食和耕地 …………………………………… 22
　　一、粮食生产 …………………………………… 22
　　二、耕地资源 …………………………………… 27
第二节 水资源与配置 ………………………………… 32
　　一、水资源 ……………………………………… 32
　　二、水资源配置 ………………………………… 38
　　三、水利工程 …………………………………… 43
第三节 能源与安全 …………………………………… 48
　　一、能源转型 …………………………………… 48
　　二、能源安全 …………………………………… 53

第三章　人类社会的发展

第一节　人口变动
一、人口规模 …… 59
二、人口分布 …… 64
三、人口迁移 …… 68

第二节　经济增长
一、经济活动 …… 73
二、经济区位 …… 77
三、经济全球化 …… 82

第三节　社会发展
一、社会空间 …… 87
二、社会流动 …… 90
三、社会网络 …… 93
四、智慧社会 …… 95

第四节　文化景观
一、历史、考古与文化 …… 99
二、文化传播与跨文化传播 …… 103
三、文化分区 …… 107

第四章　乡村、城市与区域

第一节　乡村 …… 110
一、乡村聚落 …… 110
二、乡村环境 …… 115
三、乡村规划 …… 118

第二节　城市 …… 122
一、城市演变 …… 122
二、城市空间 …… 127
三、城市景观与感知 …… 133
四、未来城市与规划 …… 138

第三节　区域 …… 144
　一、区域发展 …… 144
　二、区域战略 …… 149
　三、区域规划 …… 153

第五章　交通运输与联系 …… 160
第一节　可达性 …… 160
　一、距离障碍 …… 161
　二、交通运输方式 …… 163
　三、交通运输网络 …… 167
第二节　交通流 …… 172
　一、概念与类型 …… 172
　二、交通流的生成 …… 176
第三节　城市出行 …… 184
　一、城市交通 …… 184
　二、居民出行 …… 190
　三、智慧交通 …… 195

第六章　人类的生存风险 …… 201
第一节　贫困风险 …… 201
　一、贫困问题 …… 202
　二、空间贫困 …… 206
　三、可持续减贫 …… 208
第二节　自然灾害 …… 210
　一、特征 …… 210
　二、类型 …… 212
　三、防范 …… 218
第三节　环境健康 …… 226
　一、环境 …… 226
　二、土壤与健康 …… 230

三、疾病与传播 ·· 235
　第四节　全球变化 ·· 239
　　一、全球气候变化 ·· 240
　　二、碳循环 ·· 243
　　三、全球变化的影响 ··· 245

第七章　人地系统与可持续发展 ·· 249
　第一节　人地系统耦合 ·· 249
　　一、粮食—水—能源纽带关系 ································ 249
　　二、生态系统服务 ·· 253
　　三、社会－生态系统 ··· 257
　第二节　人地系统模拟 ·· 261
　　一、科学数据 ·· 261
　　二、地理建模 ·· 266
　　三、地理模拟 ·· 272
　第三节　人类命运共同体 ··· 277
　　一、全球空间与"一带一路" ··································· 277
　　二、人地系统可持续发展 ······································· 278

参考文献 ·· 282

附录　专业术语对照表（中—阿—英—俄） ······················· 298

فهرس

الفصل الأول: مدخل

القسم الأول: نظام الأرض
أولا، تشكل نظام الأرض
ثانيا، علم نظام الأرض
القسم الثاني: النظام الجغرافي
أولا، العوامل الجغرافية
ثانيا، الفضاء الجغرافي
ثالثا، أنظمة الإنسان والطبيعة
القسم الثالث: خصائص هذه المادة الدراسية

الفصل الثاني: الغذاء والمياه والطاقة

القسم الأول: الغذاء والأراضي الصالحة للزراعة
أولا، إنتاج الغذاء
ثانيا، موارد الأراضي الصالحة للزراعة
القسم الثاني: الموارد المائية وتوزيعها
أولا، الموارد المائية
ثانيا، توزيع الموارد المائية
ثالثا، الهندسة الهيدروليكية
القسم الثالث: الطاقة وأمنها
أولا، تحول الطاقة
ثانيا، أمن الطاقة

الفصل الثالث: تطور المجتمع البشري

القسم الأول: التغير السكاني
أولا، حجم السكان
ثانيا، توزيع السكان
ثالثا، نزوح السكان
القسم الثاني: النمو الاقتصادي
أولا، النشاط الاقتصادي
ثانيا، الموقع الاقتصادي
ثالثا، العولمة الاقتصادية
القسم الثالث: التنمية الاجتماعية
أولا، الفضاءات الاجتماعية
ثانيا، الحراك الاجتماعي
ثالثا، الشبكات الاجتماعية
رابعا، المجتمع الذكي
القسم الرابع: المناظر الطبيعية الثقافية
أولا، التاريخ وعلم الآثار والثقافة
ثانيا، الانتشار الثقافي والتواصل بين الثقافات
ثالثا، ثالثا، تمايز الثقافة

الفصل الرابع: الريف، الحضر، والإقليم

القسم الأول: الريف
أولا، الاستيطان الريفي
ثانيا، البيئة الريفية
ثالثا، التخطيط الريفي
القسم الثاني: الحضر
أولا، التطور الحضري
ثانيا، الفضاء الحضري
ثالثا، المناظر الطبيعية الحضرية والإدراك
رابعا، مدن المستقبل والتخطيط

القسم الثالث: الإقليم

أولا، التنمية الإقليمية

ثانيا، الإستراتيجية الإقليمية

ثالثا، التخطيط الإقليمي

الفصل الخامس: النقل والمواصلات والارتباط

القسم الأول: إمكانية الوصول

أولا، عائق المسافة

ثانيا، طرق النقل والمواصلات

ثالثا، شبكات النقل والمواصلات

القسم الثاني: تدفق حركة المرور

أولا، مفهوم وأصناف تدفق حركة المرور (أو التدفق المروري)

ثانيا، أساس توليد تدفق حركة المرور

القسم الثالث: السفر الحضري

أولا، المواصلات الحضرية

ثانيا، تنقل السكان

ثالثا، المواصلات الذكية

الفصل السادس: الأخطار الوجودية التي تتهدد البشرية

القسم الأول: خطر الفقر

أولا، قضية الفقر

ثانيا، نظرية الفقر المكاني والعوامل التي تؤثر في الفقر

ثالثا، استدامة الحد من الفقر

القسم الثاني: الكوارث الطبيعية

أولا، خصائص الكوارث الطبيعية

ثانيا، أصناف الكوارث الطبيعية

ثالثا، الوقاية من الكوارث الطبيعية

القسم الثالث: الصحة البيئية

أولا، البيئة

ثانيا، التربة والصحة

ثالثا، الأمراض وانتشارها

القسم الرابع: التغيرات العالمية

أولا، ظاهرة التغير المناخي العالمي

ثانيا، انبعاثات الكربون

ثالثا، تأثير التغيرات العالمية

الفصل السابع: التنمية المستدامة لأنظمة الإنسان والطبيعة

القسم الأول: اقتران أنظمة الإنسان والطبيعة

أولا، العلاقة بين الغذاء والمياه والطاقة

ثانيا، خدمات النظام البيئي

ثالثا، النظام الاجتماعي البيئي

القسم الثاني: محاكاة أنظمة الإنسان والطبيعة

أولا، البيانات العلمية

ثانيا، بناء النماذج الجغرافية

ثالثا، المحاكاة الجغرافية

القسم الثالث: مجتمع ذو مستقبل مشترك للبشرية

أولا، الفضاء العالمي و"الحزام والطريق"

ثانيا، استدامة أنظمة الإنسان والطبيعة

المراجع

ملحق مسرد المصطلحات (الصينية - العربية - الإنجليزية - الروسية)

Catalogue

Chapter 1. Introduction

Section 1. Earth system

 Ⅰ. Structure of the Earth system

 Ⅱ. Earth system science

Section 2. Geosystem

 Ⅰ. Geographic element

 Ⅱ. Geographic space

 Ⅲ. Human-nature systems

Section 3. Course characteristics

Chapter 2. Food, water, and energy

Section 1. Food and cultivated land

 Ⅰ. Food production

 Ⅱ. Cultivated land

Section 2. Water resources and allocation

 Ⅰ. Water resources

 Ⅱ. Water resources allocation

 Ⅲ. Hydraulic engineering

Section 3. Energy and security

 Ⅰ. Energy transformation

 Ⅱ. Energy security

Chapter 3. Human society

Section 1. Population dynamics

Ⅰ. Population size

Ⅱ. Population distribution

Ⅲ. Population migration

Section 2. Economic development

Ⅰ. Economic activity

Ⅱ. Economic location

Ⅲ. Economic globalization

Section 3. Social progress

Ⅰ. Social space

Ⅱ. Social mobility

Ⅲ. Social network

Ⅳ. Smart society

Section 4. Culture landscape

Ⅰ. History, archaeology, and culture

Ⅱ. Culture transmission

Ⅲ. Culture division

Chapter 4. Rural, urban, and region

Section 1. Rural area

Ⅰ. Rural settlement

Ⅱ. Rural environment

Ⅲ. Rural planning

Section 2. Urbanization

Ⅰ. Urban evolution

Ⅱ. Urban space

Ⅲ. Urban landscape perception

Ⅳ. Future city and planning

Section 3. Region

Ⅰ. Regional development

Ⅱ. Regional strategy

Ⅲ. Regional planning

Chapter 5. Transport and connection

Section 1. Accessibility

　Ⅰ. Distance barrier

　Ⅱ. Transport category

　Ⅲ. Transport system

Section 2. Transport flow

　Ⅰ. Concepts and category

　Ⅱ. Transport flow mechanism

Section 3. Urban transport

　Ⅰ. Urban transport and land use

　Ⅱ. Travel behavior

　Ⅲ. Smart transport

Chapter 6. Human subsistence risks

Section 1. Poverty risk

　Ⅰ. Poverty

　Ⅱ. Spatial poverty

　Ⅲ. Sustainable poverty reduction

Section 2. Natural disasters

　Ⅰ. characteristic

　Ⅱ. Type

　Ⅲ. Prevention

Section 3. Environmental health

　Ⅰ. Environment

　Ⅱ. Soil and health

　Ⅲ. Epidemic spread

Section 4. Global change

　Ⅰ. Global climate change

　Ⅱ. Carboncycling

　Ⅲ. Global change impact

Chapter 7. Development and Sustainability

Section 1. Coupling Human-nature system

　Ⅰ. Food-water-energy nexus

　Ⅱ. Ecosystem services

　Ⅲ. Social-ecological system

Section 2. Human-nature system simulation

　Ⅰ. Scientific data

　Ⅱ. Geographic model

　Ⅲ. Geographic simulation

Section 3. A Global community of Shared Future

　Ⅰ. Belt and Road Initiative

　Ⅱ. Sustainable development

Reference

Appendix: Professional terminology comparison table (Chinese-Arabic-English-Russian)

Оглавление

Глава 1. Введение

Раздел Ⅰ. Система Земли

  Ⅰ. Компоненты системы Земли

  Ⅱ. Наука о системе Земли

Раздел Ⅱ. Геосистема

  Ⅰ. Географические элементы

  Ⅱ. Геопространство

  Ⅲ. Система «человек-земля»

Раздел Ⅲ. Характеристика учебной программы

Глава 2. Пища, вода и энергия

Раздел Ⅰ. Продовольствие и пахотные земли

  Ⅰ. Производство продуктов питания

  Ⅱ. Ресурсы пахотных земель

Раздел Ⅱ. Водных ресурсови распределение

  Ⅰ. Водные ресурсы

  Ⅱ. Распределение водных ресурсов

  Ⅲ. Проекты водосбережения

Раздел Ⅲ. Энергия и безпастность

  Ⅰ. Энергетический переход

  Ⅱ. Энергетическая безопасность

Глава 3. Развитие человеческого общества

Раздел Ⅰ. Изменение численности населения

    Ⅰ. Численность населения

    Ⅱ. Распределение населения

    Ⅲ. Миграция населения

Раздел Ⅱ. Экономический рост

    Ⅰ. Экономическая активность

    Ⅱ. Экономическое размещение

    Ⅲ. Экономическая глобализация

Раздел Ⅲ. Социальное развитие

    Ⅰ. Социальное пространство

    Ⅱ. Социальная мобильность

    Ⅲ. Социальные сети

    Ⅳ. Интеллектуальное общество

Раздел Ⅳ. Культурный ландшафт

    Ⅰ. История, археология и культура

    Ⅱ. Культурная диффузия

    Ⅲ. Культурное зонирование

Глава 4. Сельская местность, город и регион

Раздел Ⅰ. Сельская местность

    Ⅰ. Сельские поселения

    Ⅱ. Сельская среда

    Ⅲ. Планировка сельской местности

Раздел Ⅱ. Город

    Ⅰ. Эволюция городов

    Ⅱ. Городское пространство

    Ⅲ. Городской ландшафт и восприятие

    Ⅳ. Города будущего и планирование

Раздел Ⅲ. Регионы

Ⅰ. Региональное развитие

Ⅱ. Региональная стратегия

Ⅲ. Региональное планирование

Глава 5. Транспорт и транспортные связи

Раздел Ⅰ. Доступность

Ⅰ. Расстояние

Ⅱ. Виды транспорта

Ⅲ. Транспортные сети

Раздел Ⅱ. Транспортные потоки

Ⅰ. Понятия и типы

Ⅱ. Формирование транспортного потока

Раздел Ⅲ. Городское движение

Ⅰ. Городское движение

Ⅱ. Городское движение

Ⅲ. Интеллектуальный транспорт

Глава 6. Риски выживания человека

Раздел Ⅰ. Риски бедности

Ⅰ. Бедность

Ⅱ. Пространственная бедность

Ⅲ. Устойчивое сокращение бедности

Раздел Ⅱ. Стихийные бедствия

Ⅰ. Характеристика

Ⅱ. Типы

Ⅲ. Готовность

Раздел Ⅲ. Здоровье окружающей среды

Ⅰ. Окружающая среда

Ⅱ. Почва и здоровье

Ⅲ. Болезни и их передача

Раздел IV. Глобальные изменения

Ⅰ. Глобальное изменение климата

Ⅱ. Углеродный цикл

Ⅲ. Последствия глобальных изменений

Глава 7: Системы «человек-земля» и устойчивое развитие

Раздел Ⅰ. Взаимосвязь систем «человек-земля»

Ⅰ. Связь между продовольствием, водой и энергией

Ⅱ. Экосистемные услуги

Ⅲ. Социально-экологические системы

Раздел Ⅱ. Моделирование систем «человек-земля»

Ⅰ. Научные данные

Ⅱ. Географическое моделирование

Ⅲ. Географическое моделирование

Раздел Ⅲ. Сообщество человеческой судьбы

Ⅰ. Глобальное пространство и «Пояс и путь»

Ⅱ. Устойчивое развитие систем «человек-земля»

Литература

**Приложение: Список специальной терминологии
(Китайский - Арабский - Английский - Русский)**

第一章 绪论

人类被自然塑造的程度并不亚于其自身塑造自然的程度。人类活动与地球环境间相互作用的关系已经成为理解和应对资源、环境变化，促进多尺度区域可持续发展的核心科学命题。人地系统是近万年以来的时间坐标系下，由人类作为驱动力及承受者的人地关系演化形成的地理系统。认知人地系统是构建人与自然生命共同体的科学基础，人地系统耦合是可持续发展的实践路径。

第一节 地球系统

地球是围绕着一颗普通的恒星（太阳）运转的一颗行星，其独特性在于它是目前宇宙中已知的唯一存在生命的天体，也是目前人类唯一的生存家园。

一、地球系统的组成

（一）地球系统的概念

地球系统（earth system）是指包含地球表层以上 700 千米的外圈层与固体地球半径 6370 千米的内圈层的所有物质及其复杂相互作用的多重耦合系统。固体地球主要划分为地核、地幔和地壳三大圈层，地球表层系统可以划分为岩石圈、大气圈、水圈、冰冻圈、生物圈以及人类圈六大圈层。

地球系统各圈层之间有着复杂的相互作用过程，包括物理、化学和生物三大基本作用过程，以及人与地球的相互作用过程。这些相互作用过程主要受地球内部能量、太阳能和当前不可忽视的人类活动的影响，从而使地球系统物质循环过程发生了显著的变化。

（二）地球圈层结构

1. 岩石圈

岩石圈是地球上部相对于软流圈而言的坚硬的岩石圈层，主要由固体地球的全部地壳和上地幔的顶部组成，包含花岗质岩、玄武质岩和超基性岩等成分，厚度不均，在洋盆地区的厚度为70～80千米，在大陆地区的厚度为100～150千米，平均厚度为100千米。

岩石圈除表面形态外，其他部分无法被直接观察，但岩石圈及其表面形态与现代地球物理学及地球动力学有着十分密切的关系，因而岩石圈成为地球系统科学研究最多、最详细的固体地球部分。

2. 大气圈

大气圈指连续包围地球的最外面的空气圈，其下界为地面及水面，无明显的上界，一般规定大气圈的上界为地表以上2000千米的高度，再向上便为星际空间。值得注意的是，在地下土壤和某些岩石中也存在少量气体，它们也可以视为大气圈的重要组成部分。

大气圈的绝大多数元素以原子、分子或者化合物形式呈气态存在。大气圈的主要成分为氮和氧，分别占空气总体积的78.1%和20.9%，另外还有少量的二氧化碳、稀有气体（氦气、氖气、氩气、氪气、氙气、氡气）和水蒸气。

根据大气的热状况（温度），可将大气圈划分成对流层、平流层、中层、热成层和外逸层。

对流层是与人类活动关系最密切的大气圈层，所包含的空气质量几乎占整个大气质量的75%。对流层还包含几乎所有的水蒸气，天气变化最为复杂。其高度分布不均匀，在赤道地区为16～18千米，在两极仅为8～12千米，温度随高度的增加而逐渐降低，顶部的温度可降至190开尔文（赤道附近）或220开尔文（极地）。

平流层大气的垂直对流不强，多为平流运动。平流层空气中尘埃的含量很少，大气的透明度很高，但平流层中的臭氧非常集中，太阳光波辐射的紫外线几乎完全被臭氧所吸收。平流层的温度随高度的增加而逐渐升高，当高度到达 50 千米即平流层的顶部时，温度可达到 270～290 开尔文。

中层具有强烈的光化学效应，温度随高度的增加而降低，当高度到达中层顶部（80～85 千米的高度）时，温度下降到 190 开尔文左右。

热成层温度随高度的增加而迅速增加，700 千米高度的温度可达 1500 开尔文。

外逸层的大气大部分处于电离状态，质子和氦核的含量大大超过中性氢原子的含量。由于空气极为稀薄，同时地球引力场和束缚也大大减弱，大气质点不断向星际空间逃逸。

3. 水圈

水圈是指由地球表面上下液态、气态和固态的水形成的一个几乎连续但不规则的圈层，上界可达大气对流层顶部，下界至深层地下水的下限，主要包括海洋及陆地上的河流、湖泊、沼泽、冰川、地下水等各种水体。

由于水的固、液、气三态变化，各种水体可以实现相互转化，通过水循环构成一个动态的、连续的圈层；又由于水体在数量和空间分布上存在很大差异，同时，水又是流体，没有规则的形态，因而水圈是一个不规则的圈层。

水圈的主体是海洋，其面积占地球面积的 71%，其水量占地球水量的 97% 以上，因此地球有"水的行星"之称。

海洋系统是地球系统能量的贮存器和调节器、水汽之源，也是调节生物地球化学循环过程的关键场所。

4. 冰冻圈

冰冻圈指地球表层连续分布并具有一定厚度的负温圈层，包含冰川（山地冰川、冰帽、极地冰盖、冰架等）、冻土（季节冻土和多年冻土）、积雪、海冰、河冰、湖冰以及大气圈内的雪花、冰晶、冰雹、霰等固态水等。冰盖是冰冻圈的最大组成部分，覆盖地球陆地表面 33% 的面积。多年冻土覆盖北半球近 24% 的陆地面积，主要存在于环北极陆面、青藏高原及中高纬度的高山地区。

冰冻圈因其巨大的冷储和高反照率，对气候变化具有高敏感度与重要的反馈作用。因此，在全球气候变化的背景下，冰冻圈研究已成为地球系统科学中最为活跃的研究课题之一，冰冻圈也与大气圈、水圈、岩石圈（陆地表层）和生物圈并列成为地球气候五大圈层系统。

冰冻圈的变化不仅直接影响全球气候以及海平面、湖水位和河流的变化，同时还会对与地表水热平衡密切相关的生态与环境及人类活动产生影响。据研究，由于气候变暖，全球冰冻圈在1979—2016年每年平均缩小约8.7万平方千米，消融的冰水进入海域，很大程度地引起了海平面的上升。

5. 生物圈

生物圈不仅包括地球上的有机体等全部生物，还包括生命存在的无机环境。生物圈是人类诞生和生存的空间，是地球上最大的生态系统。

生物圈的范围与其他圈层交错分布，界线也不像其他圈层那样分明。生物圈包括大气圈的下层、岩石圈的上层和整个土壤圈及水圈，但绝大多数生物通常生存于地球陆地之上和海洋表面之下各约100米的范围内。

生命物质、生物生成性物质和生物惰性物质为生物圈的三大组成部分。生命物质又称活质，是生物有机体的总和。生物生成性物质是由生命物质所组成的有机矿物质相互作用的生成物，如煤、石油、泥炭和土壤腐殖质等。生物惰性物质是指大气低层的气体、沉积岩、黏土矿物和水。

生物圈的独特之处在于繁衍着各种各样的生命，生命的起源与演化是地球系统科学研究的一个重要领域。生命是由地球上的非生命物质发展起来的。地球首先经历了从无机物到简单有机物转变的阶段。组成生命物质的元素主要是碳、氢、氧、氮、硫、磷等，氮与氢、氢与氧分别化合形成氨和水等简单的物质，这些原始物质的化学演变为地球上生命的诞生做了必要的物质准备。

地球经历了从简单有机物到复杂有机物的阶段。简单的碳氢化合物可以形成一些低分子的有机物，如氨基酸、核苷酸等。这些有机物在原始的水域里逐渐转变为具有新陈代谢机能的蛋白体或者多分子体系。这种多分子体系被称为团聚体或微球体，它们从周围环境中吸收物质作为养料来扩充并改造自己，同时也将一些废物排出体系外。有部分多分子体系终于产生出生命的基本特征——新陈代谢，生命就在远古地质时代的地球上诞生了。原始生命体产生之后，生命演化就由化学演化阶段进入生物进化阶段，生物圈也因此而诞生。

6. 人类圈

从生物学角度来说，人是一种动物，是高等哺乳动物中灵长类的一种，具体在生物分类中，人属于动物界脊索动物门哺乳纲灵长目人科人属人种。这里的人种是物种的概念，世界各地的人都属于同一个物种，即智人种。

由于人类具有主观能动性，能够在认识自然的基础上，通过社会性的物质生产和消费过程显著地改造自然，影响其进化方向、强度和速度，所以人类活动是地球系统变化的驱动力之一。工业革命以后，全球人口加速增长，导致自然资源消耗量和环境的压力加剧，人类活动对地球环境造成了空前的影响，地球系统演变进入了新纪元，为了深刻表征新纪元中人类活动与地球系统环境相互作用的特征，"人类圈"的概念应运而生。

人类圈是指以高度智慧的人类为自然实体的最新地球圈层，是指从地球系统演化、人类同地球环境相互作用的角度来研究人类活动的圈层。人类圈的范围与生物圈、水圈、大气圈、冰冻圈和岩石圈的范围均有部分重叠，下界可理解为人类直接进入地表的深度，上界可规定为通信卫星的最高飞行高度。人类圈是地球系统演化的最新产物，因此它必须依托于同其他圈层物质和能量的交互作用才能得以生存与发展，这就决定了人类圈是一个开放的系统。

(三) 地球系统的主要物质循环

地球系统通过上边界外大气层和下边界地幔顶层与外界发生作用并产生联系。上边界对地球施加的影响主要表现为塑造地表形态与变化过程，如风化、侵蚀、搬运和堆积等；下边界对地球系统施加的作用主要表现为塑造地球总体框架与宏观布局，如地球自转、重力和放射性元素蜕变等内部能量使岩石圈变形、变位、变质，导致物质重熔而产生岩浆侵入和火山喷发的现象。地球系统在外部动力和内部动力的共同作用下，在地表形成了"山水林田湖草沙冰"生命共同体。

地球系统的主要物质循环包含水循环和碳循环。

1. **地球系统的水循环**

水循环是指地球上各种形态的水，在太阳辐射、地球引力等的作用下，通过水的蒸发、水汽输送、凝结降落、下渗和径流等环节，发生的周而复始的运动的过程。地球表面各种形式的水体之间是不断相互转化的，水以气态、液态和固态的形式在陆地、海洋和大气之间不断循环的过程就是水循环。

循环具有空间尺度和时间频率尺度。从空间尺度理解，有全球水循环、区域水循环。海洋—大气—陆地—海洋之间进行的水循环为全球尺度的水循环过程，大气—土壤—植物—大气之间进行的水循环是区域尺度的水循环过程。全球尺度的水循环过程的时间为数十天，而区域尺度的水循环过程通常只需要数天。例如，水循环在南极冰盖中更新一次的时间要20万年以上，在深层地下水中要1000年，在湖泊中要10年，而在大气中只要10天。除此之外，地球表面的水与地球内部的水之间也存在循环的交换过程，此过程与板块运动过程相联系，其循环周期可达数百万年。

水循环的作用与意义不仅在于水的三相状态的转换，作为地球系统最基本的物质循环过程之一，其深刻地影响着全球环境、生态平衡、水资源的开发与利用等。因为水圈的循环运动深入地球表层系统六大圈层的内部，所以水圈起到耦合地表圈层的主导作用。

虽然地球气候现象的能量主要来自太阳辐射，但是能量的循环过程是通过水的循环来实现的，水循环在受到全球气候变化影响的同时也深刻地制约着全球气候。而且，水循环以其持续不断的冲刷、侵蚀、搬运、堆积等作用塑造全球地貌形态的同时，也成为引起地壳运动的重要原因之一。

水循环的强度和时空变化影响着区域的生物有机体活动的旺盛程度，同时可能给区域带来洪水、雨涝等自然灾害。水循环在一定程度上决定了水资源的可再生性特点。

当前，人类活动对自然水循环的影响已经渗透各个环节。例如，人类通过引水灌溉、修建水库、跨流域调水、填河改路、围湖造田等一系列活动改变地表径流的自然分布；通过抽取地下水进行灌溉、城市地下铁路的修建改变地下水的渗流方向；通过人工降雨影响局部地区大气降水；通过植树造林、修建水库影响水分蒸发；等等。这些人类活动的影响使得水循环偏离了自然状态，并处于非稳定状态。

2. 地球系统的碳循环

作为地球表层系统里作用较大、用途较广的物质，碳和水一样重要。碳元素由于其多种多样的成键方式，在地球上多以各种碳的有机化合物或者无机化合物的形式存在。

地球的碳库在地球系统的各个圈层中常呈现数量级的差异：地球系统中的碳元素大多赋存于岩石和地球深部，约占地球碳库的99.9%，海洋中的碳元素只占0.1%，大气中的碳元素约占0.0026%。不考虑束缚于岩石圈里的固态碳库，地球表层系统的碳库总储量为40多万亿吨，其中大约38万亿吨储存在海里，而大气里的碳总量只有7000亿～8000亿吨。陆地生物圈碳总量约有2万亿吨，其中陆地生物圈碳蓄积主要分布在森林地区，分别约占地上碳蓄积和地下碳蓄积的80%和40%，余下的部分主要储存在耕地、湿地、冻原、高山草原、沙漠及半沙漠中。

地球系统的碳循环主要是指发生于地球表层系统的无机碳和有机碳之间的转换，从而实现碳的不同存在形式的过程。主要包括生物地球化学循环过程，即光合作用和呼吸作用，大气和海洋之间的二氧化碳交换过程，碳酸盐的沉淀过程，等等。

最为典型的地球系统的碳循环是陆地生态系统碳循环与海洋碳循环过程。陆地生态系统中的植物通过光合作用吸收大气中的二氧化碳，将碳储存于植物体内，固定为有机化合物。其中，一部分有机化合物通过植物自身的呼吸作用和土壤及枯枝落叶层中有机质的异养呼吸返回大气，形成了陆地生态系统的碳循环。海洋表层海水通过生物和溶解作用将碳吸入海洋，深层海水又通过沉积作用将碳吸入岩石圈，岩石通过化学风化作用或岩浆岩的物质交换来释放这些元素，通过既有有机碳又有无机碳的运完成整个循环。需要特别注意的是，深层海水参与的碳循环过程与表层海水的碳吸收过程处于两种不同的时间尺度，表层海水的碳循环以年、月计，深层海水的碳循环以千年计。

二、地球系统科学

地球系统科学（earth system science，ESS）是以全球性、统一性的整体观、系统观和多时空尺度，研究地球系统各圈层的物质组成、结构分布、各圈层内部及之间（或组成地球系统的各子系统之间）一系列相互作用过程和形成演变规律，以及与人类活动相关的全球变化的科学，旨在了解地球作为一个复杂适应系统的结构和功能，达到预见未来的目的。

地球系统科学是研究地球系统整体行为的科学，其研究对象是地球系统，其应用方向主要是解决人类社会所面临的资源、环境、生态、灾害等问题。地球系统科学突出全球系统观、整体与相互作用观、动态变化观和多学科交叉集成观。因此，地球系统科学具有三个明显的特点：一是在研究对象上强调地球系统的整体性，重点研究大气圈、冰冻圈、水圈、生物圈、人类圈和岩石圈六大圈层及其演化过程的驱动机理和运行规律；二是在理论研究上强调学科交叉与集成，推进地球科学的各个分支学科之间以及地球科学与其他自然科学、人文社会科学之间的交叉融合；三是在研究方法上强调观测、机理与模拟，利用观测数据和过程机理建立地球系统模拟模型，以预测未来变化。

随着对地球系统有机整体认识的深入，国际科学界先后发起并组织实施的全球变化研究计划催生了"地球系统科学联盟"，使地球系统科学的内涵逐步深入发展，将基础的地球系统科学同与人类福祉息息相关的方面——食物、水、健康和碳（能源）联系起来。

人类对地球表面、海洋、海岸和大气以及生物多样性产生的影响，不亚于某些大自然的强大力量，不能用简单的因果关系来理解全球变化。人类活动产生的影响会引起多重复杂的后果，这些影响会使整个地球系统发生突变，并可能使地球系统转向其他运行模式。这种转变很可能是不可逆的，并将危害人类及其他形式的生命。

地球系统科学包括地理科学、地质学、地球化学、地球物理学和空间物理学、海洋科学与极地科学、大气科学以及环境地球科学，等等。

第二节　地理系统

一、地理要素

地理要素通常包含水、土壤、大气、生物等自然物质要素和人类活动等人文要素，简称"水土气生人"五大要素。各要素又可以进行细化分类，例如，水就赋存状态而言包括地表水、地下水、冰川水等，地表水包括河流、湖泊、水库等，地下水包括包气带水、潜水、承压水等。

地理科学缘起于人类对地理现象的描述。地理现象是各类地理要素的综合与表现，如水土流失是降水、土壤、植被等地理要素参与下的地理现象。人类活动要素又可以细分为经济要素、社会要素、文化要素、政治要素等。由于人类活动的多样性、复杂性和目的性，自然物质要素间形成的地理现象更具复杂性。因此，地理要素和人类活动是独立的因子集合体，而且各因子集合体之间存在相互的影响与联系。

地理要素的本质特征可以通过地理禀赋进行表达。地理禀赋通俗的解释就是地理上的天然性，是包括地理位置、地表和地下的自然资源、气候条件等在内的综合性概念。

人类社会的初始发展建立在地理禀赋的基础之上，即对地理环境中自然资源的利用。随着人类科学技术发展水平的提高，人类在很大程度上可以通过利用科学技术改造地理禀赋来让环境朝着对人类发展有利的方向改变，也由此产生了众多的正向效应和负向效应。目前，人类已充分认识到需要改变因自身活动所产生的众多负向效应，同时积极推进正向效应。

总之，地理要素有不同的类型、不同的空间分布特征，地理要素本身有其物质、能量、信息的流动形式、特征与内在机理。地理科学主要研究地理要素的特征、分布、演化，各类要素之间的相互关系，以及人类社会利用地理要素所产生的效应与机理。

二、地理空间

空间是物质与非物质发生、存在、发展的形式。空间可以是看得见、摸得着的物理空间，如我们生活的居住空间；可以是思维抽象于实际存在的虚拟空间，如数学模型空间；可以是思维抽象于实际不存在的臆想空间，如乌托邦；还可以是流动的空间，如信息流所占据的空间。

地理空间是地理要素的客观存在方式，也是地理要素相互作用的物质、能量、信息的存在形式，特指形态、结构、过程、关系、功能的空间方式与格局。

地理空间的尺度性是指地理空间存在不同的时空范围。从尺度的空间范围来讲，可以将地理空间的尺度划分为地方、区域、国家、全球；从行政区划来讲，可以将地理空间的尺度划分为乡、县、市、省、国家；从人类活动的角度来讲，可以将地理空间的尺度划分为个体、家庭、团体等；从尺度的时间范围来讲，可以将地理空间的尺度划分为天、月、年、年际、代际等。不同尺度的地理要素之间相互影响所产生的效应会在不同尺度之间相互作用，这是地理空间尺度转换的基础。

根据地理空间存在的形式和状态，可以将地理空间分为物理空间、意象空间、虚拟空间、网络空间、行为空间及流动空间，等等。

地理空间由地球表层若干具有复杂性的地理区域组成。地理区域是地理要素的区域综合，是客观存在的物质对象，其上界面是大气圈对流层的顶部，下界面是岩石圈的上部。地理空间的复杂性和人类认知能力的有限性决定了人们认知地理空间的选择性和简化性。

人的大脑通过想象、回忆出来的地理空间可称为意象空间，是人类对物理空间的认知结果。

人类利用虚拟技术人为虚构和模拟的空间为虚拟空间，其含义是指"适于思维航行的空间"，它是一种可视的、有色彩的、电子的、笛卡尔式的数据景观。

网络空间是指由地理空间内分散的多台独立计算机和互联网构成的在线系统和空间形态。在很大程度上来说，网络空间是信息技术和人脑意识

（空间想象力）相结合的产物。

行为是人类为满足其自身需求，采取某种方式去适应环境所表现出来的活动或方式。行为源于人的需求，需求可以看作人类一切活动的出发点和归宿。同时，行为也是需求的外在表现，一般情况下会表现出一定的行为活动，而行为活动必然涉及空间，这个空间即行为空间。

以信息技术为基础的网络流线和快速交通流线为支撑，人类创造出了流动空间。所谓流动空间，是围绕人流、物流、资金流、技术流和信息流等流动要素而建立起来的空间。

事实上，我们已经深刻地感受到，人类所生存的空间由于现代信息技术的介入，出现了根本性的变化。人们生产和生活所涉及的各项活动已经不局限在一个具体的物理空间中，我们已经不得不在物理空间以外的空间中做出选择。也就是说，时空同步与时空异步、物质活动与虚拟活动将同时进行。

地理空间同时具备时空压缩与时空延伸的双重属性，时空压缩与时空延伸又同时具备物理属性与哲学属性。时空压缩是现代交通技术变革、信息化及网络技术的快速发展、地理空间格局呈现均质化状态的结果。人类的各项活动呈现加速化的发展，同时又克服了空间上的各种障碍，使空间联系更加紧密，导致地球从一个星球收缩为"地球村"。与此同时，地理空间的网络化、虚拟化发展，致使时空弹性化、时空多样化、时空延伸与扩展，地理空间同时呈现出时空延伸的特点。

三、人地系统

（一）人地关系

自人类出现以来便存在人地关系，学界将地理环境和人类社会两大系统视作一个整体，研究它们相互作用的机理、功能、结构和整体调控的途径，构成地理学的研究核心——人地关系地域系统。人类出现的初期只能被动地接受自然的恩赐，自然为人类的生存提供了天然的物质基础。人是自然的组成部分，人对自然的利用没有超出自然的承载力，因而自然界内部是平衡的。这一阶段的人地关系可概括为人与自然的关系，时间跨度为万年尺度。人类生产方式由采集、渔猎发展到原始农业，形成了由自然环境、经济环境、社会环境共同组成的以人类为中心的人地关系，此阶段可概括为人与环境的关系，时间跨度为千年尺度。自20世纪50年代开始，人类社会逐渐认识到生物多样性和生态系统是人类赖以生存和发展的基础，生态系统作为生命有机体、物理环境及其在特定场所的一切相互关系的复合体，是社会稳定和可持续发展的根本保障，现代人地关系进入人与生态的关系阶段，时间跨度为百年尺度。人类活动对地球系统变化的影响主要表现在人类长期以来给地表环境带来的累积压力，以及由此导致的人类赖以生存的森林、草原、河流、海洋生态系统健康程度的持续下降，区域环境退化、污染与重大灾害多发频发等现实问题，给人类社会进步与可持续发展带来了严峻挑战，其实质是人类活动强烈作用于地球系统，导致人地关系或人地系统耦合失调的结果。

人类自从出现在地球上，就开始了探索地球、适应大自然和改造大自然的漫长过程，便有了人地关系的存在。从宏观、中观、微观三个尺度可将其划分为人类文明（human civilization）与地球环境（earth environment）、人类活动（human activity）与地理环境（geographic environment）、空间行为（spatial behaviour）与土地利用（land use）三个层级。

1. 人类文明与地球环境

人类进化与自然人化所构成的统一过程的不同阶段，产生了不同的人类文明。文明在本质上是描述一个为人类社会所肯定的人的生存状态的词语，其实质上描述的是人类社会的存在状态。自地球诞生之日起，它的环境就在不断发生变化。在人类出现之前，这种变化纯粹是受自然推动力所支配的。人类诞生后，自然界便被打上了人的实践活动的印记，从而出现了自然界的"人化"过程。人类的文明走过了原始文明、农业文明和工业文明。这几次大的天人关系的革命，都是人类征服自然的革命，且征服自然的强度一次比一次大、影响面一次比一次广。而实际上，人是地球生态系统的一个组成部分，人类社会的发展只是地球生态系统进化的一种表现形式，而不是它的全部，人类文明的发展并未超越地球生态系统的发展。因此，人类社会进入生态文明，建立人与地球环境之间的人地协调发展关系也是自然而然的过程。

　　人类从动物界分化出来以后，经历了几百万年的原始社会，通常把这一阶段的人类文明称为原始文明或渔猎文明。在原始社会，人类主要的物质生产活动是采集和渔猎，这两种活动都是直接将自然物作为人的生活资料。

　　大约距今一万年前，出现了人类文明的第一个重大转折——由原始文明进入农业文明。随着人类主体能动性的增强，人们逐步把自己提升到高于其他万物的地位。在农业文明时代，人类和自然处于初级平衡状态，物质生产活动基本上是利用和强化自然的过程，缺乏对自然的根本性变革和改造。从总体上看，农业文明尚属于人类认识和变革自然的幼稚阶段，在相当程度上保持了自然界的生态平衡。

　　工业文明的出现使人类和自然的关系发生了根本性的改变。人类开始以自然的"征服者"自居，对自然的超限度开发造成了严重的环境危机。整个工业文明阶段是人类社会迄今为止创造财富最为辉煌的时期，同时也是人类与资源环境之间不和谐因素凸显、资源环境约束日益强化并趋近约束边界的时期。

　　生态文明是人与自然两个平等主体和谐发展的状态，体现了人与自然的和谐关系，强调要认识自然、尊重自然、顺应自然、保护自然、合理利用自然，反对漠视自然、破坏自然、滥用自然和盲目干预自然。生态文明是物质文明、政治文明、精神文明、社会文明的重要基础和前提，没有良好和安全的生态环境，其他文明就会失去载体。生态文明不仅仅是一种人类文明，还是一种包含人类文明和自然文明在内的和谐发展的地球文明。

2. 人类活动与地理环境

　　人类活动是人类为了生存发展和提升生活水平而不断进行的一系列不同规模、不同类型的活动，包括农、林、渔、牧、矿、工、商、交通、观光和各种工程建设等。人类活动是一个包含内容非常广泛的概念，它包括人类一切可能形式的活动或行为，即群体的、个体的、社会的、政治的、经济的、艺术的活动或行为等，且可以有多种分类方式。从地理科学研究的角度看，人类活动大致可分为经济活动、社会活动、文化活动、政治活动等类型。

人类活动建立在资源环境承载力的基础之上。资源环境承载力是指在自然生态环境不受危害并维系良好的生态系统内，一定地域空间的资源禀赋和环境容量所能承载的人口与经济规模。人类活动和地理环境的关系并非一成不变，而是随着人类社会的进化而不断变化，向广度和深度继续发展。劳动地域分工是不以人们的意志为转移的客观经济规律，分工的形成首先建立在区域差异的基础之上，正是区域在自然条件、资源优势、劳动力状况、历史基础以及经济发展程度等方面存在的明显差异，为分工提供了前提条件。人类在长期的经济活动过程中形成了适应各自地理环境的地域经济空间形式，创造了各具特色的经济区。

文化的地域差异是任何时代都存在的，但不同时代的差异程度有所不同。文化区是具有某种共同文化属性的人群所占据的地区，它是在政治、社会和经济等方面具有独特的统一功能的空间单位，具有区域内文化特质的同一性、相邻文化区之间的过渡性和区内文化机能的一致性等特点。

人类的政治活动和政治行为也是同地理环境密切相关的。地理环境中的诸要素既为人类的政治活动提供条件，同时又以某种方式限制人类的政治活动。人类社会的政治现象有自己的发展规律，在全球范围内形成了地缘政治区。地缘政治区表示政治地理特征的统一性，由于它直接源于地理区域，因此这种政治地理单元可以为共同的政治经济活动提供基础。

3. 空间行为与土地利用

空间行为是指人类在不同的土地利用方式的约束下所产生的特定空间人类的行为规律。人类的基本需求决定了人类的行为方式。人类的基本行为方式可划分为资源供给、居住行为、就业行为、教育行为、医疗行为、休闲娱乐、交通出行、交流沟通八类。

人类对土地的利用是指根据其自然特点，按照一定的经济、社会目的，采取一系列生物、技术手段，对土地进行长期性或周期性的经营管理和治理改造的行为。在人类对土地的利用过程中，逐渐形成了农业用地、居住用地、工业用地、商业用地、教育用地、医疗用地、休闲娱乐用地、交通用地等土地类型。各类复杂的土地利用形态是无数决策的结果，这些决策的主体包括个人、家庭、公司、集团企业以及政府和公共部门等。

人类的空间行为及其与环境之间的相互作用并非像想象的那么简单，

个人对环境的认知偏好及经济因素以外的社会文化制约等与人类行为之间的相互关系是人类空间行为研究中的重要内容,直接反映行为空间的形成机制、分布特征及其与实体空间的相互关系。人类的行为空间是指人们活动的地域界限,既包括人们直接活动的空间范围,也包括人们间接活动的空间范围。直接活动空间是指人们日常生活、工作、学习所经历的场所和通路;间接活动空间是指人们通过间接的交流所了解到的空间范围,既包括通过邮件、电话等个人之间的联系所了解到的空间,也包括通过报纸、杂志、广播、电视等宣传媒介所了解到的空间。

(二) 人类活动与人类世

人类活动作为一种新的外营力,在力量和全球性方面可以与地球自然营力相匹配。伴随着人类发展的进程,这种影响在不断增强,而且变得越来越深刻,"人类世"(the anthropocene)的概念因此被提出。人类世被认为是人类活动改变地球系统边界、驱动地表环境变化的关键时期,标志着地球已史无前例地进入了人文过程与自然过程共同作用的地质新时代。

人类世是一个带有强烈时间内涵、包含广泛科学意义的概念。时间是人类用以描述物质运动过程或事件发生过程的一个参数。时间尺度是对完成某一种物理过程所花费时间的平均度量,可以用不同的时间单位表示,例如秒、分钟、小时、日、月、年、世纪等。

人类活动对地球生态系统的影响是空前的。相对于地质尺度,人文尺度仅仅是一个"瞬间",但人类活动对自然生态系统大规模的影响主要发生在这个瞬间。目前,科学界对人类世的起点还存在争议,部分科学家主张以20世纪中期作为起点,也有科学家认为人类世是跨时代的,存在多个起始点而非单一起始点。但无论有何争议,都不可否认"人类世"概念的提出是由于人类活动对地球造成了巨大影响,由人类活动引起的一系列前所未有的全球性变化均在这一时期发生。人类对地球环境的印记在局地、区域,甚至在大陆尺度上都已经是可辨识的。

"人类世"概念的提出改变了科学家们的视野,人类因素的影响遍及地球表面变化过程的各个阶段。虽然科学界对人类世年代下界的划分尚未形成完全一致的意见,但并不妨碍其对人类世的认知与研究。广泛的地层学证据表明，人类世时间的下界可定于全新世阶段。从某种程度上来说，人类世和全新世在时间上是可以重合的，但在研究内容上，人类世更为强调人类活动对自然界的适应和改变。从沉积学的角度看，人类活动加速水土流失在3000年前就已经开始，到1000年前尤为加剧，但是更大的变化发生在20世纪50年代以后。

科学家们提出了以重要事件为标志的相应的几个时间界限：11650年前（或11700年前），人类逐渐从末次冰期中走出来，开始适应和改造自然，并进入万年以来的全新世；距今5000年前后，人类活动导致甲烷排放量升高，标志着人类活动开始显著地影响大气，进入以农耕文明为主的时期；1610年，全球温度的变化界限被认为是缘于地理大发现，东西方文化开始交汇，区域影响逐渐转变为全球影响；1765年，第一次工业革命开始，化石燃料的加速使用和一系列快速的社会变革对人类生活产生了深远的影响；1945年，核爆炸标志着人类进入了核能时代；1950年，人口数量开始急剧膨胀；等等。人类对地球系统的影响，并非从工业革命开始，早期的狩猎、农耕社会已经产生了不容低估的影响，人类几千年前的农耕活动已经在改变地球表层系统。

"人类世"概念提出的价值在于冲破了地球科学里的"古"和"今"在时间上的隔墙，同时也突破了地球系统在学术上的隔墙。人地关系与人类世的研究紧密地嵌套在一起，成为突破自然科学与人文社会科学界限的强有力的人地系统的研究核心。

（三）人地耦合系统

系统是由诸元素组成的，以一定秩序相互联系、相互作用的综合体。人地系统是人类社会与地理环境相互联系、相互作用组成的有机统一体，是一个动态的、开放的复杂巨系统，其内部具有一定的结构和功能机制。

人地系统是由自然、经济、社会、文化、政治五大系统组成的综合体。这五大系统均由不同的地理要素构成：自然系统包含水、土地、大气、生物，经济系统包含生产、消费与流通，社会系统主要由人口、家庭与行为构成，文化系统包含语言、民族与宗教，政治系统由制度、领域与地缘构成。在这个巨系统中，各个子系统之间存在相互影响、互为促进或制约的关系，而且系统内部与外部进行着频繁的人员、物资、能量、资金、技术、信息的交流。人地系统随着人口、经济、社会发展水平的不断变化，以及水、土、气候、能源、矿产资源、生态环境的变化而变动。

地理系统中人地关系作用的结果是形成人地耦合空间系统，是以地球表层一定地域为基础的人地关系系统，也就是人与地在特定的地域中相互联系、相互作用而形成的一种动态结构。

人地耦合空间系统可以从尺度、类型、节点、连接以及关系等方面进行科学表达。其中，尺度包括全球、国家、区域、地方、社区。

全球尺度的人地耦合空间系统包括贸易区、旅行区、地缘政治区等。门户与枢纽则构成了全球尺度的节点。例如，"一带一路"是节点之间的重要连接，节点之间的关系包括投资、贸易、生产及旅行等。

国家尺度的人地耦合空间系统包括要素区、功能区、行政区。城市与区域是国家尺度的节点，通道成为节点间的连接，节点之间产生生活、消费与交换等关系。

区域尺度的人地耦合空间系统包括生态区、经济区、贫困区。城市是节点，走廊成为连接，城镇体系及腹地成为节点连接的区域；生态区是一种大的类型区域，例如植被区即是一种典型生态区；经济区既包括实体经济区，也包括未形成建设用地的处于完全连接状态的流的经济区。

地方尺度的人地耦合空间系统包括城市、小城镇和乡村。就业中心、商业中心和公共服务中心是重要节点，公路与轨道系统成为连接，节点之间产生通勤与物流。

社区尺度的人地耦合空间主要包括街区、村居等类型的地理单元。公共活动中心和公共服务中心成为主要节点，可达性表征节点间的重要连接，功能主要为居住和休闲活动。

人地系统是一个在长期的人地相互作用过程中形成的具有自组织耗散结构性质的高阶层、多变量和强非线性的反馈系统，人们对于人地系统的结构调控与功能优化给予了广泛的关注。人类活动与自然环境的界限越来越模糊，相互作用的内生化趋势加剧，作用关系的复杂程度提高，形成了一条"地球表层系统→人地关系地域系统→人地耦合空间系统→可持续发展"的主线。

人地耦合空间系统的研究内容主要包括四个方面：人地耦合空间系统的识别、人地耦合空间系统的物质循环与能量流动、人地耦合空间系统的耦合机理与动力机制、人地耦合空间系统的地理模拟（器）与调控决策。

（1）人地耦合空间系统的识别。人地耦合空间系统可反映人地关系作用结果的客观空间范围，既可以通过社会经济统计数据等传统方法进行空间识别，也可以通过土地利用、交通网络、人口密度、经济水平、夜间灯光等单要素或多要素进行综合识别。同时，未来可进一步利用深度学习、大数据等多种途径进行识别分析。

（2）人地耦合空间系统的物质循环与能量流动。人与自然的关系本质上是物质循环与能量流动的关系。人类所需的一切物质财富都来自自然界，自然界是人类生存、发展、繁荣的唯一物质基础。自然是人的根基，人的食、穿、住等生活需要以及从事各种社会实践活动所需要的能量最终来自周围的自然环境。整个世界是永恒运动着的物质世界，质量守恒定律是自然界的基本定律，在任何与周围隔绝的物质系统中，不论发生何种变化或过程，其总质量都保持不变。太阳能是所有生命活动的能量来源，它通过绿色植物的光合作用进入生态系统，然后从绿色植物转移到各种消费者。能量通过食物链逐级传递，其特点是单向流动和逐级递减。能量守恒定律是自然界的基本定律，能量既不会凭空产生，也不会凭空消失，它只会从一种形式转化为另一种形式，或者从一个物体转移到其他物体，而能量的总量保持不变。探讨不同类型、不同尺度的人地耦合空间系统的物质循环与能量流动，在目前的人类认知中仍是地理科学的永恒话题及未解难题。

（3）人地耦合空间系统的耦合机理与动力机制。耦合是两个或两个以上事物的输入与输出之间存在紧密配合与相互影响，并通过相互作用从一侧向另一侧传输能量的现象。这一概念的核心是两个或两个以上独立单元的相互作用，并产生以物质为载体的能量交换过程。机理是指为实现某一特定功能，在一定的系统结构中各要素的内在工作方式以及诸要素在一定环境条件下相互联系、相互作用的运行规则和原理。耦合机理研究一般可分为要素耦合、界面耦合、时空耦合、尺度耦合、系统耦合等。人地系统演化过程的动力主要来自地球系统的内营力、大气圈和水圈的外营力、生物作用以及人类活动。在人地耦合空间系统形成与演化过程的不同历史时期，各种动力作用的过程及其表现形式各不相同。动力机制是在把握事物各个部分的前提下，协调各个部分之间的相互关系。协调各个部分之间的关系是以一定的运作方式把事物的各个部分联系起来，使它们协调运行而发挥作用。人地系统发展演化的动力根源是人类行为的时空规律。人类行为一直是地理学、社会学、心理学和经济学共同关注的焦点，但人类自身的复杂性和多样性，对一切科学研究来说都是巨大的挑战。

（4）人地耦合空间系统的地理模拟（器）与调控决策。地理模拟是为考察地理系统的性质而用类比方法进行实验或观测，并进行动态演示的研究方法。人地系统地理模拟是以数学与计算机技术的应用为基础，在计算机软件、硬件系统的支持下，通过虚拟模拟实验对复杂系统进行模拟、预测、优化、分析和显示，是探索和分析地理现象的格局、过程、演变及知识发现的有效工具。面对人类世人地系统的巨大挑战，探究人地系统过去与现在是如何演变的，人类活动如何影响以及在多大程度上影响人地系统，人类能否在实验室中再现人地系统的过去和现在，并预测其未来的变化趋势，建立人地耦合空间系统地理模拟器（geosimulator）等成为地理科学的重大课题。

第三节　课程特点

人地系统是地理科学的核心研究对象，因而人地系统导论课程具有鲜明的地理科学学科特征。钱学森先生在 20 世纪 80 年代就已经指出，地理科学是现代科学技术体系中的独立科学，是与自然科学和社会科学同等重要的科学门类。

从理论与实践的发展来看，地理科学与目前学界所公认的六大科学门类均有交叉：自然科学中的地球科学、环境科学、地质科学、农业科学等；社会科学中的经济学、文化学、政治学等；人文科学中的历史学、宗教学、艺术学等；工程科学中的农业工程、土地工程、环境工程等；技科学中的遥感科学、地理信息科学、空间规划学等；管理科学中的公共管理、土地管理、工商管理等。地理科学已经成为理、工、文、管理等多学科交叉的全领域融合型学科，是独立的科学体系。

地理科学具有学术研究与决策应用耦合互动的属性。地理科学具有从基础研究到应用研究全链条贯通的特性，此特性比其他科学体系表现得更为突出。地理科学的实践应用遵循着三个基本的逻辑关系：科学逻辑、技术逻辑、治理逻辑。

地理科学基础研究需要解决的核心科学问题是地理系统的时空变化规律及其驱动机制。地理科学应用研究需要解决的问题是国家治理体系与治理能力的现代化，即如何通过地理科学的实践应用解决国家发展不平衡、不充分的现实问题。

地理科学在实践应用中与国家治理体系之间具有高度的契合性和一致性。地理治理是解决人类社会发展的主要矛盾及实现社会发展主要目标的工具和手段：从全球范围来看，是实现人类的可持续发展；从中国范围来看，主要是解决人民日益增长的美好生活需要和不平衡不充分的发展之间的矛盾。

地理治理就是地理系统基础理论研究应用于人类社会发展并解决现实问题的钥匙。目前，地理治理在国土空间治理中得到了充分的重视，并发挥了极大的功能，特别是在地理决策、地理模拟、地理工程方面起到不可替代的作用。地理治理在技术流程上包括调查评价、规划设计、地理模拟、地理工程、监测预警五个方面。

人地系统作为地理系统与地理治理的核心，其研究工作基于科学数据。人地系统研究数据作为科学大数据的重要组成部分，具有体量大、类型多、变化速度快等特点，地理科学的研究也开始从模型驱动向数据驱动转变。

地理科学研究数据的获取呈现多样化的特征，包括社会统计数据、航空监测数据、多源卫星数据、导航定位数据、地面调查数据，等等。同时，自然与人文要素耦合的大数据综合集成，有助于形成人文社会科学研究新思维，进一步推动人文社会科学与自然科学及工程技术学科的融合。地理数据的处理技术与方法的发展趋势有三个方向：深度学习技术、低熵计算框架以及数据使能的社会智能。

人类社会历经万年的发展，与地球环境之间已形成了复杂多样、形态各异、变化难测的动态关系。尽管当今的科学技术水平已取得了前所未有的进步，但人类仍未能做到脱离地球而生存。人类被地球环境所塑造的程度并不亚于其自身塑造地球环境的程度。

在上述背景下，"人地系统导论"课程可使学生认识人地系统的内涵与特点、人地系统的研究对象和学科门类、基于人地系统的研究范式、人地系统思想及其在战略决策中的应用、人地系统与国土空间规划等内容。

本课程突出系统性、综合性、前沿性，兼具趣味性、科学性、时代性与国情教育，旨在激发本科新生对地理科学的兴趣，以利于培养复合型创新人才。学生通过对本课程的学习，可以掌握人地系统的基本理论和基本知识体系，了解地理科学的发展趋势，提升专业素养，培养全球观念，理解我们星球的人类生存环境及其宜居性，为国家的发展、民族的复兴贡献自己的力量。

第二章 粮食、水和能源

自然资源是人类生存和发展的必要条件，自然资源的稀缺与冲突历来是人地系统的核心问题。人类目前尚无法脱离地球资源而生存，地球资源是有限的，而人类的需求是无限的。人类的生存需要有充足的维系生命的自然资源与能源赋存。

第一节 粮食和耕地

国以民为本，民以食为天，食以粮为源。人地系统的产生是从人类对食、衣、住、行的基本需求开始的，而粮食又是其中最根本的需求。因此，确保粮食安全是关乎国计民生的重大问题，也是施政安民的第一要务，具有重大而深远的战略意义。我国历来高度重视粮食安全，然而保障粮食安全却是复杂的系统性问题，其涉及粮食生产、储备、进口、物流、消费等一系列过程的安全问题。其中，保障粮食生产是保障粮食安全的根本和基础，而保障粮食生产的基础是保障耕地的数量与质量。

一、粮食生产

（一）粮食的定义及类型

1. 粮食的定义

狭义的粮食是指谷物类，即禾本科作物，包括稻谷、小麦、玉米、大麦、高粱、黑麦等，通常也包括蓼科作物中的荞麦。其所含营养物质主要以淀粉类为主,其次是蛋白质。世界范围最主要的三大粮食作物是小麦、水稻和玉米。

广义的粮食概念是指谷物类、豆类、薯类的集合。在我国,国家统计局每年公布的粮食产量是根据广义的概念进行统计的。

在国外,通用的食物、谷物概念和中国粮食的概念有一定的区别。联合国粮食及农业组织(Food and Agriculture Organization of the United Nations, FAO; 简称"联合国粮农组织")每年公布的"世界粮食总产量"仅指谷物类,并不包含我国粮食统计的豆类和薯类,豆类在联合国粮农组织中被归类为油料。

2. 粮食的种类

粮食种类可大致概括为:麦类、稻谷类、粗粮类、豆类、薯类,以及作为补充主食用的瓜果蔬菜类食物等。麦类主要包括小麦、大麦、青稞、黑麦、燕麦等;稻谷类主要包括粳稻、籼稻、糯稻、陆稻(旱稻)、深水稻等;粗粮类主要包括玉米、高粱、荞麦、粟(谷子、小米)、黍(糜子)等;豆类主要包括大豆、小豆(红豆)、绿豆等;薯类主要包括木薯、番薯(红薯、白薯)、甘薯、马铃薯等;作为补充主食用的瓜果蔬菜类食物主要包括南瓜、黄瓜、白菜、菠菜等。

(二)粮食安全

保障粮食安全是复杂的系统性问题,涉及粮食的生产、储备、进口、物流、消费等一系列、多环节的安全问题。此外,随着工业化、信息化、城镇化、市场化、国际化的深入发展,以及受到全球气候变化的影响,保障粮食安全也面临着诸多全新的重大挑战。

1. 粮食安全的定义

1992年,我国政府就明确提出过粮食安全的概念,即能够有效地提供全体居民数量充足、结构合理、质量达标的包括粮食在内的各种食物。1996年,联合国粮农组织指出,当所有人在任何时候都能在物质上和经济上获得足够的粮食来满足其需要时,才实现了粮食安全。

2. 粮食安全的影响因素

(1)自然资源因素。保障粮食生产的稳定发展受到耕地、水资源和气候条件等多种自然资源条件的约束。①我国耕地资源紧张，人均耕地资源不足；同时，耕地面积与耕地质量会因城市化和工业化的推进而受到更加严重的影响。②水资源分布与利用不均衡。首先，我国水资源数量与质量的分布并不均衡；其次，随着城市化和工业化进程的推进，人类生产生活用水逐渐增加；最后，工业排污、生活排污与畜禽养殖业排污等也造成了一定的水资源污染现象。③极端气候与自然灾害频发。近年来，气候变暖所导致的极端天气事件和相关自然灾害事件都是我国粮食安全的风险因素。

（2）人力资源因素。近年来，农业人口逐渐向城镇转移，从事农业生产的人力资源逐年减少。尽管我国是人口大国，但伴随着城市化和工业化进程的推进，我国劳动力不断从农村向城镇转移。当前，我国的城镇化率已经超过了60%。耕地的非粮化利用削减了农业人口中从事粮食生产的人力资源。由于粮食作物普遍收益低、保障差，农民自发地倾向于种植收益率更高的经济作物，如种植果树、大棚蔬菜、经济林木等耕地非粮化利用现象普遍存在，该现象同样挤压了农业人口中真正从事粮食生产的人力资源。

（3）技术因素。中华人民共和国成立以来，我国粮食稳步增产，其中良种选育技术和化肥生产等粮食增产技术做出了卓越的贡献。然而，当前因大量增施化肥而带来的面源污染问题不容忽视。因此，要保障我国的粮食安全，既要大力发展粮食增产技术，又要摆脱对增产技术路径的过度依赖。我国粮油机械制造业主要依赖外资技术设备，国内相关企业的技术研发与创新不足，粮油加工技术仍有待进一步发展。

（4）国际局势。世界粮食生产深受政治局势左右。世界粮食出口大国主要有美国、加拿大、巴西、阿根廷、澳大利亚、俄罗斯和乌克兰，这些国家的粮食出口量约占世界谷物出口量的73%、大豆出口量的80%~90%。这些主要出口国具有人均占有耕地多、机械化水平高、农业生产技术先进、粮食生产成本低等优势。在一段时期内，全球粮食生产和贸易格局很难发生大的改变。俄罗斯和乌克兰的粮食出口量约占全球粮食出口量的12%，然而两国在2022年爆发了冲突，导致乌克兰粮食减产，俄罗斯的粮食难以运出，世界粮食市场的正常供需关系随即被打破，引发了全球粮食危机。世界粮食交易被国际四大粮商所控制，国际四大粮商是指美国ADM（Archer Daniels Midland）、美国邦吉、美国嘉吉和法国路易达孚。目前，他们垄断性地控制着世界粮食交易量的80%，同时他们还对上游的原料和期货、中游的生产加工和品牌及下游的市场渠道与供应拥有绝对控制权，因此世界粮食交易的定价权被他们牢牢控制着。

（三）粮食生产安全

保障粮食生产是保障粮食安全的根本和基础。我国现有14亿人口，国际粮食的年贸易量即便全部供应我国，也仅占我国粮食需求量的一半左右，靠国际市场解决不了中国人的吃饭问题。因此，我国只能通过立足国本，夯实粮食自主生产力，保持较高的粮食自给率来解决粮食问题。《中国的粮食问题》白皮书提出"立足国内资源，实现粮食基本自给，是中国解决粮食供需问题的基本方针"。

1. 粮食生产的空间结构

人类最初的粮食生产方式在某种程度上是天然的，即完全依赖自然资源的禀赋，包括光、温、水、气、肥等。因此，粮食生产必然受到地形、土壤、水文、气候等多种自然因素的制约，其分布也具有显著的空间异质性。比如，在全国尺度上，制约其空间格局的宏观自然因素主要包括降雨量、10摄氏度以上积温和地貌类型。

（1）我国粮食生产的空间结构。我国的粮食主产区有13个，粮食主产区的粮食产量占全国粮食总产量的75%以上，对国家粮食安全起着至关重要的作用。13个粮食主产区分别是黑龙江、辽宁、吉林、内蒙古、河北、山东、河南、江苏、安徽、湖北、四川、湖南和江西。伴随着粮食综合产能的稳步提升，我国粮食种植业区域格局也随之发生了重大变化，历史上长期"南粮北调"的格局已被"北粮南调"所取代。

（2）世界粮食生产的空间结构。随着人类的发展，粮食的生产逐渐依赖主要的粮食产区。世界范围内，小麦主要分布的国家有中国、印度、俄罗斯、乌克兰、哈萨克斯坦等；稻谷分布在东亚、东南亚和南亚的国家，其中中国、印度等国家的稻谷产量较高；玉米分布在中国、乌克兰、印度、印度尼西亚和俄罗斯等，这些国家的玉米产量较高。

2. 影响粮食生产的因素

影响粮食生产的因素主要包括粮食播种面积变化、农业生产资料投入变化、农业从业人员变化、农业科技投入变化、自然灾害的发生。

（1）粮食播种面积变化。粮食播种面积是耕地面积的一部分，目前，我国耕地的损失主要源于建设用地占用、自然灾害、生态退耕和农业结构调整四个方面，耕地的补充主要源于土地开发整理。目前，建设用地占用耕地是耕地资源可持续利用面临的最大压力，而耕地一旦被占用就无法再恢复耕种。自然灾害损毁耕地主要包括荒漠化、盐碱化、水土流失和泥石流等。生态退耕包括退耕还林、退田还湖等。耕地转化为园地、林地和草地是农业结构调整造成耕地减少的主要原因。土地整理可分为农田整理、村庄土地整理、城镇土地整理和工矿废弃地及灾毁复垦整理等方面。另外，耕地的非粮化利用也会减少粮食播种面积。

（2）农业生产资料投入变化。农业生产资料的投入包括化肥、农业机械、种子、农药、地膜以及农业基础设施。其中，农业基础设施是建设现代农业的重要物质基础，主要指与农业生产发展密切相关的各类基础设施，包括农田水利、农田道路、农产品烘干设施场地、信息网络等。农业基础设施属于公共产品或准公共产品范畴，主要由政府承担。另外，化肥、农业机械、种子、农药、地膜等投入主要由农户自己承担。农业生产资料投入决定了农业生产的成本，同时又会受到粮食交易的影响。

（3）农业从业人员变化。包括农业从业人员的稳定性、生产效率、受教育程度等因素。当前，我国从事农业的人口随着城镇化的推进逐渐向城镇流动；农业从业人员年龄结构偏大，受教育程度偏低。有研究提出，要发展新型职业农民，使农民完成从"身份"到"职业"的转型。新型职业农民是指具有较高农业生产技能、文化素质和社会责任，自主选择在农村第一、第二、第三产业充分就业，专业从事农业生产、经营或服务工作，且收入主要来自农业的从业人员。

（4）农业科技投入变化。农业科技投入的增加会显著增加粮食生产效率。中华人民共和国成立以来，由于多种粮食增产技术的进步，我国粮食生产量逐年稳步增加。主要的粮食增产技术有品种选育技术、肥料生产及施肥技术、病虫草害防治技术、农业机械与耕作技术、灌溉技术、地力培育技术、种植制度优化技术等。其中，水稻、小麦、玉米三大作物的主要增产均来自优良品种选育技术、肥料生产及施肥技术等。比如，袁隆平团队培育的杂交水稻、海水稻和超级杂交水稻等优良品种显著提高了我国水稻的产量。

（5）自然灾害的发生。为了避免自然灾害的发生，首先，加强对农业用地的规划，回避自然灾害多发的区域，加强防灾减灾基础设施建设；其次，加强气象预报与自然灾害预警的精准度和预测性，以降低自然灾害对粮食生产造成的风险；再次，有效建设并充分利用网络等信息渠道，以便快速传播对自然灾害的预警，尽可能布局灾害防护措施；最后，农业生产是高风险产业，要加强农业政策保险，以对抗由自然灾害引发的粮食生产利益受损。

二、耕地资源

（一）耕地的定义及其类型

1. 耕地的定义

耕地属于自然资源，是由自然土壤发育而成的种植农作物的土地，需要具备可供农作物生长、发育、成熟的自然条件。这些自然条件包括：必须有平坦的地形，或者在坡度较大的条件下能够修筑梯田，而又不至于引起水土流失，一般坡度超过25度的陡地不宜发展成耕地；必须有相当深厚的土壤，以满足水分、养分储藏，供作物根系生长发育之需；必须有适宜的温度和水分，以保证农作物生长发育成熟对热量和水量的要求；必须有一定的抵抗自然灾害的能力；必须达到在选择种植最佳农作物后所获得的劳动产品收益能够大于劳动投入，以取得一定的经济效益。凡具备上述条件的土地，经过人们的劳动便可以发展成为耕地。

国外通常将"耕地"一词表述为"arable land""farmland"或"cultivated land"，前两者更接近国内的"农业用地"概念，比如"farmland"包括种植农作物的土地、牧草地、果园等农业用地，是农场范围的总称，而"cultivated land"属于一种土地覆盖类型，包括行播作物和根用作物用地，比如玉米、大豆、烟草、花生、土豆以及甜菜等，而牧草、谷粒作物以及灌木作物（浆果等）用地被放在草本覆盖和灌木一类。在国内，耕地一般被理解为用于种植农作物并经常耕耘的土地。依据中华人民共和国质量监督检验检疫总局和国家标准化管理委员会于 2007 年联合发布的《土地利用现状分类》可知：耕地包括熟地，新开发、复垦、整理地，休闲地（含轮歇地、轮作地）；以种植农作物（含蔬菜）为主，间有零星果树、桑树或其他树木的土地；平均每年能保证收获一季的已垦滩地和海涂。《辞海》中将耕地解释为："经过开垦用以种植农作物并经常耕耘的土地，包括种植农作物的土地、休闲地、新开荒地和抛荒未满三年的土地。"综上所述，耕地是一种特定的土地，是人类活动的产物，是人类开垦之后用于种植农作物，并经常耕耘的土地，是农业生产最基本的不可代替的生产资料。

2. 耕地的类型

作为重要的自然资源，对耕地类型的划分是掌握耕地资源现状、制定适宜的土地政策、合理利用土地资源的基础工作。对于耕地类型的划分，由于研究与要求和应用目标的差异，划分标准并未统一，主要存在按耕地性质、使用情况、自然特征划分的方式。

按照耕地的性质划分，耕地分为常用耕地和临时性耕地。常用耕地指专门种植农作物并经常进行耕种，能够正常收获的土地，包括土地条件良好的基本农田和虽然土地条件较差，但能正常收获且不破坏生态环境的可用耕地。临时性耕地，又称"帮忙田"，指在常用耕地以外临时开垦种植农作物、不能正常收获的土地，如临时性种植农作物的坡度在 25 度以上的陡坡地，在河套、湖畔等临时开发种植农作物的土地。

按照耕地使用情况划分，可以将耕地分为当年实际利用耕地和当年闲置、弃耕耕地。当年实际利用耕地，指当年种植农作物的耕地。当年闲置、弃耕耕地，指出于种种原因，当年未能种植农作物的耕地，如轮歇地、休耕地或因干旱等自然社会经济原因未能种植农作物的耕地。

按照耕地自身的自然条件划分，可以将耕地划分为水田、水浇地和旱地三个二级土地利用类型。水田指用于种植水稻、莲藕等水生农作物的耕地，包括实行水生、旱生农作物轮种的耕地。水浇地指有水源保证和灌溉设施，在一般年景能正常灌溉，种植旱生农作物的耕地，包括种植蔬菜的非工厂化的大棚用地。旱地指无灌溉设施，主要靠天然降水种植旱生农作物的耕地。

（二）耕地的数量与分布

1. 耕地的数量

全球耕地面积总量占全球陆地表面积的 14.31%，耕地资源主要集中在亚洲和美洲，然而大洋洲和北美洲的人均耕地面积较多，而亚洲尤其是南亚和东亚地区的人均耕地面积较少。2017 年，全球人均耕地占有量为 0.18 公顷，而耕地面积最少的大洋洲的人均耕地面积却多达 0.78 公顷，北美洲的人均耕地面积也较多（0.54 公顷）。亚洲尤其是东亚的人均耕地面积较少，人均仅为 0.11 公顷和 0.08 公顷。

我国耕地面积不足 1.33 亿公顷（20 亿亩[①]），第三次全国国土调查的数据显示：耕地面积为 12786.19 万公顷（191792.79 万亩）。其中，水田为 3139.20 万公顷（47087.97 万亩），占耕地面积的 24.55%；水浇地为 3211.48 万公顷（48172.21 万亩），占耕地面积的 25.12%；旱地为 6435.51 万公顷（96532.61 万亩），占耕地面积的 50.33%。

综合经济发展、人口状况、粮食单产、人均用粮标准、粮食需求预测以及耕地需求量预测等多方面因素，为保证国家的基本粮食安全，我们国家必须要有 18 亿亩耕地。18 亿亩耕地红线是一个具有下限意义的数字，无论如何都不能少于 18 亿亩耕地。

2. 耕地的分布

从全球尺度来看，耕地面积最多的前十名国家依次是：中国、美国、印度、俄罗斯、巴西、阿根廷、澳大利亚、加拿大、哈萨克斯坦和乌克兰。

从总体格局来看，我国有 64% 的耕地分布在秦岭—淮河以北，其中黑龙江、内蒙古、河南、吉林、新疆五个省（自治区）的耕地面积较多，占全国耕地的 40%。从不同熟制来看，我国位于一年三熟制地区的耕地占全国耕地的 14.73%，位于一年两熟制地区的耕地占全国耕地的 37.40%。从气候条件来看，我国位于年降水量 400～800 毫米地区的耕地占全国耕地

---

① 1 亩 = 0.067 公顷。

的49.24%，位于年降水量200～400毫米地区的耕地占全国耕地的10.01%，位于年降水量200毫米以下地区的耕地占全国耕地的5.79%。从不同地形条件来看，我国位于2度以下坡度的耕地占全国耕地的61.93%，位于2～6度坡度的耕地占全国耕地的15.32%，位于6～15度坡度的耕地占全国耕地的13.40%，位于15～25度坡度的耕地占全国耕地的6.04%，位于25度以上坡度的耕地占全国耕地的3.31%。

从耕地分布的空间变化特征来看，近年来，我国市域尺度耕地数量变化出现了以"哈尔滨—郑州—昆明"带为中心的"东—中—西"空间分异格局。该中心带内耕地净减少面积与中国耕地净减少总量基本持平，而该中心带以东地区的耕地净减少量与中心带以西地区的耕地净增加量相近。黄淮海平原的京津冀地区、长江中下游区的长三角区域和四川盆地的成渝城市群是耕地流失的重点区域，而长江中下游以北与黄河以南的淮海流域，以及内蒙古、新疆等地区是新增耕地的重点区域。总体来看，中国东部地区一方面由于城市化和社会经济的高速发展，耕地减少趋势仍难以遏制；另一方面受土地资源禀赋所限，新增耕地数量的潜力不足。而中国广大西部地区是新增耕地的主要来源，这与近年来"北粮南运"的现象相吻合。

（三）耕地的质量与保护

1. 耕地的质量

耕地质量是一个多层次的综合概念，是指耕地的自然、环境和经济等因素的总和。相应地，耕地质量的内涵包括耕地的土壤质量、空间地理质量、管理质量和经济质量四个方面。具体而言，耕地的土壤质量是指土壤在生态系统的范围内，维持生物的生产力、保护环境质量以及提升动植物和人类健康水平的能力，是耕地质量的基础；耕地的空间地理质量是指耕地所处位置的地形地貌、地质、气候、水文、空间区位等环境状况；耕地的管理质量是指人类对耕地的影响程度，如耕地的平整化、水利化和机械化水平等；耕地的经济质量是指耕地的综合产出能力和产出效率，是耕地土壤质量、空间地理质量和管理质量综合作用的结果，是反映耕地质量的一个综合性指标。

在一定的耕地面积前提下，如果要满足增加的粮食消费需求，就只能依靠提高耕地的单位面积产量。而实现粮食单产提高，必须以耕地质量为前提。目前，世界耕地的质量均出现不同程度的下降，造成相当面积耕地粮食综合生产能力的降低。

就耕地质量而言，我国的耕地质量总体是偏低的。水田和水浇地作为高产稳产田，占比不到全国耕地面积的50%。我国现有耕地还存在较严重的水土流失、风蚀沙化、石漠化等耕地退化、生态恶化现象。耕地退化是指耕地质量的降低或是耕地当前或潜在生产力的下降。

2. 耕地的保护

我国耕地资源面临的压力极其严峻。一方面，随着人口和人均消费的增加，对食物的需求将在很长一段时间里持续增长；另一方面，耕地却在不断减少，耕地的后备资源也已达极限。因此，耕地中要保证永久基本农田的数量。永久基本农田即无论什么情况下都不能改变其用途、不得以任何方式挪作他用的农田。永久基本农田的划定和管护必须采取行政、法律、政策、经济、技术等综合手段，不断加强管理，实现永久基本农田的质量、数量、生态的综合与全面管护。同时，为了提高粮食产能，要进行高标准农田的建设。

耕地是人类赖以生存和发展的基础，面对我国耕地严重不足的严峻形势，采取各种措施，预防和消除危害耕地及环境的因素，稳定和扩大耕地面积，维持和提高耕地的生产能力，预防和治理耕地污染，是保证土地得以永续和合理使用、稳定农业基础地位和促进国民经济发展的主要途径。

我国的耕地保护经历了从数量保护，数量、质量保护到数量、质量、生态"三位一体"保护的转变。"有地斯有粮，藏粮于地、藏粮于技"已成为确保我国粮食安全的广泛共识。要切实守住基本农田保护这条生命线。"藏粮于地"要在严格管控数量的基础上，以提高质量、增加产能为主。

第二节 水资源与配置

水资源是人类生产和生活必不可少的自然资源，也是生物赖以生存的环境资源。21世纪以来，随着社会不断发展，一方面工业用水量、城市用水量持续增加，另一方面水资源污染严重。这使得我国水资源状况迅速恶化，水资源供求矛盾已成为工业发展乃至社会发展的阻碍。同时，我国是一个水资源短缺的国家，水资源时空分布不均匀，与人口、耕地的地区分布也不相适应，水土资源不相匹配。近年来，我国连续遭受严重干旱，旱灾发生的频率升高、影响范围扩大，持续时间和遭受的损失都在不断增加。目前，在全国600多座大中城市中，一半以上的城市面临缺水的难题，其中一部分城市严重缺水。因此，正确认识水资源并对水资源进行合理配置，是解决我国水资源可持续发展问题的关键所在。

一、水资源

（一）水资源的概念

水资源（water resources）是自然资源的一种，人们对水资源都有一定的感性认识。但是，"水资源"一词到底起源于何时，现在很难进行考证。在国外，较早采用这一概念的是美国地质勘探局（United States Geological Survey，USGS）。1894年，该局设立了水资源处（Water Resources Discipline，WRD），标志着"水资源"一词在官方正式出现并被广泛采纳。该水资源处一直存续至今，其主要业务范围是对地表水和地下水进行观测与评价。

人们对水资源概念的界定没有达成共识，最主要的原因是水资源的含义十分丰富，导致对其界定也是多种多样的。一般而言，对水资源的定义有广义和狭义之分。广义上的水资源是指人类能够直接或间接使用的各种水和水中物质，在社会生产中具有使用价值的水都可称为水资源。它包括地球上的所有淡水和咸水，既包括天然水，也包括人类利用工程或生物措施处理更新的水。狭义上的水是指人类能够直接使用的淡水，即自然界水循环过程中，大气降水落到地面后形成径流，并流入江河、湖泊、沼泽和水库中的地表水，以及渗入地下的地下水。人们用它来满足工业用水、农业用水和生活用水的需求，一般以径流量来表示水资源的量。

（二）水资源的特性

水资源作为主要的自然资源，既是一切生物赖以生存的基本条件和人类生产生活的重要资源，也是自然环境的重要因素。水资源具有一般资源的基本特性，但就其本身的存在形式及与自然环境、人类生产生活、经济社会等的关系来看，又具有某些比一般资源更重要的特性。

水资源的特点主要表现在以下四个方面：①水资源是生态系统存在的基本要素，是人类生存与发展不可替代的自然资源；②水资源是在现有技术、经济条件下通过工程措施可以利用的水，且水质应符合人类利用的要求；③水资源是大气降水补给的地表、地下产水量；④水资源是可以通过水循环得到恢复和更新的资源。

水资源的特征还有储量的有限性、补给的循环性、时空分布的不均匀性、用途的不可替代性和利用不当的危害性。

（三）全球水资源概况

从表面上看，地球上71%的面积被水覆盖，其中97.5%是海水。地球上的水资源总量大约是14亿立方千米，其中淡水资源总量约为3500万立方千米，约占水资源总量的2.5%。在这些淡水资源中，大约70%都是山地、南极和北极地区的冰和永久积雪。此外，有限的水资源也很难再分配，巴西、俄罗斯、中国、加拿大、印度尼西亚、美国、印度、哥伦比亚和扎伊尔九个国家占据了这些水资源的60%。

从未来的发展趋势看，由于社会对水的需求不断增加，而自然界所能提供的可利用的水资源又有一定限度，突出的供需矛盾会使水资源成为国民经济发展的重要制约因素，主要表现在两个方面。

1. 水量短缺严重，供需矛盾尖锐

据联合国估计，到2100年，全球需水量将增加到80000亿立方米/年，中国全国需水量预计可到8814亿立方米/年。水利部发布的2019年度《中国水资源公报》显示：2019年，全国水资源总量为29041亿立方米，全国用水总量为6021.2亿立方米，全国人均综合用水量为431立方米。

2020年11月27日，联合国粮食及农业组织发布了《2020年粮食及农业状况》报告，以全新视角呈现了全球水资源短缺挑战。全球超过30亿居民生活在严重缺水甚至是水资源匮乏的农业地区，更严峻的情况是，过去20年间，全球人均淡水资源占有量下降了20%以上。报告同时指出，"仍有机会"实现联合国可持续发展目标，但前提是确保农业生产中能够更高效、更可持续地利用淡水和雨水资源，因为农业用水占了全球水资源消耗的70%。

我国是世界上水资源总量较为丰富的国家之一，居世界第六。2018年全国水资源总量为27462.5亿立方米，其中地表水资源量约为26323.2亿立方米，地下水资源量约为8246.5亿立方米，地表水和地下水重复计算量约为7107.2亿立方米。

虽然我国水资源总量丰富，但人均水资源量少且时空分布极其不均衡。2012年，我国的人均水资源占有量仅为2100立方米，仅为世界人均水资源占有量的28%，被列入13个贫水国家之一。2030年前后，我国人均水资源量将降为1800立方米左右，世界人均水资源量将降为5000立方米左右。

世界和我国人均水资源量均呈现下降趋势，我国降幅低于世界平均降幅，但是明显高于发达国家降幅。我国人数多但水资源较少的华北、西北地区和经济发展程度高、人口高度集中的沿海地区，未来人均水资源量将更为短缺。

2. 水源污染严重，浪费现象常见

即使在水资源非常有限且分布不均匀的情况下，人类的水资源污染和浪费现象仍然十分严重。工业生产的污水、农业耕作中的化肥农药很多都未经处理便直接排入地表径流，使得有限的地表和地下淡水资源被大量污染，引发水质性缺水问题。

为了唤起公众的水意识，建立一种更为全面的水资源可持续利用的体制和相应的运行机制，1993年1月18日，第47届联合国大会根据联合国环境与发展大会制定的《二十一世纪行动议程》中提出的建议，通过了第193号决议，确定自1993年起，将每年的3月22日定为"世界水日"，以推动对水资源进行综合性统筹规划和管理，加强水资源保护，解决日益严峻的缺水问题。同时，通过开展广泛的宣传教育活动，增强公众对开发和保护水资源的意识，以此提醒人们要节约用水，不要让人们的眼泪成为最后一滴水。

随着社会需水量的大幅度增加，水资源供需矛盾日益突出，水量短缺现象非常严重。联合国在对世界范围内的水资源状况进行分析研究后发出警报，世界缺水将严重制约21世纪经济发展，可能导致国家间冲突。同时指出，全球已经有1/4的人口面临着一场为得到足够的饮用水、灌溉用水和工业用水而展开的争斗，预测"到2025年，全世界将有2/3的人口面临严重缺水的局面"。

气候变化导致的气温升高扰乱了降水模式和全球水循环过程，加剧了水资源短缺和与水相关的灾害影响。目前，全球有36亿人每年至少有一个月面临缺水的困境，预计到2050年这一数字将超过50亿。地球上仅有0.5%的水可以作为淡水使用。但在过去的20年里，陆地水储量（所有地表水和地下水，包括土壤水分、冰和雪等）正以每年1厘米的速度下降，再加上人口增长和环境恶化，将对未来水安全产生巨大的不利影响。

有限且分布不均衡的水资源为全球水资源危机埋下了隐患。随着人类工业生产和生活需求的不断扩大，世界范围内的用水量正在高速增长。用水量的飞速攀升加剧了全球范围内的水资源短缺问题。国际社会根据人均水资源拥有量将水资源短缺划分为四个等级，其中将人均水资源拥有量低于3000立方米定为轻度缺水，低于2000立方米定为中度缺水，低于1000立方米定为重度缺水，而低于500立方米时则是极端缺水状态。

现阶段，全球约有15亿人面临淡水不足问题，其中有3亿人面临极端缺水问题。如果以水资源消耗速度推测，到2025年，全球将有40个国家和地区淡水严重不足；到2050年，全球用水量将比现在增加20%～30%，那时将会有超过20亿人面临水资源严重短缺问题。

（四）中国水资源概况

随着我国经济和社会快速发展，水资源问题越来越成为我国可持续发展的主要瓶颈。受制于水资源禀赋条件和不合理的开发利用方式等的影响，我国部分流域和区域水资源、水环境承载能力达到瓶颈，河湖生态环境问题长期积累而日益凸显。我国水资源地区分布不均，与人口、生产力布局以及土地等其他资源要素不匹配，水资源年内分配不均、年际变化大，天然来水与用水需求过程不匹配，实现水资源合理配置的难度大，水资源的安全保障更具复杂性、长期性、严峻性和紧迫性。

1. 水资源的数量

《全国水资源综合规划（2010—2030年)》指出，我国多年平均年降水量为61775亿立方米，折合降水深度为650毫米。我国南方地区面积占全国总面积的36%，降水量占全国总量的68%；北方地区面积占全国总面积的64%，降水量占全国总量的32%。全国多年平均年地表水资源量为27388亿立方米，折合径流深288毫米，其中南方地区地表水资源量占全国总量的84%，折合径流深667毫米；北方地区地表水资源量占全国总量的16%，折合径流深72毫米。全国多年平均年地下水资源量为8218亿立方米，其中南方地区地下水资源量为5760亿立方米，占全国总量的70%；北方地区地下水资源量为2458亿立方米，占全国总量的30%。全国山丘区地下水资源量为6770亿立方米，占全国总量的79%，绝大多数通过河川径流的形式排泄；全国平原区地下水资源量为1765亿立方米（含与山丘区间重复计算量317亿立方米），占全国总量的21%。

2. 水资源的质量

《全国水资源综合规划（2010—2030年)》指出，我国地表水和地下水矿化度总体趋势均由东南向西北逐渐升高。全国地表水矿化度小于0.1克/升的极低矿化度水、0.1～0.3克/升的低矿化度水、0.3～0.5克/升的中等矿化度水、0.5～1克/升的较高矿化度水、大于1克/升的高矿化度水的分布面积分别占全国总面积的8%、39%、21%、19%和13%。全国平原区地下水矿化度小于或等于1克/升、1～2克/升、2～3克/升的面积分别占63.6%、21.2%和6.3%，矿化度为3～5克/升的半咸水面积占 4.3%，矿化度大于 5 克/升的咸水面积占 4.6%。

全国平原区浅层地下水水质评价结果表明，Ⅰ～Ⅲ类水面积占评价面积的 37%，Ⅳ、Ⅴ类水面积分别占评价面积的 29% 和 34%。总体而言，经济社会活动强度大、人口密集、地表水污染严重、土地开发利用程度高和地下水天然本底较差地区的地下水水质较差，如辽河区、海河区Ⅴ类地下水面积占评价面积的比例分别为 61%、50%。若剔除地下水水质受天然因素的影响造成部分指标本底超标，全国平原区浅层地下水约 26% 的Ⅳ、Ⅴ类水面积是人为污染造成的。

3. 我国水资源的特点

（1）总量相对丰富，但人均拥有水量少，水资源供需矛盾突出。我国水资源总量为 28412 亿立方米，仅次于巴西、俄罗斯、加拿大、美国和印度尼西亚，位居世界第六。但是，我国人均水资源占有量为 2114 立方米，仅为世界平均值的 28%；耕地亩均水资源占有量约为 1500 立方米，为世界平均值的一半左右；单位国土面积水资源量约为 30 万立方米/平方千米，约为世界平均值的 4/5。在全国 669 座城市中，有 400 座城市供水不足，110 多座城市严重缺水，在严重缺水的城市中，北方城市为 71 个，南方城市为 43 个。

（2）水资源地区分布不均匀，与生产力布局不相匹配。我国北方地区国土面积、人口、耕地面积和 GDP 分别占全国总量的 64%、46%、60% 和 45%，但其水资源总量仅占全国总量的 18.6%，人均水资源占有量为 883 立方米，不足南方地区的 1/3。其中，黄河、淮河、海河三大流域的水资源总量仅占全国的 7%，人均水资源占有量不足 450 立方米。人均水资源量少、年内年际变化大、分布不均且与生产力布局不相匹配，不但易造成旱涝灾害，也使得水资源开发利用难度较大，可利用水量有限。

（3）水资源时间分配不均匀，水资源年际、年内变化大。我国降水量及河川径流量的年际变化大，年降水量最大值与最小值之比，南方为 2～3，北方为 3～5；年径流量最大值与最小值之比，长江、珠江、松花江为 2～3，黄河约为 4，淮河达到 15，海河高达 20。一些主要河流都曾出现过连续丰水年和连续枯水年的现象。同时，年内降水、径流的发生主要集中在汛期。例如，我国华北和东北地区每年 6—9 月的降水量一般占全年降水量的60%~80%，而10月至次年5月共占20%~40%。全国多数地区河流径流量最大的4个月（一般指6—9月）占全年径流量的40%~70%。

二、水资源配置

（一）水资源配置的概念

水资源配置是指在流域或特定的区域内，遵循高效、公平与可持续利用的原则，通过各种工程与非工程措施改变水资源的天然时空分布；遵循市场经济规律与资源配置准则，利用系统科学方法、决策理论与计算机模拟技术，通过合理抑制需求、有效增加供水与积极保护环境等手段和措施，对可利用的水资源在区域之间与各用水部门之间进行时空调控和合理配置，从而不断提高区域水资源的利用效益和效率。进行水资源配置可有效促进水资源的合理利用，促进水资源开发、经济社会与环境保护之间的协调与可持续发展，并实现社会、经济和环境效益的综合最优解。

水资源配置使流域水资源循环系统与人工用水的供、用、耗、排过程相适应并成为一个整体，通过对区域之间、用水目标之间、用水部门之间进行水量和水环境容量的合理调配，实现水资源开发利用、流域和区域经济社会发展与生态环境保护的协调，以促进水资源的高效利用，提高水资源的承载能力，缓解水资源供需矛盾，遏制生态环境恶化的趋势，支持经济社会的可持续发展。

水资源合理配置的基本功能涵盖两个方面：在需求方面，通过调整产业结构协调各项竞争性用水，并加强管理；在供给方面，通过工程措施改变水资源的天然时空分布来适应生产力布局。两个方面相辅相成，共同促进区域的可持续发展。

（二）水资源配置的基本关系

1. 水资源量的供需平衡

水量供需平衡是水资源配置中最基本的关系，是在水资源用户之间的配置关系和优先顺序上寻求供水效益的最大化。其供给量与开发技术水平有关，而实际需水量与生产发展程度、人民生活水平及水资源利用技术等有关。故在不同时期,可供水量与实际需水量是可变的,供需关系可能出现三种情况:①供大于需,说明可利用的水资源尚有一定潜力;②供等于需,即是较理想的供需状态,说明水资源的开发程度适应现阶段的生产、生活需要;③供小于需,说明水资源短缺,需立即采取开源节流等措施,以缓解供需矛盾。影响需求的主要因素为经济总量、经济结构和用水效率。经济总量在宏观上决定了需水总量,经济结构和用水效率则反映了单位产值的用水需求。影响供给的主要因素为供水工程能力,包括地表水、地下水、跨流域调水、再生水等不同类型的水源工程及其运行方式。

2. 污染排放和自净处理之间的平衡

水污染和治理之间也存在动态平衡关系,是各类污染物排放、处理、自净与削减总量之间的平衡,主要影响因素是河流水体自净能力、污水排放量和处理能力。水资源配置需要考虑水污染与水量配置之间的关系,将污染控制与水资源开发利用进行统筹分析。

3. 水资源开发与生态保护的平衡

由于人类活动,更多的水从自然循环进入社会循环中,水的经济服务功能上升,同时原有生态服务功能下降,形成了新的经济 生态平衡机制。按照生态经济学的观点,由水资源开发利用导致水循环天然生态服务功能的下降要尽可能少,相应的人工生态服务功能的上升要尽可能多,同时还要相应地增加经济服务功能。

(三) 水资源配置方法

1. 以需定供的水资源配置方法

该方法认为水资源"取之不尽,用之不竭",以经济效益最优为唯一目标,以过去或目前的国民经济结构和发展速度资料预测未来的经济规模,通过该经济规模预测相应的需水量,并根据以此得到的需求水量进行供水工程规划,它对各水平年的需水量及过程均做定值处理,从而忽视了影响需水的诸多因素间的动态制约关系。这种方法着重考虑供水方面的各种变化因素,强调需水要求,通过修建水电工程的方法从大自然无节制或者掠夺式地索取水资源,相应地造成诸如河道断流、土地荒漠化、地面沉降、海水倒灌、土地盐碱化等不利影响。此外,由于以需定供没有体现出水资源的价值，毫无节水意识，也不利于节水高效技术的应用和推广，必然造成全社会性质的水资源浪费，使本来就紧张的水资源更加紧缺，无法实现水资源的可持续开发利用。

2. 以供定需的水资源配置方法

以供定需的水资源配置方法，是以水资源的供给可能性进行生产力布局，强调水资源的合理开发与利用，以资源背景布置产业结构，它是以需定供配置水资源方法的进步，有利于保护水资源。但水资源的开发利用水平与区域经济的发展阶段和发展模式密切相关，比如，经济的发展有利于水资源开发投资的增加和先进技术的应用推广，这必然会影响水资源的开发利用水平。因此，水资源的可供应量是随经济发展相关联的动态变化量，不能独立于经济之外去分析。而以供定需的方法在可供应水量分析中与地区经济发展相分离，没有实现资源开发和经济发展的动态协调，显得依据不足，并有可能由于低估区域发展的规模而使区域经济无法得到充分发展。因此，这种配置方法也不能适应经济发展的需要。

3. 基于宏观经济的水资源配置方法

无论是以需定供还是以供定需，都是将水资源的需求和供给分开考虑的，要么只强调需求，要么只强调供给，同时还与区域经济发展脱节。而基于宏观经济的水资源优化配置方法则是结合区域经济发展水平来考虑需求和供给的平衡。该方法通过投入产出分析，从区域经济结构和发展规模分析入手，将水资源优化配置纳入区域宏观经济系统，以实现区域经济发展和资源利用的协调发展。

水资源系统和宏观经济系统之间具有一系列内在的、相互依存和相互制约的关系。当区域经济发展对需水量的要求增大时，必然要求供水量快速增多，这势必要求增大相应的水资源投资而减少其他方面的投资，从而使经济发展的速度、结构、节水水平以及污水处理回用水平发生变化，实现基于宏观经济的水资源优化配置。但是，作为国民经济核算基本框架的投入产出表所集中反映的是传统经济的运行和均衡状况。投入产出表中所选择的各种变量经过市场而最终达到一种平衡，但这种平衡只是传统经济学范畴的市场交易平衡，忽视了环保和生态问题。现实的生产经营活动不仅生产出人们需要的商品，而且还生成了废物。这些废物一部分回归自然环境被同化或净化，而另一部分或者说很大部分无法被自然界同化或净化。这一部分废物只有纳入社会的再生产过程才能成为有用之物，被人类重复使用，否则将在自然界沉淀，最终污染环境、破坏生态。传统的基于宏观经济的水资源优化配置方法，注重水资源与区域经济的协调发展，但水资源的价值、水环境的改善和治理投资并未进入投入产出表中进行平衡分析，这不但忽视了资源自身的价值，也忽视了对资源的人为污染和破坏，同样可能造成经济虚假增长。

4. 可持续发展的水资源配置方法

随着社会的发展，人们不但追求高标准的物质和文化生活，而且还对生活环境质量提出了更高的要求。强调经济发展和生态环境保护相协调的可持续发展理论应运而生。可持续发展的水资源优化配置方法是对宏观经济的水资源配置方法的进一步改进，遵循人口、资源、环境和经济协调发展的战略原则，在保护生态环境（包括水环境）的同时，促进经济增长和社会繁荣。可持续发展的水资源优化配置作为水资源优化配置的一种理想模式，必然会成为水资源优化配置方法的发展方向。

（四）水资源配置研究现状

20 世纪 40 年代初，国外开始了水库优化调度问题研究。随着计算机模拟技术的发展，以及系统分析方法、优化算法在水资源领域中的应用，水资源优化配置的理论体系逐步成熟。20 世纪 90 年代以来，国外开发了一系列应用比较成熟、具有代表性的流域水资源系统模拟软件。国内对于水资源配置的研究始于以水库优化调度为手段的水资源分配研究，20 世纪 80 年代后，水资源优化配置问题逐渐引起了相关研究人员的重视，通过借鉴国外先进技术及丰富的实践经验，我国取得了大量研究成果。

目前，学术界对水资源配置的研究不仅关注实体水的问题，还开始提出"虚拟水"的概念。虚拟水是在研究水资源配置效率过程中伴随资源流动而提出的概念，指使用或消耗在商品或服务的生产过程中的水资源。水资源分布的不均匀性与水资源流动的固有模式，使得在研究水资源配置效率时必须考虑伴随商品生产过程中内耗的水资源及其流动（区域贸易）。在水资源管理理论中，虚拟水资源的战略地位日益提升。

虚拟水是指在商品或服务生产过程中所使用的水资源的数量，一般会在商品贸易过程中具体化。由于不同地区的水资源在商品产出中的单位贡献存在差异，以及水资源价值存在差异，虚拟水有根据水资源单位贡献差异而分的商品生产地、商品消费地在某时期生产商品或服务过程中的虚拟水之异，以及根据水资源价值差异、生产中的投入—产出方向差异而来的绿色、蓝色和灰色内容虚拟水之细分。因此，完整的"虚拟水"概念既要指出地点，又要标明不同颜色虚拟水的比例。

绿色虚拟水是指通过雨水进入商品生产中的虚拟水量，包括农产品在整个生产时期中田地蒸发的雨水量。蓝色虚拟水指所有通过地下水和地表水投入商品生产中的虚拟水量，包括在此过程中浪费、蒸发的量，除农产品中有蓝色虚拟水（灌溉用水）之外，工业品生产消耗的水资源（自来水）也都列入此类。绿色、蓝色属于投入的虚拟水内容。灰色虚拟水指商品生产过程中排出的污水量，具体计量是指将排放的污水稀释，达到人们可以接受的水质要求的水量（稀释后的废水量）。灰色属于产出的虚拟水内容，使水资源量减少，即灰色虚拟水是"负"的水资源。

需要指出的是，在出口商品时，商品生产中排放的污水留在了国内，等于进口了污水，需要浪费大量的水资源，成了水资源的消耗；在进口商品时正好反过来，等于出口了大量的灰色虚拟水资源，它使水资源的破坏减少，变成水资源量的补充。

我国实施水资源合理配置更具有紧迫性，原因有三：一是水资源的天然时空分布与生产力布局严重不相适应，二是地区之间和各用水部门之间存在用水竞争，三是部分水资源的开发利用方式已导致许多生态环境问题。由于稀缺性和不可替代性，水资源已经成为影响国民经济和国家生态可持续发展的重要因素，甚至影响到相关流域国家之间的关系。在经济高速发展的转型时期，水资源数量短缺和质量下降已经成为制约经济发展的瓶颈，水资源的利用与配置在一定程度上影响着经济安全和社会稳定，而且波及生态系统的循环效率。如何高效配置与管理各类用水，提高其利用效率是当前迫切需要解决的问题。

三、水利工程

（一）水利工程的概念

水利工程是指防洪、排涝、灌溉、水力发电、引（供）水、滩涂治理、水土保持、水资源保护等为了对自然界的地表水和地下水进行控制和调配而修建的工程。水利工程的根本任务是除水害和兴水利。前者主要是防止洪水泛滥和旱涝成灾；后者则是从多方面利用水资源为人类造福，包括灌溉、发电、供水、航运、养殖、旅游、改善环境等。

水利工程按其承担的任务可分为防洪工程、农田水利工程、水利水电工程、供水与排水工程、航运及港口工程、环境水利工程等，一项工程同时兼有几种任务时称为综合利用水利工程。水利工程也可按其对水的作用分类，如蓄水工程、排水工程、取水工程、输水工程、提水（扬水）工程、水质净化和污水处理工程等。

水利工程建设涉及面非常广泛，如兴建水库作为在同一流域内重新分配径流，调节洪水量、枯水量的主要手段，就是把部分洪水和多余的水存蓄起来。这样一方面可以控制下泄流量，减轻洪水对下游的威胁；另一方面可以做到蓄洪补枯、以丰补缺，为发展灌溉和水力发电等事业创造必要的条件。

（二）水利工程的重要组成部分

1. 水利枢纽

水利枢纽是水利工程的重要组成部分，是为满足各项水利工程兴利除害的目标，在河流或渠道的适宜地段修建的不同类型水工建筑物的综合体，主要由挡水建筑物、泄水建筑物、取水建筑物和专门性建筑物组成。按其承担任务的不同，可分为防洪枢纽、灌溉（或供水）枢纽、水力发电枢纽和航运枢纽等，多数水利枢纽承担多项任务，称为综合性水利枢纽。水利枢纽常以其形成的水库或主体工程——坝、水电站的名称来命名，如三峡大坝、密云水库、新安江水电站等；也有直接称水利枢纽的，如葛洲坝水利枢纽。

2. 水利系统

如果水工建筑物所组成的综合体覆盖相当大的一个区域（包括几个水利枢纽，形成一个总的系统），那么这一综合体便被称为水利系统。水利系统由一个流域水利资源的开发利用或跨流域水利资源的开发利用形成。其能够充分考虑国民经济各部门的用水需要，合理开发利用水利资源，跨流域调水、引水，调剂余缺，使供需平衡。

（三）水网工程

1. 水网的概念及其发展历史

水网是由天然的江河湖泊和人工的引水供水连通工程组成，自然水系和人工渠系共同组成空间水网格局。水网建设能够提升水资源时空配置和水安全保障能力。国家水网由天然的江河湖泊和人工的引水供水连通工程组成，自然河湖水系形成了全国水网的空间布局基础，蓄引提调连通工程构成水流时空再调节的人工渠系网络，自然水系和人工渠系共同组成全国水网格局。通过水网可及时地将一方之"余"调剂给他地之"缺"，以提高水资源的调蓄能力。

国家水网包括国家骨干水网、流域调控水网、区域配置水网等三级水网结构，在功能上具有"四水统筹"（水资源、水环境、水生态、水灾害）的作用。建设水网工程对于保障国家水安全、提升水旱灾害防御能力、提升水资源节约集约安全利用能力、提升水资源优化配置能力、提升江河湖泊生态保护治理能力具有重要的意义。

迄今为止，全球年调水规模约6000亿立方米，已有超过40个国家修建了350项跨流域调水工程，如美国兴建的中央河谷工程、加利福尼亚州水道工程，以色列的北水南调工程等。我国已经规划实施的南水北调东线、中线和规划中的西线工程沟通长江、淮河、黄河、海河四大流域，初步形成了"四横三纵"的国家水网框架以及水资源南北调配、东西互济的配置格局。截至2015年，我国调水规模已经位居全球第二，调水总量达1000亿立方米，总距离超过1.6亿千米，覆盖超过17个省份的69个城市。

2. 国内外调水工程发展历史

（1）国外调水工程的历史及发展。国外最早的跨流域调水工程可追溯到公元前 2400 年前的古埃及。为了满足今埃塞俄比亚境内南部的灌溉和航运要求，当时的国王默内尔下令兴建了世界上第一个跨流域调水工程，从尼罗河引水灌溉至埃塞俄比亚高原南部，这一举措促进了埃及文明的发展与繁荣。随着 18 世纪后期工业革命的到来，人类改造自然的能力大为提升，而人口的快速增长、城市化建设的不断加快，对调水工程的建设也起到了极大的推动作用。至 19 世纪末，许多国家先后兴建了一些大型跨流域调水工程，如加拿大的韦兰运河工程，美国的加利福尼亚州调水工程、科罗拉多河引水工程，以及以色列的北水南调工程等，这些工程的建设目的大都是满足城市供水、发电以及农田灌溉的需求，以促进城市的发展与繁荣。

（2）国内调水工程的历史及发展。我国是世界上从事调水工程建设最早的国家之一。春秋末期，吴国开凿的邗沟，自山阳至江都，贯通淮河与长江，于公元前 486 年开通。战国初期，魏国修筑鸿沟，将黄河与淮河连通，于公元前 360 年开通。西汉时期，修建漕渠，于公元前 129 年开通。在公元 605—610 年，隋朝征调 100 万民工，全面修成以洛阳为中心，北起涿郡（北京），南抵余杭（杭州），由永济渠（从涿郡至沁水入黄河处）、通济渠（由洛阳通到盱眙入淮河）、邗沟（修整扩大）和江南河（从江都至余杭）共同构成的贯通中国南北的大运河。后来，又经过历代多次整治，连接了海河、黄河、淮河、长江和钱塘江五大河流。我国历史上的这些调水工程，反映出中华民族的勤劳才智，是举世闻名的伟大创造。中华人民共和国成立以后，我国跨流域调水工程得到了更快的发展，特别是改革开放以来，为解决缺水城市和地区的水资源紧张状况，我国兴修了多项大型跨流域调水工程，如江苏江水北调、天津引滦入津、广东东深供水、甘肃引大入秦、山西引黄入晋、辽宁引碧入连、青海引黄济宁、河北引黄入卫、山东引黄济青等重要的调水工程。为有效解决北部地区干旱缺水的问题，改善缺水地区的工农业生产及生活供水条件，并改善北方的生态环境，我国分别于 2002 年和 2003 年开始兴建南水北调东线工程和中线工程。这些调水工程的建设均为调入区提供了稳定可靠的水源，在推动区域经济发展、生态环境改善及促进社会安定等方面发挥了非常重要的作用，有力地支撑了我国社会和经济的快速发展。

3. 国内典型调水工程案例

（1）南水北调工程。我国水资源时空分布不均，南方水多，北方水少，其中黄河、淮河、海河流域是中国水资源承载能力与经济社会发展矛盾最为突出的地区，其人口、耕地、国内生产总值均超过全国总量的1/3，但水资源量仅占全国总量的7%，人均水资源量约450立方米，不足世界平均水平的1/10。据统计，近30年来，黄淮海地区的水资源量减少了13%，其中海河流域的水资源量减少了25%。黄淮海地区每年超采地下水60亿~70亿立方米，造成生态环境的严重恶化。然而，长江的水资源却十分丰富、稳定，多年平均径流量约为9600亿立方米，入海水量约占天然径流量的94%。为此，中国自2002年起开始建设南水北调工程，旨在从长江调水润泽北方地区，尤其是缺水严重的黄淮海地区。目前，南水北调工程中线、东线已完成一期工程，西线正在论证阶段。其中，东线一期工程于2002年12月开工建设，2013年11月正式通水；中线一期工程于2003年12月开工建设，2014年12月正式通水。截至2021年，东线工程已累计向山东调引长江水近50亿立方米，有效地缓解了山东部分地区生产和生活用水问题，约6500万人从中受益。中线工程已累计供水超过400亿立方米，向河南省供水135亿立方米，向河北省供水116亿立方米，向天津供水65亿立方米，向北京供水68亿立方米。其中，向京津冀豫生态补水59亿立方米，成为京津冀豫沿线大中城市地区的主力水源，惠及沿线20余个大中城市及131个县，直接受益人数高达7900万人。南水北调工程建成后基本可以覆盖黄淮海流域、胶东地区和西北内陆河部分地区，有利于实现我国水资源南北调配、东西互济的合理配置格局。三条调水线路各有其供水目标和范围，并与四大江河形成一个有机整体，可相互补充，以充分发挥多水源供水的综合优势，共同提高北方受水区的供水保证程度。借助南水北调这项大规模跨流域调水工程，我国可实现对水资源的优化配置，形成"四横三纵、南北调配、东西互济"的水资源配置新格局。南水北调工程提升了受水区水资源容量，改变了北方地区的供水格局。南水提高了这些城市的供水保证率，确保了城市的供水安全。南水已由原规划受水区城市的补充水源，转变为多个重要城市的生活用水主力水源，成为北京、天津等城市的供水生命线。江苏形成了双线输水的格局，受水区供水保证率提高了20%～30%，苏中、苏北地区的防洪、排涝、抗旱能力得到提升。南水北调工程有效缓解了受水区水资源的供需矛盾，在保障沿线经济社会可持续发展用水需求的同时，也有效缓解了经济社会发展对河道内生态环境用水的挤占问题和由深层地下水开采带来的环境生态问题。通过置换超采地下水，实施生态补水、限采地下水等措施，这项工程也有效遏制了地下水水位下降和水生态环境恶化的趋势，促进了沿线生态文明建设。南水北调工程也为京津冀协同发展、雄安新区建设等国家重大战略实施提供了可靠的水资源支撑。

（2）引汉济渭工程。引汉济渭工程又称陕西南水北调工程项目，2014年底批复进入筹建，从汉江流域通过输水管道调水入渭河关中地区，用以满足西安、咸阳、宝鸡、渭南四个重点城市及沿渭河两岸的11个县城和6个工业园的调输配水工程。该项目是解决陕西关中、陕西北部地区缺水问题的战略性水资源配置工程。引汉济渭工程地跨黄河、长江两大流域，横穿秦岭屏障。项目分为调水工程、输配水工程。调水工程由蓄水水库及秦岭隧洞组成，即陕西汉中境内汉江上的黄金峡水库、汉江支流子午河三河口水库，秦岭隧洞总长98.3千米。输配水工程由南干线、过渭干线、渭北东干线和西干线组成。引汉济渭工程拟按"一次立项，分期配水"方案建设实施，工程总调水规模为15亿立方米，汉江支流子午河自流调水5亿立方米，汉江干流黄金峡水库提117米引水10亿立方米；2020年调水量达到5亿立方米，预计2025年调水量达到10亿立方米，2030年调水量将达到最终调水规模15亿立方米。工程建成后，可基本满足西安、宝鸡、咸阳、渭南、杨凌五个大中城市，长安、户县、临潼、周至、兴平、武功县、泾阳、三原、高陵、阎良、华县11个县级城市，以及高陵泾河工业园区、泾阳产业密集区、扶风绛帐食品工业园及眉县常兴纺织工业园区四个工业园区的用水需要，同时可增加渭河生态水量，改善渭河流域生态环境。工程建成后，惠及总计2348万人的生活及工业用水，同时将归还原被大量挤占的300万～500万亩耕地的农用水；此外，可有效改变关中地区超采地下水、挤占生态水的状况，实现地下水采补平衡，防止城市环境地质灾害。

第三节　能源与安全

能源是在自然界中能够为人类提供某种形式的能量的物质资源，也被称为能量资源或能源资源。能源作为人类生存发展的基本要素和重要动力，贯穿人类社会发展演化的每一个阶段。可以说，人类的发展史也是一部能源史。能源的变革与更替伴随着每一次经济社会革新，对人类文明具有历史性和根本性的影响。当今世界正处于百年未有之大变局，能源领域尤其如此。近十年来，以可再生能源发展为主线的第三次全球能源转型加速推进，化石能源向可再生能源的转型已是大势所趋，能源转型涉及能源结构和系统两个层面的转变，集中表现为以太阳能、风能和水能等为代表的新能源正在替代以油气为代表的化石能源。

一、能源转型

（一）能源的分类

能源主要包括煤炭、石油、天然气、煤层气、水能、核能、风能、太阳能、生物质能、地热能等一次能源，以及电力、热力、成品油等二次能源。能源又可以分为其他新能源和可再生能源。

自然界蕴藏着极其丰富的能量。太阳能是我们人类和地球的主要能源。据估计，如果把一个长300千米、宽100千米的沙漠地带一年里所接收的太阳能全部利用起来，就可以满足目前全世界一年中对能量的需求。风能、水能、燃料的化学能等都是由太阳辐射能转化而来的；太阳光照到植物上，植物吸收了太阳能，然后转化成化学能贮存在植物体内；煤和石油都是由古代生物遗骸演变而来的。

地球内部储有巨大的能量，火山爆发就是地球内部能量释放的过程。大地震释放的能量更是惊人，一次大地震释放出的能量，相当于一座100万千瓦的发电厂工作二三十年产出的总电量。地球内部还储存着大量的热能和原子能，大海里也储存着许多能量。地球上的风能大约是全世界燃煤产能总量的 1000 倍。

人类可利用的能源多种多样，可从不同角度加以分类。

1. **按照能源的形成条件分类**

   能源根据其形成条件，可分为一次能源和二次能源。一次能源也叫"初级能源"，是指自然界存在的天然能源，如煤炭、石油、天然气、核燃料、太阳能、水能、风能、地热能、海洋能、生物质能等。二次能源也叫"次级能源"，是指由一次能源直接或间接加工转换而成的人工能源，如热能、机械能、电能等。

   太阳能是由太阳内部氢原子发生氢氦聚变而释放出的巨大核能，人类所需的绝大部分能量都直接或间接地来自太阳。风能是太阳辐射不均匀造成地球各部分受热不均匀，引起各地温度和气压不同，导致空气运动而产生的能量。利用风力机可将风能转换成电能、机械能和热能等。地热能是封存于地壳的天然热能，这种能量来自地球内部的熔岩，并以热力形式存在，是引致火山爆发及地震的能量。海洋能指依附在海水中的可再生能源，海洋通过各种物理过程接收、储存和散发能量，这些能量以潮汐能、波浪能、温差能、盐差能、海流能等形式存在于海洋之中。生物质是指通过光合作用而形成的各种有机体，包括所有动植物和微生物。而所谓生物质能，就是太阳能以化学能形式贮存在生物质中的能量形式，即以生物质为载体的能量。

2. **按照能源是否再生分类**

   能源根据其是否可再生，可分为可再生能源和不可再生能源。可再生能源一般指不会随人类的开发利用而递缩的能源，即能够重复产生的自然能源，如太阳能、水能、风能、海洋能、生物质能等。不可再生能源指经过漫长的地质年代生成，一旦使用便在短期内难以再生成的能源，如化石燃料、核燃料等。

3. **按照能源的历史状况和技术水平分类**

   能源根据其利用历史和使用状况，可分为常规能源和新能源。常规能源指在一定历史时期和科学技术水平下，已经被人们广泛应用的能源。新能源指由于科学技术的进步而新发现的能源资源或利用先进技术新开发的能源产品。

4. 按照能源对环境的污染程度分类

根据能源使用过程中对环境污染的情况，可分为清洁能源与非清洁能源。

（二）全球主要能源消费概况

石油、煤炭和天然气是当前世界上的主要能源。煤炭生产和消费集中于亚太地区，中国是世界上最大的煤炭生产和消费国。石油生产集中于中东、中南美和北美地区。石油消费遍及全球，故而石油贸易相对发达。天然气生产主要集中于欧洲、欧亚大陆和北美地区。

2009—2019 年，全球能源消费总量从 164.7 亿吨标准煤增长到 199.2 亿吨标准煤，年均增长率为 1.9%。相应地，全球能源消费碳排放总量从 297 亿吨增长到 342 亿吨，年均增长率为 1.4%。2019 年，全球一次能源消费中石油消费占比为 32.3%，煤炭消费占比为 27.7%，天然气消费占比为 24.8%，核能和可再生等非化石能源消费占比为 15.1%。

2019 年，全球主要能源消费国中能源需求增长量排名前三的国家为中国、美国和印度，在全球能源消费增量中分别占比 40%、20.3% 和 18.1%，三个国家的能源消费增量占全球增量的 78.4%。中国和印度煤炭消费占比较高，2019 年分别达到 57.9% 和 57.5%，均是煤炭消费大国；美国和日本能源消费结构呈现出多元化发展趋势；俄罗斯因其资源禀赋，天然气在能源消费结构中占据主导地位。

（三）全球能源消费结构转型

能源消费是指生产和生活所消耗的能源。能源消费按人平均的占有量是衡量一个国家经济发展和人民生活水平的重要标志。一般而言，人均能耗越多，国民生产总值就越大，社会也就越富裕。

能源消费强度变化与工业化进程密切相关。随着经济的增长，工业化阶段初期和中期能源消费一般呈缓慢上升趋势，当经济发展进入后工业化阶段后，经济增长方式发生重大改变，能源消费强度因而开始下降。

近年来，全球能源消费结构中的石油消费结构占比保持在 32% ～

33%，但在全球能源消费中占比缓慢下降。天然气在全球能源消费中的占比一路攀升。全球煤炭消费增速减缓，煤炭消费总量将见顶。与其他能源种类相比，2019年的全球煤炭消费量几乎没有增长，且煤炭在全球能源消费中的占比在2013年达到顶点（30.8%）后一路下跌。

总体来看，全球煤炭需求总量将到达顶点，天然气和非化石能源消费量保持高速增长趋势，绿色低碳能源消费占比稳步提升，并逐步填补煤炭消费占比下降的缺口。全球能源消费结构向清洁、低碳和多元化转变，并且转型速度快于之前的预期。

能源转型向以天然气和新能源等低碳能源为主的新格局演进。天然气和新能源的占比不断提升，在实现能源转换的过程中发挥着越来越重要的作用，或将成为全球最重要的清洁能源。

（四）全球能源转型的路径

全球面临着能源转型的重任，能源转型不仅是量的积累，更是质的变化。在量的积累的基础上产生质的飞跃，转化成另一种形态，这就是我们所说的能源转型。面对全球复杂的生态环境问题，碳中和是应对气候变化、促进可持续发展的重要手段，在技术与策略上已经取得了国际社会的广泛共识，并成为世界各国履行环境治理责任的基本方案。

能源转型主要包括以下四个方面：一是能源构成将从油气煤向新能源、低碳能源转变；二是能源发展将从粗放式的高投入方式向科学技术驱动式的高效发展方式转变；三是能源的输送方式将由交通、电网、固网运输向智能电网转变；四是能源的消费方式向使用电能转变。也就是说，要实现一次能源利用的多元化、清洁化，终端能源的电气化、高效化。

世界各国在能源转型过程中结合本国国情和能源禀赋，采取了不同的能源转型路径，所取得的经验可以总结为四个方面。

（1）能源转型目标和转型路径与能源资源禀赋相关。各国能源转型的核心目标主要是应对气候变化和保障能源安全，由于短期内无法兼顾两个目标，因此各国根据国情形成了各有侧重的能源转型目标。能源进口风险不大的国家，如德国，选择以应对气候变化为核心的能源转型目标，致力于推动煤电完全退出；能源进口风险较大的国家，如美国，选择以保障能源安全为核心的能源转型目标，在大力发展可再生能源的同时，将化石能源作为托底能源。另外，各国能源资源禀赋的差异也决定了其能源转型的路径：德国风能资源丰富，因而大力发展海上风电；美国天然气资源充裕，故将天然气作为过渡能源。

（2）推动煤电行业高效能发展。以日本为代表的国家在进行能源转型时以保障能源安全为前提，这类国家缺少天然气等相对低碳的过渡能源，因此短期内，这类国家并非以推动煤电完全退出为目标，而是以提高煤电利用效率为主，规定燃煤电厂的发电能效，逐步淘汰低效燃煤发电厂，推动煤电行业的高效能发展。

（3）大力发展新能源。大力发展新能源是所有国家能源转型的重要举措。各国由于能源资源禀赋的优势不同，侧重发展的新能源也存在差异。德国以推动海上风电为主，日本则着力构建氢能源社会。

（4）重视发展绿色低碳技术。绿色低碳技术的发展是决定一个国家最终能否实现能源转型的关键，因此，发达国家很早就开始全方位支持绿色低碳技术的研发及使用。1997年，美国开始进行碳捕获、利用与封存（carbon capture, utilization and storage, CCUS）的相关研究。1973年，日本成立了氢能源协会。2013年，日本将氢能的开发及使用上升为国策。美国、日本现已分别成为CCUS及氢能技术最领先的国家之一。

（五）我国能源转型面临的挑战

作为全球最大的发展中国家以及最大的碳排放国，我国提出"双碳"目标具有深远意义。但现阶段，我国在气候治理方面仍存在诸多短板。相比发达国家，我国在推进能源低碳转型过程中面临着更大的挑战——煤炭在能源消费结构中仍占主导地位，减排面临结构性压力。随着新型工业化和新型城镇化的推进，我国经济增长进入新常态。相较于其他国家的经济增速与发展基础，我国能源需求总量大并仍将持续较长时间。我国是煤炭储量相当丰富的国家，受煤炭资源禀赋的驱动，煤炭消费在我国能源消费结构中长期占据主导地位。调整和改变以煤炭为主的能源消费结构，面临着降低能源使用成本、调整产业结构等多方面的挑战。每个工业门类对煤炭作为直接或间接燃料（如电力）的依赖性都较强，导致工业门类的碳排放量都较高。在"双碳"目标下,既需要对以化石能源利用为主的传统工业门类进行变革,也需要依托清洁能源布局形成新的工业门类。

相比发达国家 40~60 年的碳中和期限,我国从碳达峰到碳中和目标实现的时间仅有 30 年,实现难度远大于发达国家。作为全世界最大的发展中国家,我国仍处于产业结构和经济增长转型升级阶段,尚不完全具备实现低碳或零碳排放的条件与能力,行业和区域的碳排放尚未达到峰值并进入平台期。从碳排放量来看,尽管我国的人均累计碳排放量远低于欧盟国家,但碳排放总量是欧盟的 3 倍多,约占全球碳排放总量的 28.4%。因此,能源体制机制改革面临新任务,现代能源体系的构建亟待通过能源体制机制改革来引领能源革命方向。

历经 40 多年的改革与发展,我国能源体制机制建设取得了明显进展,但随着"双碳"目标的推进,能源体制机制改革面临新的要求:需要形成公平开放的竞争环境,充分保障不同参与主体的合法权利;需要建立能反映能源市场供需的价格机制,让市场在未来清洁能源配置中发挥决定性作用;需要统筹协调好政府和市场的关系,厘清政府与市场的职责与边界,发挥好政府对能源利用的宏观调控作用;需要形成法律支撑、监督有力、运行规范的保障机制,为"双碳"目标的实现提供制度保障。只有解决好这些能源体制机制问题,才能构建适应"双碳"目标的现代能源体系,为"双碳"目标的实现提供强大的制度支撑。

二、能源安全

能源是人类文明和经济社会发展的重要物质基础,能源安全是国家安全的重要组成部分。2014 年,习近平总书记在中国共产党中央财经委员会第六次会议上强调,能源安全是涉及国家经济社会发展的全局性、战略性问题,对国家繁荣发展、人民生活改善、社会长治久安至关重要。在当今世界政治经济深刻变化的背景下,能源安全的国际因素更加不容忽视。一是受新型冠状病毒肺炎疫情影响,国际油价出现突破底线的大幅波动。二是尽管我国能源进口渠道已呈现多元化格局,但这些能源供应多是双边性的,容易受国际局势和资源国时局的影响,缺乏稳定性和长效性。三是由美国、欧洲和欧佩克（Organization of the Petroleum Exporting Countries，OPEC；石油输出国组织）主导的国际能源治理体系日渐式微，而新的全球能源治理体系和多边合作机制尚未成形，全球能源治理框架亟待新兴经济体的参与。总之，能源安全是我国经济发展的重要基石。

（一）能源安全的定义

能源作为人类生存发展的基本要素和重要动力，贯穿人类社会发展演化的每一个阶段。从人类使用的能源结构中就可窥见人类文明的历史轨迹。可以说，人类的发展史也是一部能源史。美国未来学者杰里米·里夫金（Jeremy Rifkin）在《第三次工业革命》中指出："历史上新型通信技术与新型能源系统的结合，预示着重大的经济转型时代的来临。这是因为新能源技术的出现推动人类文明向着更为复杂的方向发展，而更为复杂的文明需要以先进的新型通信技术为媒介来对其进行处理和整合。"能源的变革与更替伴随着每一次的经济社会革新，其对人类文明具有历史性和根本性的影响。

20世纪70年代，第四次中东战争引发了石油危机，世界主要石油消费国成立了国际能源署（International Energy Agency，IEA）并首次提出"国家能源安全"概念。早期的能源安全重点关注能源供应、能源价格稳定、能源品种等方面。20世纪80年代以来，能源安全逐渐朝着供给稳定性、经济性、品种多样性、使用安全性等多元化方向发展，增加了环境安全、经济安全等。

进入21世纪，能源安全朝着更加广阔的社会、经济、环境、气候、消费者等安全方向扩展，涵盖能源可获取、可支付、可持续，能源治理，国际合作等多个方面。所以，能源安全是指保障一个国家经济社会发展和国防安全的至关重要的可靠而合理的能源供应。

（二）能源安全的分类

能源安全的分类包括以下五个方面。

（1）能源获取。这是能源安全最为关键的基础，包括不论是物质上的，还是合同上的，抑或是商业上的开发和获取能源供应的能力。

（2）物质安全。包括能源资产、基础设施、供应链和贸易路线的安全，以及紧急情况下，必要和迅速的能源资产、基础设施、供应链和贸易路线的替代。

（3）投资安全。能源安全与投资安全紧密相关，需要足够的政策支持和安全的商业环境，需要鼓励投资，以确保充足和及时的能源供应。

（4）政策机制。能源安全是一种系统或体系——由国家政策和国际机制构成，旨在应对供应中断、油价暴涨等紧急情况，通过合作和协调的方式迅速做出反应，以维持能源供应的稳定性。

（5）气候变化。能源安全与气候变化或环境安全问题密切联系。当今，气候变化和环境政治的困境在于能源的生产和消费方式，节能减排、低碳经济、清洁能源发展已经成为能源技术革命和全球能源结构变化的主要变化趋势。

影响能源安全的因素众多，国内外学者基于不同的视角做出了以下两点总结。

第一，亚太能源研究中心（Asia-Pacific Energy Research Center，APERC）分析得出能源供应安全的主要影响因素，包括国内外能源供给、能源基础设施建设、能源储备、地缘政治等。该中心从能否预见的角度将影响未来全球能源系统的因素划分为可预见因素和不可预见因素两个方面，其中可预见因素包括能源供给与能源需求，而不可预见因素则包括国际政局、气候变化及技术进步等。另外一种观点认为，不同的学者基于不同的研究问题对能源安全因素的感知也各不相同，从能源使用者的角度出发，人口、经济结构、地理和文化形态等因素会对能源安全造成影响。

第二，国内学者结合具体的研究问题分别提出能源安全的各种影响因素。一是从一般的研究问题出发，通过数学建模将能源安全的影响因素概括为能源、政治、经济、运输、军事以及可持续发展六个因素；从国际政治生态环境角度得出国内生产总值、产业结构、能源产量等是影响能源安全的主要因素。二是从具体的能源种类出发，例如有学者指出天然气安全是许多因素共同作用的结果，供需、经济、运输、环境、战略等因素都会对天然气安全产生影响。三是从区域角度出发，有学者将国家作为一个整体，运用复杂适应系统理论和"压力—状态—响应"模型对国家能源安全

影响因素进行了分析和研究。

（三）能源安全的战略选择

不同国家的资源禀赋、经济环境需求各不相同，其能源安全战略的重点和措施也各有侧重。各国除了继续关注石油供应安全外，天然气和电力等重要能源品种的供应安全问题也相继被纳入政府能源安全议程。不仅如此，随着环境议题的兴起，尤其当化石能源燃烧时所致的温室气体排放被普遍认为是导致全球气候变暖的主要原因后，各国开始注重能源安全问题。

如何保持能源安全？以科技创新为引领的能源革命当为首选。以电力供应为例，全世界供电系统是以大机组、大电网、高电压为主要特征的集中式单一供电系统，因而目前基本上是集中式发电。全世界90%的电力负荷都由这种集中式单一大电网供电。但是，当今社会对能源与电力供应的质量与安全的要求越来越高，大电网由于自身的缺陷，已经不能满足这种要求。因为大电网中任何一个故障产生的扰动都会对整个电网造成较大影响，严重时可能引起大面积停电甚至是全网崩溃，造成灾难性后果；大电网极易受到战争或恐怖势力的破坏，严重时将危害国家的安全。

所以在能源革命中，未来会以分布式发电作为突破。分布式发电指的是在用户现场或靠近用电现场配置较小的发电机组，以满足特定用户的需要，支持现存配电网的经济运行，或者同时满足这两个方面的要求。这些小的机组包括燃料电池、小型燃气轮机、小型光伏发电、小型风光互补发电，或燃气轮机与燃料电池的混合装置。这些发电机组由于靠近用户而提高了服务的可靠性和电力质量。技术的发展、公共环境政策和电力市场的扩大等因素的共同作用使得分布式发电成为未来重要的能源选择。大电网系统和分布式发电系统相结合是节省投资、降低能耗、提高系统安全性和灵活性的主要方法。

能源互联网是综合运用先进的电力电子技术、信息技术和智能管理技术，将大量由分布式能量采集装置、分布式能量储存装置和各种类型负载构成的新型电力网络、石油网络、天然气网络等能源节点互联起来，以实现能量双向流动的对等交换与共享网络。

能源互联网是一种新型能源系统，是"互联网＋"智慧能源得以实现的物理支撑系统，同时也是一种以用户用能体验为中心的定制化能源服务产业生态环境。能源互联网是兼容传统电网的、可以广泛和有效地利用分布式可再生能源的、满足用户多样化电力需求的一种新型能源体系结构。

在能源发展进程中，历次能源革命都依赖能源技术的重大突破。在第一次能源革命中，蒸汽机的发明推动了能源从薪柴向煤炭转变。在第二次能源革命中，内燃机和电动机的发明推动了能源从煤炭向石油、电力转变。在当前的第三次能源革命中，传统化石能源的开发利用正向可再生清洁能源的大规模开发利用转变，需要在电源、电网、储能和信息通信领域全面推动技术创新，从而支撑能源互联网的建设。

我国能源安全面临的挑战是油气等能源储产比低于世界平均水平，煤炭仍占据一次能源生产和消费的半壁江山。能源供给制约较多，能源安全面临新挑战，涉及来源地安全、运输通道安全以及油气管网安全、电网安全、能源金融安全、能源生态安全等综合安全问题。非化石能源比重过低，实现碳中和亟须大力发展风能和太阳能。若能源对外合作出现变数，则需调整能源战略布局。我国不仅面临能源供应安全问题的挑战，还受制于西方国家在能源与应对气候变化领域的政策取向。

在百年未有之大变局的背景下，作为世界上主要的发展中国家，我国要积极提升自身在能源安全领域的议程设定权、规则制定权和话语引领权，构建公平合理的国际能源治理体系。

随着《巴黎协定》的全面实施，越来越多的经济体宣布了碳中和目标，国际碳中和行动的规模和影响日益扩大，但激进的低碳转型也给许多国家带来能源供应冲击，电力安全、能源网络安全及关键矿产安全等新型能源安全风险开始引起人们越来越多的关注。相对而言，中国实现碳中和目标的窗口期更短、任务更艰巨，因此不可避免地会受到传统能源安全和新型能源安全的挑战。在推进低碳转型过程中，需要更新能源安全理念，统筹好安全与发展的关系，全方位构建与新发展格局相适应的高水平能源安全保障体系。

目前，全球已有130多个国家和地区提出了不同程度的碳中和目标。从长远来看，国际碳中和行动具有广泛的社会基础，全球能源低碳化的大趋势不可逆转，但碳中和目标的实现仍面临诸多挑战。首先，目前各经济体之间存在较大的政策和认知鸿沟，各国内部也面临政治、经济及技术等诸多挑战，减排承诺与大众预期之间仍有不小的差距。特别是一些发展中经济体提出碳中和目标主要是迫于国际压力，但其国内低碳产业发展水平较低，减碳目标的实现步履维艰。其次，全球碳中和目标的实现是一个长期、渐进和复杂的过程，部分国家激进的减排政策引发能源价格飙升、天然气短缺等传统能源安全冲击。此外，低碳转型的持续推进使新型能源安全风险日益凸显。

提出"双碳"目标体现了中国应对全球气候变化的大国担当，也是新时期实现高质量发展的重大机遇。不过，相对于其他发达国家，中国能源消费和碳排放基数大、能源转型起步晚、碳中和窗口期偏短，因而实现碳中和目标的难度更大，能源安全面临的风险更多。实现碳中和是一个多约束条件下的多目标寻优及动态平衡的过程，在一定程度上改变了能源安全的内涵，增加了能源安全的保障难度。在构建新发展格局过程中，为实现碳中和目标下更高质量的能源安全，中国既要提高国内供应保障能力、完善应急反应机制，又要激发市场活力、加强国际能源合作，还要稳妥推进低碳转型，做到先立后破，统筹传统能源安全与新型能源安全，同时统筹能源发展与安全。因此，中国应对内加快构建清洁低碳、安全高效和多元互补的现代能源供给体系，对外全方位推动国际合作，以合作共赢理念推动构建全球能源安全共同体。

第三章 人类社会的发展

人类社会的发展体现在自身的繁衍及所创造的经济、社会、政治、文化等方面。人类社会的发展在不同程度上都是相互关联的，不同人类社会之间是有联系的，而不是彼此独立发展的。人类命运共同体是人类社会发展的必然选择。

第一节 人口变动

一、人口规模

（一）人口数量

人口是指生活在一定时间、一定地域、一定生产方式下，具有一定数量和质量的人所组成的社会群体。人口数量以数量表示人口的存在和变化程度，是人口的绝对量，即人口总体中所包含的生命个体的多少。人口数量与人口再生产密不可分，后者主要表现为新陈代谢的机制和繁衍的本能，包括人的性别、出生、发育、疾病、衰老、死亡、食欲、性欲以及繁殖过程中的遗传、变异等。对人口数量的理解需要从人口出生、人口死亡和人口再生产三个方面展开。

1. 人口出生

人口出生的主要指标包括人口出生率和育龄妇女生育率。人口出生率指一个时期内（通常为一年），一个地区活产婴儿数同平均人口数的比率，是衡量人口再生产状况的最重要的指标之一。由于出生率是以人口总数为基数计算的，但生育却只涉及一部分女性，一个地区人口的年龄性别结构越失衡，其出生率就越不能反映实际生育水平。因此，仅靠出生率还不足以反映生育的真实水平。为了对此加以修正，人口统计学上引入了育龄妇女生育率这个概念。所谓育龄妇女，是指15～49岁的全体女性人口，而不考虑其婚姻与生育状况。

生育率主要有三个指标。①一般生育率：活产婴儿数与育龄妇女平均人数的比率。②年龄别生育率：一年中某一年龄或年龄组妇女的活产婴儿数与该年龄妇女平均人口数的比率。③总和生育率：在计算年龄别生育率的年龄分组组距为1岁的情况下，各年龄的生育率之和。它是用来度量某一时期育龄妇女总体生育水平的指标。

2. 人口死亡

死亡是和出生同等重要的人口再生产因素。分析死亡人口对掌握人口动态，以及为社会福利、保险业、医疗保健事业的发展和管理提供科学的数据资料来说，都是十分必要的。

分析人口死亡主要有五个指标。①人口死亡率：一个时期内（通常为1年，下同）一个地区死亡人数同平均人口数的比率。②年龄别死亡率：由于受人的生理发育特点和环境因素制约，不同年龄人口的死亡机率相差很大。为加以反映，可使用年龄别死亡率，它是一个时期内某年龄（组）的死亡人数同该年龄（组）平均人口数的比率。③婴儿死亡率：一个时期内不满周岁死亡的婴儿同所有活产婴儿数的比率。就反映人口身体素质、社会经济环境，特别是医疗保健事业的水平而言，婴儿死亡率远比死亡率更能说明问题。④死亡人口平均年龄：一个时期内死者年龄的总和同死亡总人数的比值。⑤平均预期寿命：根据年龄别死亡率计算出来的假定一批人的平均死亡年龄，反映的是死亡水平。

3. 人口再生产

人口再生产是人口的自然属性和社会属性对立统一的过程。对人口再生产的理解需要将人口出生率、死亡率，以及自然增长率三者相结合，以分析人口再生产类型。

一般而言，可以将世界各国的人口再生产类型划分为如下四类：一是原始型。原始型的特点是高出生率、高死亡率，自然增长率极低，人口总数增长非常缓慢。随着社会的进步，处于原始型的国家可望逐步减少。二是年轻型。生产力水平的提高使死亡率渐趋下降，而出生率则持续偏高，二者之间的差距被显著拉大，促使人口迅速增长，年龄结构走向年轻化。从中又可区分出几种不同类型，即原始型向年轻型的过渡类型、典型的年轻型、年轻型向成年型的过渡型。三是成年型。此类型的死亡率很低，出生率也已降至较低水平，年龄结构逐步向老龄化方向演变，其代表性国家是中国。四是衰老型。其出生率降至最低水平，死亡率因人口老龄化而由低谷回升，与出生率逐渐靠拢，自然增长率趋近于零，甚至降到负数，而成为零增长国家或负增长国家。

从人口再生产类型的划分中可以看出，类型的分布和演变有一定的客观规律性。英国人口学家布莱克（C. P. Blacker）融会兰德里（A. Landry）和诺特斯坦（F. W. Notestein）的观点，划分出人口转变的五个阶段。高位静止阶段：出生率基本被死亡率抵消，人口增长极为缓慢。早期扩张阶段：死亡率先于出生率下降，人口增长逐渐加速。后期扩张阶段：在死亡率继续下降的同时，出生率也开始下降，人口增长势头趋缓。低位静止阶段：出生率和死亡率均降至低水平，人口出现零增长。绝对衰减阶段：出生率极低，死亡率因人口老龄化而回升，人口出现负增长。

（二）人口增长

人口增长主要包括人口的自然增长和机械增长两类。其中，人口的自然增长是人口出生和死亡变动的结果。人口的机械增长是人口迁入与迁出变动的结果。人口增长的绝对值以人口净增加额来衡量，人口净增加额等于人口自然增长额与人口迁移增长额之和。

当代人口数量从缓慢增长走向缓慢减少的趋势是人口总量触及人口容量的重要信号。人口容量是一定地域内，自然环境所能承载的最大人口数量。工业革命之前，人口虽然不断增长，但是人口总量始终显著低于人口容量，人口增长受外在资源环境的约束较小。工业革命之后，由于生产力的发展和医疗卫生条件的优化，人口数量飞速增长，对自然资源尤其是不可再生能源的需求量急剧上升，这对自然环境造成了巨大的压力，人口总量向人口容量逼近。人口负增长的起点是人口总量的顶峰，随着人口数量的减少，人口对资源环境的压力会逐步得到缓解，生育率又会重新遵从内生的替代生育率的引导而逐步向上复归，长期趋向 2.0 至 2.1 之间的极限替代生育率。相应地，人口增长率将在越过负增长极限（比如 -5‰）之后逐步向零增长回升，最终人口总量将以负增长的方式逐步向可持续人口容量逼近。

人口增长受多种因素共同影响：自然地理环境作为基础，通过影响人类的粮食供给水平和生存环境等直接影响人口增长；经济因素对人口自然增长起决定性作用，通过影响人口的增殖条件和生存条件、改变人口的出生率和死亡率来影响人口的自然增长率。在现代生产力水平下，人口的自然增长率往往随着经济水平的提高而下降；文化因素对人口的增长也发挥了重要作用，随着科学文化素质和科学文学水平的提高，人口自然增长率趋于下降，在现代社会里这一趋势尤为明显；医疗卫生因素对人口增长也有影响，医学的进步和医疗卫生事业的发展对人口出生率和死亡率有着直接影响。

（三）人口结构

1. 年龄结构

年龄结构是人口自然结构的基本要素，以年龄大小来分析人口内部的组成状况，是一定地区内各年龄组人口在全体人口中的比重，又称为人口年龄构成，通常用百分比表示，反映了总体人口中不同年龄人口的分布状态。度量和分析人口年龄结构特征的指标主要有少年儿童比重、老年人口比重、老少比、抚养比、年龄中位数、人口金字塔等。

人口年龄结构对社会经济发展具有重要影响，该影响主要包括三个方面：①对人口增长的影响。在相同的社会经济环境下，青少年比重大的社会，必然死亡率低、出生率高；老年人口比重大的社会，必然死亡率高、出生率低。②对经济发展的影响。年轻型人口面临就业、购买住房、抚养及教育下一代等较为突出的问题；人口老龄化也使老年型人口面临养老、医疗等诸多难题。③对社会环境建设的影响。其主要表现在对社会的物质消费结构、各类文化教育设施的配置、医疗保健、住房、就业、入托、交通建设等的影响。社会的物质消费结构、各类文化教育设施的配置、医疗保健工作的重点以及住宅、交通建设等，无不与年龄结构有关。

2. 性别结构

性别是人的最基本、最明显、最恒定的特征之一。人口的性别结构，是指一个国家或地区的两性人口数量在总人口中的比例关系，通常用人口性别比表示，常用的度量方法有两种：①平均每 100 个女性所对应的男性人口数量；②两性分别占总人口的比重。

人口性别结构是影响男女关系，人口的婚姻、家庭和生育状况的一个基本因素，并直接关系到人口增长、人口的分布和迁移以及其他人口结构。性别比过高或过低都是不正常的，由此可能会导致一系列的社会问题。在对人口实行科学管理的过程中，性别结构无疑是一个必须加以掌握的重要方面。人口的性别结构受到人口的自然属性和社会属性的双重制约，其中既有生物学因素，又有社会经济因素。前者决定了受精和出生时性别的原始差异，但对整个人口过程中的性别结构而言，后者的影响往往处于主导地位。

3. 素质结构

人口素质是一个国家的人民在改造自然和社会的过程中所具有的体魄、智力、思想道德的总体水平。人口发展史既是人口数量不断增加和人口数量结构不断变化的历史，又是人口素质不断提高和素质结构不断发展的历史。一个国家或地区的发展最终取决于人口素质结构，特别是科学文化结构的发展变化。反映人口素质的指标主要有两点。

（1）身体素质。用于分析现存人口生存质量的指标有营养水平、发病率以及残疾人比重等，一些反映医疗保健、公共事业、住房、环境保护、文体娱乐等方面的指标也有意义；反映体质和体格发育形态的各项指标有身高、体重、胸围、肩宽、血压、脉搏、肺活量、速度、耐力、臂力、柔韧性、体质指数等。自产业革命以来，人类的身体素质得到了很大提升。脑容量的扩大增强了人类思维能力的生理物质基础，这无疑是人口身体素质进化的一个重要标志。反映人口身体素质的其他指标，如身高、体重等也普遍比过去有所提高。可以说，现代人与父辈、祖辈乃至祖先相比，更为高大强壮，也更为聪明，身体平均素质有了明显改善。

（2）科学文化素质。主要的指标有文盲率、大中小学入学率、成年人中不同文化教育程度者所占比重、生活质量指数。国际上往往采用受教育程度来反映人口的文化素质。影响人口文化素质的主要因素有：生产力发展水平，其决定了对人口文化素质的需求程度以及培育这种素质的社会能力，因而对各国、各地区之间人口文化素质的差异起着基本的制约作用；社会和政府对教育的重视程度，包括对历史传统的影响也不小；城镇化和非农化水平对人口文化素质影响很大，一般来说，城市人口的素质高于农村人口，并且高学历人才多集聚在城市。

二、人口分布

（一）人口密度

人口密度是衡量人口分布的主要指标。它反映一定地区的人口密集程度，指单位面积土地上承载的人口数量，通常以每平方千米常住的人口数量表示，通常用地区总人口数除以地区总土地面积来计算。

人口密度这一指标具有一定缺陷，它提供的只是一个平均数，没有考虑所计算范围的内部差异。因此，当地理环境内部差异性越大，该地区人口分布的真实情况越难通过人口平均密度来反映。同一层次的区域，自然环境和经济社会环境具有不同特征。地理位置、自然条件、资源禀赋、经济结构、生产分布等方面的差异都会促成人口分布状况的差异。因此，单纯从总土地面积和人口总数之比来考察人口密度是不够的，还可以用人口经济密度、人口比较密度来反映。

人口经济密度是指某地区达到一定经济水平时所拥有的人口数，它是把某地常住人口与该地经济发展水平指标加以对比，以反映人口与经济的关系。人口经济密度可按不同的国民经济部门进行计算，反映各国民经济部门的发展与人口的关系，如人口工业密度、人口农业密度、人口运输业密度等就是用工业、农业和运输业的产值或产量与总人口分别进行比较计算的结果。

人口比较密度是指单位农业用地面积上的人口数。农业用地包括耕地、多年生作物及草原牧场。如草原牧场可以 3∶1 的比例折算成耕地，以便与不同地区、不同土地资源的人口密度比较。比较密度能反映一个地区内人口对农业的压力。如西藏人口密度为每平方千米2.1人，内蒙古为20人，给人们的印象为地广人稀。然而，实际上这两个地区不适宜耕作的土地面积大，用比较密度计算得出西藏每平方千米农业用地人口为14.2人，内蒙古为98人，这个结果更接近该地区农业对人口的承载状况。

（二）人口分布的影响因素

人口分布受自然环境、社会经济因素的综合影响。影响人口分布的自然因素包括地形坡度和起伏度、气候条件、水资源分布、土壤条件和矿产、生物资源等。社会经济因素对人口分布起到了决定性的作用，主要有社会生产力、科学技术进步、政治因素（如战争、难民、政治避难）等。

1. 自然因素

自然资源作为人口空间分布的基底，其构成和组合很大程度上决定了人口空间分布格局。影响人口分布的自然因素包括地形、气候、水资源、土壤等。

地形主要通过影响人类的生产活动和居住活动，进而影响人口的分布格局。随着海拔高度的上升，气温和气压随之降低，影响人体的生理机能和农业生产活动类型，导致人口密度下降。地面坡度的陡缓、坡向的阴阳、地形的崎岖程度等也影响了耕作活动的难易度，从而对人口分布产生影响。

气候是重要的自然资源，光照、热量和降水决定了农业生产的类型和产量，从而影响人口的承载力以及人口的分布。气温、气压、湿度、降水、光照和风等气候要素可影响人体的生理功能。一般来说，过于湿热、干燥或寒冷的地区人口比较稀少。

水是人类生存和生产活动最基本的物质条件之一。离水源较近的地方生产、生活环境较好，往往分布较多居民点和人口。一方面，天然水体为人口的分布提供各种便利的条件；另一方面，降水和径流具有不同的季节变化和年际变化特点，从而导致人口分布具有不同的特点。

土壤是发展农业生产的物质基础。各类自然土壤具有不同的天然肥力和适耕性能，在一定的经济条件下影响人们的开发利用，进而影响人口的分布。一般来说，黑土、冲积土、棕色森林土是发展农业生产的良好土壤，因而这些土壤分布的地区农业人口也十分稠密。相反，盐碱土、沼泽土、灰化土和红壤等对农业生产较为不利，人口分布因此受到较大影响。

矿产资源对人口分布的吸引力的强弱是根据矿产资源本身的条件和人类对其的开发利用程度而发生变化的。产业革命以来，矿产的作用日趋重要，对它的开发利用明显地改变了人口的分布状况。煤是首先被人类利用的矿物能源，在早期开发的煤田周围往往企业云集，人口密度也远高于农村。

自然界是一个统一的整体，自然环境各组成要素，如气候、地形、水文、土壤和生物等都是相互联系、相互制约和相互作用的。自然环境对人口分布和人类生产活动的影响通常是通过各个因素的综合影响而发挥作用的。

2. 社会经济因素

虽然自然因素对人口分布有巨大的影响，但它只是提供了人口分布的可能性。人口分布更是一种社会现象，社会经济因素是人口分布的决定性因素。

社会生产力是人口分布的关键因素。原始社会生产力水平很低，人类靠采集食物和渔猎为生，单位土地面积所能供养的人口少，人口分布的特点是极端分散、稀疏和流动性强。进入农业社会后，由于以农业为主的自然经济居主导地位，农业生产水平成为决定区域人口密度的基本因素，农业发达的地区人口较稠密，其他地区的人口仍较稀少。到了工业社会，生产力水平得到了空前发展，创造了比过去丰富得多的产品和财富，医疗卫生条件得到改善，人口数量和人口密度大大提高。大量工矿区的兴起，大工业、商业和金融业在城市的集中，导致大批农民源源不断地涌进城市，使城市人口大增，乡村人口大为减少，城乡人口比重发生逆转。与此同时，城市的数量和规模也不断在扩大。由于生产力的发展和科学技术的不断进步，全球人口向城市集中的步伐逐渐加快。

科学技术的进步孕育着社会生产力的巨大变革，并必将导致新的技术革命和生产力布局的巨大变革，进而导致人口分布格局发生根本性的变化。一方面，科学技术进步将改变或削弱自然环境对人口分布的影响，人口迁移和居住的选择性将有所增加。另一方面，科学技术进步将促进新地区的开发。科学技术进步将不断要求政府开发新的能源与矿产地，对大江大河进行综合治理开发，对移民垦荒与落后地区进行开发，这些都会使人口分布的格局发生变化。

政治因素对人口分布的影响也较大，有时短时间内便可改变人口分布状况。例如，两次世界大战使世界政治地图发生了明显的变化，每一次变化都伴随着人口的大规模移动。欧洲殖民者侵入美洲，印第安人不得不迁入内陆荒山区。此外，国家制定的人口政策对人口分布也有影响，文化因素对人口分布也有一定的影响。

（三）人口分布规律

总体上看，人口分布在自然环境与社会经济因素的综合作用下，表现出三个基本规律。

1. 趋向暖湿地区

人类起源于旧大陆的热带、亚热带地区，经过漫长的历史时期，人口分布虽已广泛扩散，但人口分布格局始终呈现出温带、亚热带及部分热带地区人口分布稠密，寒带、干燥地区及一些过湿过热地区人口分布稀少的特点。据粗略估计，近90%的世界总人口居住在北半球，而80%左右的世界总人口集中在北半球的中纬度地带（北纬20°—北纬60°）。人口稠密的东亚、南亚、西欧和南欧，以及美国大西洋沿岸地区都在中纬度地带内，而从赤道到北纬20°之间的低纬度地区人口只占世界人口的10%左右，北纬60°至北极圈的高纬度地区人口占世界人口的比例不足1%，明显地反映了气候地带对人口分布的影响。

2. 趋向低平地区

目前，虽然永久性居民点已达到海拔5200米的高程，但大量的人口还是高度集中于比较低平的地区，人口的分布随海拔升高而逐渐减少。海拔越高，气温和气压越低，影响了人的生理机能，也制约了人的生产生活行为，因此高海拔地区人口分布稀少。据估计，海拔在200米以下的地区仅占世界陆地总面积的27.8%，却拥有56%的世界人口；而海拔在1000米以上的地区占世界陆地总面积的21.2%，人口却仅占世界人口的8%。约4/5世界人口分布在海拔500米以下的平原、低山和丘陵。但也存在一些例外情况，如非洲和南美洲的高海拔地区也居住着不少人口。

3. 趋向沿海地区

人口分布还有对海岸的趋向性。一般而言，距海越近，人口分布越稠密；距海越远，人口分布越稀少。距海岸200千米以内的地区约占整个陆地面积的16%，人口却占世界总人口的50%以上，而大陆内部的广大地区人口比较稀少。沿海地区地势低平和缓，海岸线曲折，具有优良港湾，为工商业、对外贸易和服务业提供了良好条件，因而吸引了大量人口集聚。基于第五次全国人口普查和第七次全国人口普查数据可以发现，我国人口分布就呈现了东部沿海地区人口占比不断上升的特点。

三、人口迁移

（一）人口迁移的概念

人口迁移一般指人的居住位置发生了跨越某一地区界线的永久或长期的空间移动。与之相似的概念是人口流动，二者的区别主要在于持续的时间长短。人口迁移是导致特定地区人口增长的重要来源。人口迁移是一种复杂多样的人文现象，对社会生活具有广泛的影响。一个多世纪以来，国际学术界从人口学、地理学、经济学、社会学等不同专业角度对其成因、机制及运动规律进行了深入研讨，提出了不少有影响的理论模式。

1. 拉文斯坦迁移法则

1885年，英国地理学家拉文斯坦（E. G. Ravenstein）提出了人口迁移的七条规律：①距离对迁移的影响。迁移者的主体大多进行的是短距离的迁移。②迁移呈阶梯性。规模较大的工商业中心吸引周围乡镇人口迁入，城市郊区人口由此出现空缺，再由从边远地区的乡村迁往大商业中心城市的人口来填补。③迁移流与反迁移流。每个主要的迁移流都会产生一个补偿性的反迁移流。④城乡居民迁移倾向的差异。相比城市居民，乡村居民迁移率更高。⑤性别与迁移。女性更倾向于短距离迁移。⑥经济发展与迁移。交通运输工具与商业的发展促使人口迁移量增加。⑦经济动机为主。人口迁移有许多不同的动机，但经济动机占主要成分。

2. "引力"模型

1947年,美国社会学家吉佛(G. K. Zipf)提出了"引力"模型。这一模型是牛顿万有引力公式在人口迁移中的体现。两地间的迁移总人数与两地人口数的乘积成正比,与两地距离成反比。它将阻碍两地之间人口迁移的因素简化到最简单的地步——两地间的距离,使两地间的人口迁移总量可以用客观的指标来进行描述,也使拉文斯坦有关距离影响迁移的研究由定性描述转向定量研究。

3. 推拉理论

推拉理论着眼于研究迁移原因,即迁出地的消极因素和迁入地的积极因素对迁移者的影响。流出地的消极"推力"因素包括自然资源枯竭、农业生产成本增加、农村劳动力过剩导致失业率上升、经济收入水平降低等。流入地的积极"拉力"因素,诸如较多的就业机会、较高的工资收入、较好的生活水平、较好的受教育机会、较好的文化设施和交通条件等。流入地和流出地的推拉因素并非绝对的,迁出地也有一些吸引人口的积极因素,如家人团聚、熟悉的社区环境、长期形成的社交网络等;同样,迁入地也有一些排斥人口的消极因素,如单身生活的烦恼、竞争激烈、生态环境质量下降等。迁移者总是在迁出和迁入两地的积极因素和消极因素的权衡之中做出是否迁移的抉择。

(二)人口迁移的类型

从空间范围看,人口迁移包括国际人口迁移和国内人口迁移两大类。其中,国际人口迁移又包括永久性国际移民、国际劳务输出和难民三类。

1. 国际人口迁移

(1)永久性国际移民。个人从一个国家迁移到另一个国家,跨越主权国家边界,变更国籍,或者长期居住在迁入国家,称为永久性国际移民。国际移民对于迁入国家和迁出国家都产生了一定的影响。对于有大量人口迁入的国家来说,大量的移民会为该国提供丰富且具有生产经验和劳动技能的适龄劳动力。对于有大量人口迁出的国家来说,人口迁出既可以减缓该国的人口压力,暂时缓和国内的阶级矛盾、民族矛盾和宗教矛盾等,还可以增加国内外汇来源,促进本国文化传播。相对地,大量的人口外流对迁出国的劳动力市场也是一种损失，较高人力资本的劳动力外流会对该国的人口结构产生负面影响，进而影响该国经济社会发展。

（2）国际劳务输出。这是一种临时的或非永久定居性的人口迁移，一般只涉及劳动力，特别是青壮年男性劳动力，而不涉及或较少涉及他们的家属。这些在国外工作的劳动力被称为客籍劳工。他们在流入国长久居住，劳动期满需遣返回国。20世纪50—60年代，世界范围内劳动力资源供求关系呈现出国与国之间不平衡的特征，加之"二战"后经济社会发展恢复的需求，本国劳动力无法满足需求，西欧、波斯湾沿岸国家吸引了大量的劳动力流入。这些劳动者多来自南欧、北非、南亚等地区，他们通常处于流入国就业市场的底层，从事一些辛苦且技术水平低的工作，流动性大、危险性高，并且工作时间长、工资低、居住环境差。他们同时也处于社会阶层的最底层，并受到歧视，无法融入流入国的社会文化环境。当流入国遇到经济危机时，他们首先是危机下的利益损失者，会受到解雇和驱逐。

（3）难民。难民是指由于种族、宗教、国籍或身为某一特定社会团体的成员，或由于具有某种政治见解而畏惧遭受迫害，因而逃离本国，并且由于此畏惧而不愿或不能回国的人。国际难民占当代国际人口流动的很大部分。非洲、中亚、西南亚是世界上难民人口最多的地区，虽经国际社会多方救助安置，世界难民总数仍持续增长。难民产生的主要原因为战争和冲突，此外，宗教矛盾、自然灾害等也是国际难民产生的重要原因。

2. 国内人口迁移

与国际移民相比，国内人口迁移规模更为庞大，且历史更为久远。国内人口迁移对于国家的形成与发展产生了深远影响。历史上，中国国内人口迁移主要由北方的黄河流域迁往南方的长江流域和珠江流域。黄河流域是历朝经济发展和政治稳定的重要地区，人口稠密，但是由于自然地理条件的限制，自然灾害频发。频繁的战乱破坏了社会经济结构，导致经济衰退，严重影响人民生活，促使黄河流域的人口向其他地区迁移。因此，历史上出现了多次"北人南迁"的现象，主要有魏晋南北朝时期、唐朝中后期及五代十国时期、宋金时期，到北宋末年，南方人口已占全国人口的2/3。明朝初年，南北人口之比大约为7∶3。中华人民共和国成立后，为改变不合理的工业布局，国家将东南沿海地区的工业有计划地向内陆迁移，这也伴随着大量职工及其家属的迁移。这一时期的人口迁移对发展经济、巩固国防、开发内地和边疆均发挥了显著的积极作用。改革开放后，随着社会生产力的迅速发展和整个经济体制的逐步转轨，我国的人口迁移态势出现了一系列的新变化，人口迁移规模快速增长，迁移方向呈现出由中西部地区向沿海地区迁移趋势。进入21世纪以来，随着西部大开发、中部崛起、东北振兴等区域均衡发展战略的实施，中西部地区经济快速发展，对人口的吸引能力不断增强，近年来流向东部沿海地区的人口开始向中西部地区回流。

（三）人口迁移的影响因素

人口迁移是个体因素和外在环境因素共同作用的结果。其中，个体因素主要有性别、年龄、文化程度等，外在环境因素主要有政治、经济等。

1. 性别

一般而言，男性在人口迁移中的优势更加明显，尤其是在经济性迁移、远距离迁移中。拉文斯坦提出的人口迁移法则指出，女性更加趋向于短距离迁移。迁移中会产生性别选择差异主要是由于男性和女性社会经济职能的差异，以及生理结构差异和历史因素，因而在迁移中，女性多伴随配偶迁移或因家庭团聚而迁移。

2. 年龄

迁移行为在某一年龄段表现较为集中，不同年龄人群的生理条件和社会经济职能具有差异性，因而产生这种趋势。儿童由于年龄较小、难以适应新环境，通常迁移率较低。青年由于面临的学业、职业或其他人生选择较多，因此更容易产生迁移行为，其迁移率在各年段中是最高的，后期由于生活稳定和照顾子女与父母的职责所需，迁移率逐渐降低。老年人迁移活动有所增多，这多是由退休后投奔亲友引起的。

3. 文化程度

总体上，人口迁移与文化程度呈现正相关关系，文化程度越高，人口迁移率越高。较高的文化程度会提升知识水平和工作技能，进而提高人力资本，在学习和就业方面具有更广阔的选择性。例如，我国的东南沿海地区由于经济水平发达，吸引了众多高学历人才的集聚，产生了良好的知识溢出效应，增加了地区的创新活力。

4. 政治经济

经济、政治、区位等因素对人口迁移具有重要影响，经济动机对人口迁移具有重要的意义。迁入地和迁出地之间的地区经济发展不平衡是引发人口迁移的主要原因。由于生产力水平分布存在地区差异，一些地区的发展往往伴随着另一些地区的衰落，经济发展中心也不断发生转移。在这样一个经济空间变动过程中，人口在各地区之间产生了迁移流动，人们往往为了寻求高质量的经济生活条件和福利而向经济发达地区迁移。一般来说，经济发达地区的人口迁入率较高，经济发展落后地区的人口迁出率较高。

此外，大型建设项目和新地区的开发也会带动人口迁移，因为新项目和新地区的开发建设能够提供众多就业岗位和机遇，强大的吸引力导致大量人口流入。

政治因素对于人口迁移的影响主要体现在人口政策的实施方面，积极或消极的人口政策会对人口迁移产生促进或者阻碍效果。

在城镇化快速发展、区域联系不断加强的背景下，区位等地理空间因素也对人口迁移的个体决策产生了重要作用。由于规模经济和集聚效应对地理区位的优化，产业发达、交通便利、区位优势良好的地区通常会吸引较多的人口前往就业。在循环累积机制的作用下，产业结构优化升级、城市规模不断扩大，区位优势得到进一步强化，从而进一步吸引流动人口迁入。

第二节 经济增长

一、经济活动

(一) 经济活动的定义

经济活动是指在一定的社会组织与秩序之下，人类为了求生存而经由劳动过程或付出适当代价以取得及利用各种生活资料的一切活动。经济活动以满足人的需求为目的。工业革命以后，经济活动包括产品和服务的生产、分配、交换和消费等活动。经济活动往往遵循价值规律而运行，商品的价格总是围绕其价值上下波动。经济活动可以通过经济的要素来分析、衡量。具体而言，经济活动是劳动者个体进行生产、参与经营决策和分享企业利润等的活动，凡是有投入与产出或成本与效益比较的活动就可以称为经济活动。概言之，经济活动就是创造、转化、实现价值，满足人类物质文化生活需要的活动。

(二) 经济活动部门

经济活动存在各种各样的部门。根据不同分类标准，存在多种不同的经济活动部门。以下主要介绍四种分类方法。

1. **两大部类分类法**

该分类法把社会总产品从实物形态上按其最终使用方向划分为生产资料部类和生活资料部类，并相应地把生产这些产品的部门也划分为两大部类，即生产生产资料部类和生产生活资料部类。马克思曾用这种分类法说明社会再生产的实现条件和社会经济需要的满足过程。两大部类分类法是研究区域产业结构的基本理论基础，其他分类法都是对两大部类分类法的拓展和深化。

2. **农轻重分类法**

该分类法把经济活动划分为农业、轻工业和重工业三大部门。在西方的产业经济学中，划分轻重工业的依据往往是产品单位体积的相对重量。产品单位体积重量大的工业部就属于重工业，重量轻的工业部就属于轻工业。

由于化学工业在近代工业发展中居于十分突出的地位，所以在工业结构分类中往往把化学工业独立出来，同轻工业、重工业并列，但是，常有人把重工业和化学工业放在一起，称为重化工业，同轻工业相对。

一般属于重工业的部门有冶金工业、建材工业、机械工业、化学工业、煤炭工业、石油工业等，属于轻工业的部门有食品工业、纺织工业、造纸工业等。

3. 三次产业分类法

三次产业分类法，即将全部经济活动划分为第一产业、第二产业和第三产业。这一分类也是国家统计局及多个国际机构通行的产业分类法。划分第一产业和第二产业的依据：第一产业的属性是取自自然，主要为农业。第二产业则是加工取自自然的生产物，主要为工业、建筑业。总体而言，第一产业和第二产业都是有形物质财富的生产部门。第三产业则是繁衍于有形物质财富生产活动之上的无形财富的生产部门，一般指服务业。三次产业之间的关系被形容为一棵大树，第一产业如同树根，第二产业如同树干，第三产业就好比树叶。

值得注意的是，近年来随着新一轮互联网潮流的兴起，新一代信息技术不断涌现，以数据资源为关键要素，以现代信息网络为主要载体，以信息通信技术融合应用、全要素数字化转型为重要推动力，出现了一种新的经济形态——数字经济，并在经济结构中占据越来越重要的地位。数字经济被视为从三次产业中分化出来的第四产业，也被称为知识产业或信息产业，其内容包括网络经济产业、通信产业、卫星产业等。

4. 功能分类法

该分类法根据各个经济活动部门在区域产业系统中的地位、作用和功能，将区域的全部经济活动划分为主导产业、关联产业、基础产业和潜导产业四类。功能分类法能够体现区域劳动地域分工的要求，因而可以体现区域各经济活动部门的地位和作用，以及相互间联系的密切程度。

（1）主导产业。在区域经济发展过程中，各个产业在区域产业系统中的地位、作用和功能是不同的，其中有处于主要支配地位的一个或几个产业，就是主导产业。主导产业同时具有两大功能：第一，它具有明显的相对优势，产出规模大，产品调出规模也大，在全国或高层次区域的同类产业中是主要的生产供应基地，产品面向全国或高层次区域，能承担起全国或高层次区域地域分工的某项重大任务，为全国或高层次区域经济发展做出独特的贡献。第二，它又是区域经济系统中的主体和核心，在区域产业结构中，不仅产值比重大，而且关联效应强，它的发展能够带动区域经济的发展，是区域经济发展的驱动轮，并推动区域产业结构向高层次演进。这两大功能是主导产业与其他产业的根本性区别。

（2）关联产业。关联产业是直接配合和围绕主导产业发展起来的产业，其在投入产出或工艺、技术上与主导产业的联系最直接也最密切，可以说是为了主导产业的建设发展而存在的。关联产业是主导产业的协作配套部门，因主导产业的不同而有所不同：有什么样的主导产业，就相应地要求发展什么样的关联产业；主导产业发展到什么程度，就相应地要求关联产业发展到什么程度。关联产业包括后向关联产业、前向关联产业和侧向关联产业。

（3）基础产业。除主导产业及其关联产业之外的其他产业部门都可以称为基础产业，它是主导产业及其关联产业的基础。基础产业是为发展社会生产和保证生活供应而提供公共服务的部门、设施、机构的总和，包括生产性基础产业、生活性基础产业和社会性基础产业三个部门。基础产业门类最多，构成较复杂，但一般具有区域相似性的特点。

（4）潜导产业。潜导产业是当时并不是很重要，作用还不是很大，但是发展潜力比较大，或者是代表将来产业发展方向，前景比较好，可以在比较短的时间内上升为主导产业的产业。潜导产业存在于关联产业和基础产业之中，并非独立其外。

除以上四种分类法外，根据不同的标准对经济活动还可以有其他几种分类，例如农业与工业、资源工业与加工工业、新兴产业与传统产业、长线产业与短线产业、进口替代产业与出口导向产业等。

(三) 经济结构与空间格局

经济结构指国民经济的构成要素及这些要素的构成方式，是国民经济各个要素在特定的关联方式和比例关系下所结成的有机整体。经济结构有广义与狭义之分。广义的经济结构指生产方式的结构，包括生产力结构和生产关系结构。狭义的经济结构单指生产力或生产关系结构。

经济结构是一个由许多系统构成的多层次、多因素的复合体。从生产力和生产关系的总和上分解经济结构，大体包括所有制结构、生产结构、流通结构、分配结构和消费结构五个部分。其中，每一部分又可分解为若干部分，如生产结构可分为产业结构、技术结构、就业结构、生产组织结构和生产地区结构等。这些结构的每一部分还可再分解，如产业结构包括生产资料与生活资料两大部类的构成，农业、轻工业、重工业的构成，工农业各部门内部的构成，工农业和交通运输业的构成，以及第一产业、第二产业和第三产业之间的构成等。

经济结构是个经济系统，系统中各个要素之间互相关联、互相结合，有着数量对比关系。研究任何一个经济结构，不但要重视它的要素特性及其结合形式，同时也要重视它的比例关系。一个国家和地区的经济结构是长期形成的。影响经济结构形成的因素很多，最主要的是社会对最终产品的需求，而科学技术进步对经济结构的变化也有重要影响。一个国家的经济结构是否合理，主要看它是否建立在坚实的经济可能性之上，能否充分发挥一切经济优势，能否保证国民经济各部门协调发展，能否取得最大的经济效果，能否最大限度地满足人民的需要。

经济空间格局是地理学关注的另一个重要概念，它是经济结构在地域上的表现形式，是空间结构单元在空间上相互联系而形成的一定模式，是各种经济活动在区域内的空间分布状态及空间组合形式。一般来讲，区域空间格局由点、线、网络和域面四个基本要素组成。点、线、网络和域面不是简单的空间形态，它们具有特定的经济内涵和相应的功能，相互结合在一起构成经济空间格局。从经济地理学角度看，空间结构是区域经济的核心、外围、网络诸关系的总和。

一般而言，经济空间格局包括以下五个方面：一是区域条件与区域空间宏观格局和框架的关系；二是区域的产业布局及产业的空间组合关系；三是各级经济中心与其外围地域的关系，包括城乡关系、核心区与周围地区关系以及城镇体系关系；四是区域结构网络关系；五是空间格局类型。

经济空间格局与区域经济发展之间有着密不可分的逻辑联系。经济空间格局是区域经济发展的重要载体和表象，要促进区域经济发展就必须对区域经济空间格局进行优化和升级。同时，经济发展水平和程度可由经济空间格局的等级和优化程度体现出来，而经济发展的具体指标又可以反映出经济空间格局的状态和演化过程。经济空间格局的重点在产业上，因为一定的区域产业结构在区域内必然存在着特定的空间格局，二者相互作用并影响着区域经济的发展。区域产业结构与经济空间格局可被视为一个整体，区域内各种生产投入要素所形成的生产组合在产业及其空间形态上形成的综合物质实体，是影响经济增长的重要因素之一。一个区域（无论是一个国家还是一个地区）的产业结构对区域经济发展的水平、速度乃至空间格局的影响至关重要。产业结构合理或优化、产业的升级、产业的转移、产业空间布局、产业的区位、产业的空间集聚等内容，对区域经济的发展具有决定其生死存亡的意义。

可以说，经济空间格局是区域经济发展状态的重要指示器，是区域经济发展状态本质反映的一个重要方面，是从空间分布、空间组织角度考察、辨认区域经济发展状态的罗盘，也是分析区域经济发展水平和活力的一个重要的判断标准。

二、经济区位

区位即为某一主体或事物所占据的场所，含有位置、布局、分布、位置关系等方面的意义，具体可标识为一定的空间坐标。而经济区位则是某一经济体为其社会经济活动所占据的场所。从这个角度讲，工业生产所占据的场所即为工业区位，服务业生产所占据的场所则为服务业区位，而各城市经济活动所占据的场所则称为城市经济区位。

经济区位作为人类活动区位的一个主要方面，存在于地理空间之中，同时地理空间也通过经济区位而发生改变。地理空间是有限的，"一个场所一个区位"的空间特征，产生了围绕经济活动的区位竞争。经济活动除了受到空间的制约外，也受到空间移动的制约，即不管在空间上是沿水平方向还是垂直方向移动，都受到空间摩擦或距离摩擦的制约。克服这种摩擦需要花费时间、金钱以及劳动力，而时间、金钱以及劳动力对人类都是有限的。空间移动的限制决定着各种各样经济活动的特定区位。

（一）经济区位理论

经济区位理论是关于区位，即人类活动所占据的场所的理论。它研究人类活动的空间选择及空间内人类活动的组合，探索人类活动的一般空间法则。经济区位理论即讨论经济活动区位的理论。本书根据经济活动的内容，主要介绍三个典型的经济区位理论。

1. 农业区位论

农业区位理论是农业商品经济条件下有关农业生产体系空间布局的理论，最早由德国经济学家约翰·海因里希·冯·杜能（Johan Heinrich von Thünen）创立。19 世纪上半叶，欧洲人口数量空前增长，城镇不断扩张，食物的需求量大幅度提高，杜能关注的问题是：距离及运输费用对农业生产布局有什么影响？在 1826 年出版的《孤立国与农业及国民经济之关系》一书中，他提出了农业区位的理论模式，抽取主要影响因素，分析这些因素对农业布局的影响。首先，杜能提出一些假设：孤立国中唯一的巨大城市位于沃野平原的中央，周围为其农业腹地，平原被未开垦的荒野所包围并与外界完全隔绝；城市是腹地多余产品的唯一市场，并且不从其他区域获得产品供应；孤立国内的交通手段被固定为马车；腹地具有均质性，即各地的土壤肥力、气候等地理环境相同；等等。

在这些假设条件下，孤立国中不同经营类型的农业将围绕这个城市呈同心圆环状分布。第一带为最接近城市的自由农作带，土地用于生产不易运输和易腐的食品，以蔬菜、牛奶和花卉为主。第二带为林业带，专门从事林业产品生产。第三带为作物轮作带。第四带为谷草农作带，主要生产谷物与畜产品。第五带为三圃农作带。第六带为畜牧带。该理论不仅阐释了市场距离对农业生产集约化程度和土地利用类型的影响，更重要的是，还首次确立了对农业地理学和农业经济学都很重要的两个基本概念——土地利用方式（或农业类型）的区位存在客观规律性和优势区位的相对性。

2. 工业区位论

德国经济学家阿尔弗雷德·韦伯（Alfred Weber）于1909年出版了《工业区位论》，提出了工业区位理论。在研究工业区位时，韦伯采取了与杜能相似的方法，从简单假设开始。在假定地形、气候、种族、技术、政治制度、政策等条件都相同的情况下，抽象地分析生产分配过程以推导出纯区位规则。他认为，影响生产布局的区位因素主要有原料、燃料费用、劳动成本、运费以及集聚作用等。理想的工业区位和企业厂址，应当选择在生产费用最低的地点。运费起着决定性作用，工资影响可以引起运费定向区位产生第一次"偏离"，集聚作用又可使运费、工资定位产生第二次"偏离"，即在运费、工资和集聚作用三者关系中寻求最佳区位，并以此为基础，联系其他因素对区位的影响。

韦伯工业区位论的出现是西方区位理论研究史上的第一个重大成就，但其也具有明显的缺陷和局限性。该理论只就生产过程本身进行探讨，着眼于生产成本最低，缺少一般经济理论的基础，而且假定条件太多，在现实生产中几乎不存在这样的情形，因而无法解决实际问题。韦伯只对单个生产企业的区位布局做出分析，而经济发展的趋势要求对整体经济及其地域组织进行探讨。因此，一些西方经济学家和地理学家开始从其他角度对工业区位进行研究。

3. 中心地理论

德国地理学家沃尔特·克里斯塔勒（Walter Christaller）于1933年出版了《德国南部的中心地》一书，提出了中心地理论，用以说明提供不同服务的村庄和城市的等级制度为何会出现，以及这种等级制度又为何因地而异。该理论被公认为能有效地说明城镇存在的原因、决定它们发展的因素，以及它们在地区和国家里的次序是如何产生的。克氏以韦伯的工业区位论的静态局部均衡理论为基础，将地理学的地域性与综合性特点同区位论学说相结合，形成比较完整的市场区位论。

中心地理论是推动地理学由传统的区域描述走向对空间规律和法则探讨的直接因素，是现代地理学发展的基础。克里斯塔勒首次把演绎的思维方法引入地理学来研究空间法则和原理，这无疑是对地理研究思维和方法的一大革命。该理论对关于城市等级划分，城市与腹地之间的相互作用，城市内和城市之间的社会和经济空间模型，城市的区位、规模和职能，零售业和服务业的区位布局、规模和空间模型等内容的深入分析，使其成为城市地理学和商业地理学的理论基础。同时，有关中心地与市场空间的关系论述，也对研究区域结构而言具有重要的借鉴意义，是区域经济学研究的理论基础之一。

（二）经济区位变化

随着经济主体内部条件与外在环境的变化，其经济区位必然发生改变。从空间范围看，经济区位变化一般可分为国家内部区域之间的产业转移，以及国家之间的跨国投资。

1. 区际产业转移

区际产业转移实际上是生产要素转移和聚集的过程，一般表现为产业从低要素报酬率的地区向高要素报酬率的地区转移、从低市场容量地区向高市场容量地区转移、从高成本地区向低成本地区转移。欠发达地区的要素报酬率低、市场容量小，导致要素向发达地区单向流动，但要素流动不等于产业转移；发达地区的要素报酬率高、市场容量大，因而吸引了大量要素的聚集。在聚集达到一定程度后，成本的上升、竞争的加剧会促使发达地区的产业向其他地区，特别是向欠发达地区转移。在这一过程中，政府的政策干预能加速产业转移。在此背景下，欠发达地区承接发达地区的产业转移，将移入产业和自身优势相结合，培育具有生态环保性、技术竞争性、发展持续性的支柱产业，能够推动欠发达地区转变发展方式。

现阶段，中国的区际产业转移主要表现为东部沿海地区向中西部地区的转移。随着改革开放的深入，产业和生产要素向东部地区持续集聚，这些地区面临的环境、资源约束日趋加剧，导致要素成本不断提高。与此同时，中西部地区发展相对迟缓，地区差距持续扩大，其资源优势、劳动力要素优势和市场潜力正吸引越来越多的沿海劳动密集型企业向内陆地区迁移，于是出现了明显的区际产业转移趋势。

总体而言，区际产业转移是一个具有时间和空间维度的动态过程，是对产业构成要素的地区间移动的描述，是地区间产业分工形成的重要因素，也是转移地区与转移对象地区产业结构调整和产业升级的重要途径。

2. 跨国投资

跨国投资是经济主体（主要为跨国公司）在全球范围内进行的产业转移。跨国公司是否选择到某个特定的东道国投资，取决于该东道国是否具有能使跨国企业获得比在其他地区更高的利润的区位优势，而利润空间大小则取决于东道国环境和企业异质性等多种因素。

一般而言，生产成本最低的区位便为企业所追求的最佳区位。成本最低区位可在国家内部，也可在其他国家。公司通过进行国家间的成本比较，便会倾向于到那些生产成本低于本国的国家投资。同样，沿着最大利润区位论的思路，企业综合考虑生产成本、运输费用和市场价格等因素，自然会选择能够获取更大利益的国家。由此可以得出，生产成本最低或预期利润较高的国家，易成为跨国投资地。根据区位论市场学派的观点，市场区位可以决定企业是否赢利，甚至是否存活。可以服务较大市场的区位，成为企业追求的最佳区位。这一原则在国际尺度上同样适用。当一国具有较大的潜在市场，而公司产品出口至这一国家受交通运输成本的影响，或者更为重要的是受国家关税和其他贸易壁垒的影响时，公司便会自然地选择在这一国家进行直接投资。

在经济主体选择了东道国后，跨国投资就面临东道国内部的区位选择问题。总体上，跨国公司的微观区位具有三个显著特征：趋于经济中心区、邻国边界区和文化社会关系密切地区。

由于投资者对东道国各地的情况较为陌生，进行周全的区位论证较为困难，因此投资者会首先选择在东道国的经济中心区投资。20 世纪 70 年代初便已有研究提到，跨国投资在寻求当地原材料和服务供应商、确定市场机遇、管理分散设施、招募高水平劳动力等方面均具有较高的摸索成本，这便促使投资者仿效东道国已有的投资格局。经济中心区多为信息通畅、各类经济活动集聚的区域。在此投资，可以减少对投资地情况不了解所带来的风险和成本。

边界地区作为历史上相邻两国交往较多，彼此间了解加深，投资者所掌握的相关信息较多的区域，是另一类外资集中区。这一区域不仅缩短了两国的地理距离，而且增加了两国间的信息联系，对邻国投资者的区位选择具有巨大的优势。

密切的社会和亲属联系，对外资区位选择具有重要影响。相同的语言和文化习惯可以减少了解信息的障碍，加强投资者与当地各有关方面的沟通；了解当地的习惯、法律等，也利于避免劳资冲突。尤其是当投资者与投资地具有密切的个人关系（如亲属关系）时，这些投资地更易于被投资者选中。

三、经济全球化

（一）基本特征

经济全球化是指资本、信息、技术、资源和劳动力在国际市场上的流动和分配。在经济全球化的背景下，市场经济的生产、投资、金融、贸易在世界各个国家之间进行交流和分配，然后实现各区域之间的相互融合与相互竞争。自20世纪80年代以来，随着计算机和信息技术的不断进步，全球贸易、全球金融和全球制造的迅速发展，世界各国、各地区之间经济相互依存，多边贸易体制不断取得新的进展，推动了经济全球化的进程。

经济全球化可以被定义为区域经济集团之间不断增长的相互依赖性和经济活动的跨界功能性的一体化，是各经济活动的地理范围不断扩大和国际联系不断加深的过程。它意味着以国家为基础的经济活动在某种程度上运作的整合，即各国通过商品和劳务贸易、生产要素流动（包括资本、劳动力、技术）等方式越来越紧密地联结在一起。经济全球化的基本特征主要表现为贸易扩张、资本流动、新技术浪潮、生产要素的全球配置和社会价值、意识形态、生活方式的全球化。

1. 贸易扩张

贸易扩张即国际贸易增长和贸易自由化的过程，是第二次世界大战后全球经济发展的最显著特点，也是经济全球化最直接的表现。贸易自由化已经从传统的商品贸易领域扩大到技术、金融等服务领域。各国都在积极地加入世界贸易组织，降低关税，减少非关税壁垒，贸易自由化的范围正迅速扩大。

2. 资本流动

资本流动的载体最初是跨国公司。跨国公司通过对外直接投资（foreign direct investment，FDI）在全球范围内充分利用有利资源和生产要素，以降低成本，同时避开东道国的贸易壁垒，从而开辟国外市场，追求利润最大化。通过对外直接投资的增长，生产、销售、商品与劳务市场越来越国际化，促进了遍及世界和各地区的公司内部贸易，从而加强了贸易联系。目前，对外直接投资的增长已经成为世界经济中一般经济增长的重要部分，跨国公司成为经济全球化的"发动机"。在投资自由化的鼓励下，国际资本流动规模迅速扩大。

3. 新技术浪潮

以信息和通信技术为核心的技术进步降低了运输与通信成本，使国际间经济活动的交易费用大为降低，加速了经济全球化的进程。首先，技术进步在为国际贸易创造出一系列新机会的同时，其发展本身使得信息产品在国际贸易中的比重不断增加，服务贸易的发展更直接地受益于信息技术的发展，从而促进了国际贸易的发展。其次，信息技术的不断创新使跨国公司增强了在知识产权、技术诀窍、管理战略等方面的企业专属优势，加速了跨国公司的发展，同时使跨国公司决策集中化和执行分散化，并使得跨国公司总部区位的选择和海外分部、子公司的发展与全球经济发展及其格局变化紧密相连。最后，信息技术的发展加速了金融市场全球化的进程，全球金融中心的形成影响了全球城市体系的重建。

4. 生产要素的全球配置

生产要素的全球配置包括资本、劳动、技术、管理等在全球领域的流动和配置。真正的全球化始于20世纪50年代，到了80年代，随着计算机技术、通信技术的发展和金融工具的不断创新，以及世界范围的金融服务网络的日益完善，资本流动异常方便、迅速，其数量远远大于实际需求量，也远远大于国际贸易量，甚至催生了大量的国际游资。资本与其他生产要素一起促进了全球统一市场的日趋完善和成熟，也促进了生产要素在全球范围的有效配置。国际经验也可以证明，哪里有高品质的生产要素，哪里就会获得大的发展，争夺高品质生产要素也成为一个城市、地区乃至国家发展的关键因素。

5. 社会价值、意识形态、生活方式的全球化

各国和各地区由于长期相互依赖所形成的各种社会心理、行为、价值取向、文化传统、意识形态、生活方式等在全球范围内广泛传播与相互作用，其主流是文化与价值观念的广泛传播。与此同时，一些负面影响也在全球范围内蔓延，如货币危机、环境污染、恐怖主义、毒品贸易、艾滋病等问题充斥全球议程，这些跨国问题造成了与日俱增的全球相互依存。

以贸易全球化、技术全球化、生产全球化、金融全球化、文化全球化为特征的全球化，对每一个国家和地区都产生了很大的影响。全球经济越来越融为一体，资源在全球范围内流动、在全球空间范围内重新配置。任何国家的经济活动都无法局限于本国，任何国家都不得不面对全球化的现实，不得不参与全球化的竞争，从而导致经济竞争更加剧烈。

为了获得区域的竞争优势，各国政府都相应地放松管制，从而推进经济自由。而市场经济的全球推进，打破了资源全球流动的体制障碍。市场在空间上的扩展，使从原来在国家保护下的经济成为全球化，这将导致任何区域的资源都会在全球范围内流动。

经济全球化增加了经济活动的弹性：一方面，对特定区域而言，要素的可获得性在增加，而基于要素的比较优势在减小；另一方面，极大地增加了经济主体在进行空间决策时选择区位的自由度。各地区为了留住企业而努力创造优势，从而加剧了区域间的竞争。经济全球化在加剧区域间竞争的同时，使区域间的相互依存关系更为明显，带来了区域间利益共享、经济互相依赖、互相渗透，从而使区域所面临的环境更加复杂、更加多样化。

（二）区域表现

在经济全球化的过程中，那些地理上邻近的国家和地区由于经济贸易等的频繁交流与深度融合，逐渐形成了一种经济上相对完整统一的区域，这一过程就是区域经济一体化。区域经济一体化就是地理上邻近的国家或地区，为了维护共同的经济利益和加强经济联系与合作，相互间通过契约和协定的方式，在区域内逐步消除成员国间的贸易与非贸易壁垒，进而协调成员国间的社会经济政策，形成一个跨越国界的商品、资本、人员和劳

务等自由流通的经济区域的过程。其目的是通过区域经济组织在成员国之间进行分工协作，更有效地利用成员国的资源以获取国际分工的利益，从而促进成员国经济的共同发展和繁荣。区域经济一体化可以看作全球化在某一特定区域的一种表现。

区域经济一体化既是全球化背景下国与国之间从孤立封闭到开放合作的发展模式的转变，也是主权国家内部寻求经济结构优化升级、打造经济高质量发展的战略驱动。区域经济一体化组织的类型多种多样，按其一体化水平来分，有特惠关税区、自由贸易区、关税同盟、共同市场、经济同盟和完全的经济一体化。

（1）特惠关税区。在特惠关税区，成员国相互间只课征远低于对第三国所课征的关税，小部分商品可能完全免税。

（2）自由贸易区。这种形式取消了各国之间的贸易限制，在一体化组织内部实行商品免税流通，但各自保持对成员国以外国家的独立的关税壁垒，对内政策也是独立的。自由贸易区不存在超国家的权力机构。

（3）关税同盟。这种形式不仅要求其成员国相互取消外贸限制，而且要规定统一的外贸税率和实行共同的外贸政策，因而关税同盟具有超国家调节的因素。

（4）共同市场。这种形式既包含关税同盟的内容，又要求资本、劳动力等生产要素能在共同体内自由流动。换言之，在共同市场内，商品市场和生产要素市场是互相结合的。

（5）经济同盟。这种形式不仅包括共同市场的内容，而且要求成员国在货币、财政以及其他政策方面实行一定程度的协调。资本、劳动力的自由流动要求实行这种协调。因此，超国家的经济调节超出了商品流通领域而进入生产领域和整个国民经济领域。

（6）完全的经济一体化。这种形式要求成员国在贸易、货币、财政等政策上完全一致，以便让商品、资本、劳动力能在共同体内真正做到完全的自由流通。

经济一体化的不同形式反映了经济一体化不同的发展阶段。在这些不同的形式和发展阶段之间，并不存在前一阶段要向后一阶段过渡，后一阶段一定要经过前一阶段的必然性。在不同的一体化形式中，一体化的目的不同决定了权力让渡程度的不同。成员国向共同体让渡的权力越多，共同体对成员国的经济影响就越大。

早在20世纪40年代末期，区域经济一体化组织就已经出现，但在以后的二三十年里，大部分区域经济一体化组织进展缓慢，有的甚至处于瘫痪状态，无法充分发挥其应有的作用。到了20世纪80年代中期，区域经济一体化趋势重新呈现出高涨的势头，至20世纪90年代已形成不可阻挡的潮流，迅速席卷全球。据统计，20世纪70年代，全世界区域经济一体化组织仅有28个，80年代增加到32个，90年代中期超过40个，目前已超过100个。在这众多的区域经济一体化组织中，欧盟、北美自由贸易区和东盟是这一趋势的代表。

世界上所有的国家或地区都要参与全球范围内的资源流动，以便在更广阔的国际空间中合理地配置自身的资源，从而更有效地发挥自己的比较优势，得到发展本国或本地区经济的条件和益处，这就是经济全球化得以发展的原动力。与此相适应地，全球性的经济组织和协调机制，如世界贸易组织、国际货币基金组织、世界银行等也纷纷起步、发展和逐步完善。经济全球化由于其范围广泛、参与者众多且差异较大、利益协调比较困难，从而一体化程度、层次不易得到提高。在此情况下，地缘经济关系密切，相对经济差异不大，从而一体化程度较高的区域经济一体化，以及相应的区域经济合作组织及其协调机制便迅速得到发展。作为经济全球化的组成部分，区域经济一体化组织内部的经济自由度的增强，意味着世界经济整体变得更为自由与开放。

第三节　社会发展

社会是指以一定的物质生产活动为基础而相互联系的人类生活共同体，由有意志的个体通过互动，并由相关的社会关系积累联结而成。可以认为社会是互动的体系，也是社会关系的体系。社会空间是社会发展的载体，邻里、社区则是社会空间结构的基本单位，并因社会群体的不同构成、变迁而表现出空间分异的特征。社会流动与社会网络是社会发展的典型表现，也是社会空间分异与社会发展的重要动力源。智慧社会是当前社会发展与转型的重要方向之一，并以智慧服务与智慧治理作为智慧生态链的核心内容。

一、社会空间

（一）邻里

邻里是地缘相邻并构成互动关系的基本社会群体，有着显著的认同感和感情联系，由此构成相对独立的小群体。在人类社会的历史上，邻里是随着社会的发展逐渐形成的。

1. 邻里的特殊性

邻里是一个特殊的互动社会群体。它的特殊性表现在三个方面。

（1）地缘性。邻里是以地域关系为纽带的初级社会群体。邻里之间的互动，首先需要存在左邻右舍的地缘条件。若离开地域上的联系，则不可能形成邻里的群体。

（2）情感性。邻里不是经济实体，也不是政治实体，而是以感情为基础结合起来的初级群体。若没有相互之间的友好往来，没有在此基础上发展起来的富有人情味的情感交流，即使地域相近，也无法成为邻里。

（3）非正式性。邻里不是按正式规范及要求建立起来的，而是受风俗习惯、伦理道德制约的，因而它具有一般非正式社会群体的特点。

2. 邻里的社会功能

邻里同其他初级社会群体一样，其社会功能是多方面的。中国社会历来重视邻里关系，尤其重视邻里的社会功能，有"远亲不如近邻"之说。邻里的社会功能概括起来主要表现在四个方面。

（1）相互支持的功能。主要是指邻里之间相互提供保护和支持，使邻里间有安全感和信任感。具体表现在生产和生活上互相帮助、互通有无，共同解决生活难题，共同防御，共同保障社会治安等。

（2）社会化的功能。指邻里间能形成一种价值取向氛围，并以此教化处于其中的居民和儿童。生活在同一地域里的各个家庭及其成员之间的相互影响范围是很大的。现代教育强调要把家庭、学校和社会教育结合起来，而邻里就是社会教育的重要组成部分。

（3）社会控制的功能。即通过有关活动与规范来约束居民的行为，调整居民的关系，维持社区的一致性。有些个人和家庭间的纠纷，如婆媳争吵等，往往当事人无法解决，但又不足以通过正式的社会组织去解决，此时由邻里出面调解显得最为合适。邻里间还能起到相互约束和监督的作用，这是一种无形的社会控制力量，违法犯罪行为往往很难躲过邻居的眼睛。

（4）交流的功能。在邻里之间，人们一般都能找到情感和思想交流的对象。人们在业余时间有事无事时的走门串户，就是在无意间实现感情和思想的交流，从而带来精神上的平衡和满足，并起到相互影响的作用。

(二) 社区

"社区"（community）一词，最初的含义是指在传统的自然感性一致的基础上紧密联系起来的社会有机体。它是由德国社会学家费迪南德·滕尼斯（Ferdinand Tönnies）提出的。他在《公社与社会》一书中，把人类共同生活的表现形态分为两种类型：一种是建立在亲密的、不分你我的私人关系基础上的社会共同体；另一种是建立在目的、利益、契约及以此为条件的人们保持一定距离的基础上的社会共同体。他把前一种类型的共同体称为公社，把后一种类型的共同体称为社会。滕尼斯的这一思想引起了一些西方社会学家的兴趣，他们在接受滕尼斯观点的同时，对其使用的"公社"一词进行了改造，用英文的"社区"取代了原有的名称。

任何社区就其内部的构成来看，都有四个要素。

（1）地域。地域是社区存在和发展的基本条件，是社区居民从事生产和进行生活活动的依托。

（2）人口。人口的数量、集散的疏密程度以及人口素质等是社区形成和发展的重要因素。社区人口与社会人口不同，它以同质性为主，即社区的绝大多数人都从事基本相同的职业，这形成了该社区的人口特点。

（3）文化制度和生活方式。每一个社区都由于其特有的历史传统和风俗习惯等形成了不同的风格文化特点，以区别于其他社区甚至邻近社区。

文化制度也是社区的主要构成因素之一，它主要以控制、调整、干预和指引社区人们行为的方式发挥作用。在生活方式方面，不同社区的居民在人际交往、文化生活、闲暇时间的支配、生活习惯和生活节奏等方面都有各自不同的特点，这是由各自社区的现实经济、社会条件和历史传统所决定的。

（4）地缘感。社区居民在情感或心理上具有共同的地域观念、乡土观念和认同感。这是同一地区的人们在长期的共同生活中，在同一行为规范、文化传统和生活方式氛围里形成的共同意识，它对维系社区成员间的关系起着重要作用。

社区的具体形态是多种多样的，由于人们分类的标准和角度不同，分类的结果也就不同。常见的社区分类有，根据空间特征把社区划分成居住社区（又称生态社区）和精神社区，根据社区结构和特点把社区分为乡村社区和城市社区。

（三）社会空间分异

1. 社会空间分异的表征

社会空间分异的表征主要体现在三个方面：居住分异、社会空间极化和移民社区。

（1）居住分异是指由于居民的职业类型、收入水平与文化背景差异产生的不同社会阶层的居住区。在相对隔离的区域内，同质人群有着相似的社会特性，遵循共同的风俗习惯和共同认可的价值观，或保持着同一种亚文化。

（2）社会空间极化是指各个国家在经济全球化的"时空压缩"下，大城市产业结构发生重组与变迁，城市劳动力日益分层，从而导致收入差距过大，城市社会空间日益分化为贫富两极的空间极化格局。主要表现为城市空间碎片化、城市"双城化"及弱势群体社会空间的隔离与边缘化等特征。

（3）移民社区是居住分异最重要的一种形态，城市内种族居住隔离区主要有移民营、飞地和少数民族集居地等类型。

2. 社会空间分异的原因

城市社会空间分异的原因一直是中西方人口学、地理学、社会学和规划学等研究的热点。学者运用20世纪60年代出现的"因子生态学"方法研究了社会空间结构，发现城市社会空间分异的原因主要包括三个方面：社会经济地位、种族、城市生活方式。

（1）社会经济地位。人们的教育水平、职业和收入状况等方面存在差异，并且不同的人具有差异化的社会身份，加之以经济组织和社会结构为基础，从而产生了经济社会地位的差异。

（2）种族。种族是指在体质形态上具有某些共同遗传特征的人群，现代城市社会由越来越分化的族裔聚居区构成。"种族"这一概念以及种族的划分是极具争议性的课题，在不同的时代和不同的文化中均存在差异。同时，种族的概念涉及诸如社会认同感及民族主义等其他范畴。不同群体之间由于人种、宗教、国家和文化等特征而形成种族差异。这些种族群体在空间上集聚，从而形成了族裔社区，族裔社区的形成是国际政治、全球经济、城市环境等系列因素共同作用的结果。

（3）城市生活方式。不同的阶层、家庭类型和种族，其形成的城市生活方式也是多种多样的。具有相同或相似生活方式的人们常聚集在一起，由此形成了如老龄化社区、"蚁族"社区等城市社会空间。

二、社会流动

（一）社会流动的概念与特征

社会流动是指社会成员在社会关系的空间中，由某个社会位置向其他社会位置移动的现象，既表现为个人社会地位的变更，也表现为个人社会角色的转换。社会流动是社会结构变化的一种形式，对个体及整个社会结构均具有重要意义。同时，社会流动也是社会结构演化的重要动力源。社会流动幅度的大小、速度的快慢将对社会结构性质、社会运行状态产生重要影响，并且可以形象地反映出一个社会的开放程度：愈是开放的社会，其流动愈加频繁。

社会流动作为一种社会现象，既具有普遍性又具有特殊性。社会流动的普遍性是指任何社会都存在社会流动。它存在于纵贯古今的各种社会中，所不同的是社会流动的流速、流量及频率不同。社会流动的特殊性是指不同社会中的社会流动是不同的。首先，从历史发展的角度看，社会流动的程度因社会形态的不同而大不相同，在奴隶社会和封建社会，社会成员被严格限制和规定在不同的等级内，因而社会流动非常缺乏，这种社会流动渠道闭塞受阻的社会被称为典型的封闭式社会。而当社会不再用法律条文来固定等级，社会成员"向上"或者"向下"流动的可能性和现实性增强时，这种社会流动渠道畅通无阻的社会被称为典型的开放式社会。其次，从现实状况来看，制度不同的社会，其社会流动的性质和状态也大不相同。

（二）社会流动的分类

按照不同的划分标准，我们可以将社会流动划分为不同的类型。

1. 横向流动与纵向流动

以流动的方向为标准，社会流动可以划分为横向流动和纵向流动。

横向流动，指一个人或一个群体从一个社会位置移到另一个同等或同一水平的社会位置上。所谓同一水平，是指流动前后的社会位置在经济收入、政治地位和社会声望等方面基本相同。对于个人来说，横向流动能够满足个人的需要，有利于个人才能的发挥。对于社会来说，横向流动有利于形成一种自我完善的动态平衡机制，促进劳动力或人才的合理配置，使地区、行业和单位之间协调发展。同时，横向流动也会强化不同地区、行业和单位之间的相互竞争，是社会系统协调发展的重要社会机制。

纵向流动，指一个人或群体从一个社会位置移到另一个高低不同的社会位置上。纵向流动又分向上流动和向下流动。向上流动指社会地位上升，移动后位置高于移动前的社会位置；向下流动指社会地位下降，移动后位置低于移动前的社会位置。合理的上下流动能保证和促进社会各个层级的工作正常而又高效地进行，频繁的上下流动能增进或加强各阶层社会成员之间的联系与了解，从而有利于整个社会的协调发展。

2. 代内流动与代际流动

以流动的参照基点为标准，社会流动可以划分为代内流动和代际流动。代内流动是指某个社会成员在其生命过程中职业和社会地位的变动。代内流动的状况能够在一定程度上反映社会的发展状况：一方面，代内流动能够反映整个社会的发展趋势，当代内流动的速度越来越快时，一定程度上反映了一个国家或地区的经济实力在不断增强，社会产业在不断发展，可以为社会成员提供越来越多的教育和就业的机会；另一方面，代内流动一定程度上也能够反映社会政策和价值观念的变化。

代际流动是指一个家庭的不同世代之间的职业或社会地位的变化，当子代的职业和社会地位与父代相比发生变化时，即发生了代际流动。与代内流动相比，代际流动具有更为明显、重要的社会意义。从静态的角度看，一个社会是否存在代际流动可以反映该社会的结构状况。在封闭的传统社会中，代际流动发生较少，子代往往处在父代所属的阶层与行业；在开放的现代社会中，父代的职业、教育和社会地位虽然同样对后代有影响，但这种影响已明显减弱，因而产生了代际流动。从动态的角度看，代际流动中的世袭率、流动率及趋势等都直接反映了社会发展的水平。如果代际世袭率低且越来越低，则说明父代对子代的影响一代比一代小，也标志着社会结构正在从封闭走向开放。如果代际流动率高且越来越高，则说明其流动的速度越来越快，流动的幅度越来越大，即社会经济日益发展。如果代际流动的总趋势是向上的，则说明随着社会生产力水平的提高，从事脑力型职业人数的比例越来越高，而从事体力型职业人数的比例越来越低。

3. 结构性流动和自由式流动

以流动主体的特征为标准，社会流动可以划分为结构性流动和自由式流动。结构性流动，又称为群体流动，是指因自然环境和社会环境的突变或者某项社会发明、创造而引起的大规模的社会成员流动，具体可分为有组织流动和无组织流动，可能是向上流动也可能是向下流动。结构性社会流动可能对社会结构、社会变迁产生影响。合理的结构性社会流动是指由社会发展所引起的符合社会发展客观规律的结构性流动，其将有益于社会发展。而由某些人为原因引起的、并不符合甚至违反社会发展客观规律的结构性流动则会给社会带来不良后果甚至是破坏性后果。

自由式流动是指结构性社会流动之外的一切社会流动，反映了某个社会个体在社会阶层结构中地位的变动情况。当然，个人流动的自由是相对的，因为任何社会中任何个人的流动都要受到社会环境及社会规范等因素的制约。

(三) 社会流动的影响因素

宏观社会因素和微观个体因素都会对某个社会成员在社会分层体系内的流动产生不同程度的影响。社会流动的影响因素包括五个方面。

(1) 社会结构的性质。封闭社会就是指社会成员的社会地位主要取决于先赋地位，一生下来或达到一定的年龄就被固定在某种社会地位并且终生难以改变；与之相反，在开放的社会结构中，人们可以通过努力获取与他们天资、能力和愿望相匹配的社会地位。显然，注重先赋地位的封闭社会在制度安排上并不鼓励甚至限制社会流动，社会流动的频率和多样性低。

(2) 经济和社会发展程度直接影响着社会流动。在经济不发达的社会中，社会流动发生的概率要小得多；与之相反，在经济发达的社会中，社会流动的机会更多，社会流动也更频繁。当经济社会迅速发展时，社会流动将更加频繁。

(3) 教育改变人的命运。从某种程度上讲，教育是社会成员向上流动的推动器。现代社会是以科学技术和教育为基础的社会，教育的普及和发展使得受教育者向上流动的可能性增加。

(4) 家庭也是影响子代社会流动的重要因素。传统社会家庭的经济状况、社会地位状况会直接影响后代的社会地位的获得，子承父业的社会现象较为普遍。

(5) 社会网络资源对于社会成员社会地位的获得也具有重要的作用。

三、社会网络

(一) 社会网络的概念

社会网络是指群体中的行动者以及行动者之间的关系。社会网络至少包括两个要素：一是行动者，二是关系。行动者可以是自然个体，也可以是非正式群体、正式组织和集体；关系为两个行动者之间的特定接触、连接或联结。

社会网络包含简单社会群体并不具备的两大基本要素：一个是连接关系，指的是谁跟谁相连接，如何连接；另一个是传染物，包括信息、观念、情感、文化等。任何东西都可以沿着连接关系流动，传染物依附在流动体上，而每一种流动体都具有其自身的规则。连接关系和传染物等属性决定了社会网络的结构和作用。

（二）社会网络的功能

社会网络主要有四个方面的功能。

（1）社会网络能让群体的新特性从个体之间的互动中涌现出来，完成个人不能单独完成的事情。局部活动可以通过社会网络影响社会网络的全局。

（2）社会网络是非常有价值的共享资源。人们按照自己的意愿选择朋友，并创建越来越复杂的社会网络。这个网络成为没有人控制却让所有人都能从中受益的资源池，通过它能获取自己所需要的社会资源。但是，并不是所有人都能处于网络中的最佳位置并因此受益，"位置不平等"的产生不仅与我们是谁有关，还与我们跟哪些人建立连接关系有关。同时，我们在网络中的位置并不完全取决于我们自己的所作所为，也取决于我们周围其他人的选择。

（3）社会网络能影响人的行为，以及行为规范和观念的形成和传播。个人情绪能沿着社会网络传播，对某种事物的观点和看法可以在人与人之间传播，而且经过无意识的社会传播后被一定程度地放大和强化，形成相对固定的行为规范和观念。

（4）社会网络在信息传播的过程中有加强和放大的作用，可以改变人的社会影响力。那些拥有最多弱连接关系的人，都会因每个新的弱连接能吸引更多的弱连接而启动一个"富者更富"的动态过程，以致他们能大大增加潜在连接关系的总数。因此，对于同时拥有良好的强连接和弱连接关系的人来说，社会网络还可以提高他们实现目标的能力。

（三）社会网络的类型

社会网络可以分为两大类——个体网和整体网。个体网也叫自我中心网络，指的是以个人为中心、由它和它的直接联系人及其之间的社交关系构成的网络。个体中心网络模型是研究人类社交行为和社交网络的重要工具之一。研究个体网的方法主要有互动法、角色关系法、情感法、交换法等。

个体网关注的是自我，整体网关注的是整体网络的结构，在二者之间还存在一种中间网络，可界定为局域网。如果根据社会网络中的行动者类别进行分类，整体网有很多类型，如人际关系网、组织关系网、城市网、村落网和国际关系网等。整体网主要分析具有整体意义关系的各种特征，如强度、密度、互惠性、关系的传递性等。主要研究方法包括矩阵法、社会图示法、指数分析法等。

四、智慧社会

（一）智慧社会的概念

智慧社会即数字化、网络化、智能化深度融合的社会。首先，从融合的基本逻辑看，数字化是前提，网络化是路径，智能化是手段，智慧化是目标。其次，感知、融合、共享、协同、智能是智慧社会最基本的特征。

智慧社会的生态链可以概括为"六智"。一是智慧治理，包括各类组织自身治理，也包括政府对社会的协同治理，其中智慧政府处在核心地位。二是智慧产业，包括智能制造、人工智能、工业互联网以及数字经济等。三是智慧商务，包括以电子商务为代表的消费互联网。四是智慧服务，包括基于市场的智慧化服务和基于政府的公共服务。五是智慧生活，包括人的工作、生活、出行、社交、安全、尊严等，人工智能有可能渗透人们日常生活的各个领域，以此构建起丰富多彩的智慧生活。六是智慧生态，包括优美的环境和可持续的良好生态。

(二) 智慧社会的形态

智慧社会的基本形态主要体现在三个方面。

(1) 社会组织智能化。各类机构组织数字化、网络化、智能化的融合(简称"三化融合"),即在功能和结构上普遍实现智能化。比如,智慧城市、智慧社区、智能医院、智能学校、智能政府、智能家居等。这些都是社会的"组织细胞",也是智慧社会的基础。

(2) 社会运行智能化。在"三化融合"的框架下,社会运行的智能化水平大幅提升,如智慧交通、智能汽车、无人驾驶、智慧教育、智慧医疗、智能制造、智慧商务、智慧生活等。

(3) 社会成员自身的智能化和被智能化。在智慧社会中的个体,其自身的智能化水平会得到快速提升,如由于智能手机的广泛普及,人们处于无处不在的网络、无处不在的计算、无处不在的软件以及无处不在的数据之中。另外,参与社会运行中的个体也会被快速智能化。比如,实名制信息、生物识别信息、行为数据被广泛收集并被不断地进行数据分析。也就是说,智慧社会在为人类社会带来极大方便的同时,也快速地使参与者本身被智能化。

(三) 智慧服务

公共服务是指由政府或公共组织提供的具有共同消费性质的公共产品和服务。公共服务涵盖交通、教育、科技、文化、卫生、体育等各个方面。社会公共服务的智能化有助于促进社会公共资源的全民共享,促进区域内人流、物流、资金流、信息流和服务流协同高效运作,提高公共服务的效率和质量。交通、医疗和教育是群众关注度高、智慧化发展相对成熟的三个公共服务领域。

智慧交通的概念由 IBM 公司于 2009 年提出,是指在交通运输领域充分利用物联网、空间感知、云计算、移动互联网等新一代信息技术,综合运用交通科学、系统方法、人工智能、知识挖掘等理论与工具,以全面感知、深度融合、主动服务、科学决策为目标,通过建设实时的动态信息服务体系深度挖掘交通运输相关数据,以此形成问题分析模型,从而实现行业资源配置优化、公共决策、行业管理、公众服务等领域的能力提升，进而带动交通运输相关产业转型、升级。智慧交通在改进交通管理、优化交通出行、缓解交通拥堵、促进绿色交通、优化交通决策等方面具有重要作用。智慧交通是对大量移动目标的管理，是一种数据密集型管理，因此需要实时采集数据、实时分析和实时应对。物联网、云计算、大数据和移动互联网等技术是实现智慧交通的重要支撑。

医疗是一个数据密集和知识密集型行业，智慧医疗即推进医疗服务走向信息化、网络化和智能化。智慧技术可以在医疗的各个环节发挥显著的作用，包括提高医疗服务质量、降低医生工作强度、促进医疗服务均等化等。智慧医疗的技术支撑主要包括：①医疗物联网和感知设备。通过射频识别（radio frequency identification，RFID）技术、条码技术、医用手环、医用植入式芯片等智能设备对医生、患者、医疗器械、医药等进行标识与识别，实现医疗健康数据的实时采集与快速传输。②云计算。通过构建医疗云平台，实现政府与医院之间、医院与医院之间、医院与患者之间、医院与社区之间、医院与医药生产企业之间的数据共享与交互，为智慧医疗提供数据支撑。③智能分析技术。基于云计算和大数据，采用人工智能等先进技术对医疗数据进行分析处理，挖掘其中有价值的信息，制订科学的治疗方案。

智慧教育是指将智慧技术融入教学、学习、科研以及教育管理等环节，促进教育的改革、发展与创新，同时有效且高效地促进学习者的知识建构与智慧发展，是依托物联网、云计算、无线通信等新一代信息技术所打造的物联化、智能化、感知化、泛在化的教育信息生态系统。智慧教育的技术特点是数字化、网络化、智能化、多媒体化和虚拟化，基本特征是开放共享、互动协作、以人为本。智慧技术在教育中的应用有助于提高教育的针对性、科学性和精细度，对于提升教育教学质量、提高教育的参与性、促进教育资源均等化发挥着重要作用。

（四）智慧治理

20世纪90年代后，治理与善治理论成为西方学术界最具影响力的理论体系和分析框架之一。智慧治理是社会治理的自然演进，是指对自身治理方式和治理体系的改善，运用先进的信息和通信技术分析以获得社会运行中有价值的信息，进而实现对城市和区域的智慧治理并达到善治目标，推动治理主体的多元化。不同于传统的治理模式，智慧治理是大数据等信息技术与政府治理的深度融合，用技术改变政府与公众以及政府内部各部门间的关系，创新政府的沟通和监管方式，全面加强公共治理资源的整合及治理部门的信息共享与业务协同，实现治理的多样化与精准化。

  智慧治理是以人为本的治理，是以人本身的需求为出发点，而不是从大数据技术管理的角度出发。智慧治理的关键在于大数据技术与组织架构、管理机制的有机结合，体现了四个内部特征：智慧性、协同性、共享性与实时性。智慧治理模式的突出表现是其智慧性，主要包括政府部门内部管理的智慧性、信息共享的智慧性、公众参与治理的智慧性以及大数据等智能技术。协同性是智慧治理模式的必然体现，智慧治理强调的是多元优化协同治理。大数据、云计算等前沿信息技术的广泛运用，使政府部门掌握和利用大数据等技术的操作层面实现了协同，全面推进了数字化和智能化的政府服务方式，整合了政府机构复杂冗余的职能，极大地提升了政府部门间协同治理的效率，促进了跨区域、跨部门、跨职能的政务服务一体化。共享性是在大数据技术支撑和多元主体协同治理下产生的，协同治理要求信息数据共享，而物联网、大数据、云计算等技术使得共享性成为现实。政府部门主导现代信息技术发展与应用，通过物联网技术实现了实物信息的数字化和网络化，从而极大地促进了互联互通时代的到来。智慧治理要求精细化管理，精细化管理的前提是需要实现数据信息采集的实时性，实时性可以保障智慧治理模式的顺利推进。通过智能技术（物联网、云技术、大数据等）和智能设备可以实时获取动态数据信息，这极大地提高了数据获取的时效性，大幅缩短了数据"采集—传输—存储"的过程。

第四节 文化景观

  文化景观是人类历史发展进程中，人类活动与自然界相互作用形成的地表痕迹，是文化赋予一个地区的特性。文化景观能够直接地反映出一个地区的历史文化变迁，具有人文、自然双重属性，存在较高的审美价值、生态价值、文化价值和考古价值，对于人类可持续发展具有深刻意义和深远影响，是文化地理研究的热点问题。为满足社会不断发展的需求，自然因素与人文因素不断相互作用与重组，文化景观也随之发生变迁。考古作为寻找和获取古代人类社会实物遗存的重要手段，能够为我们进行文化景观保护与利用、文化景观规划与设计、文化景观感知、文化景观变迁等实地研究提供可靠支撑。

一、历史、考古与文化

（一）历史与考古

1. 历史的定义

什么是历史？简而言之，历史就是过程，就是运动。马克思、恩格斯曾经说过："历史可以从两方面来进行考察，可以把它划分为自然史和人类史。但这两方面是密切相联系的；只要有人存在，自然史和人类史就彼此相互制约。"近代以来，学者们提出了数百种历史定义，而最基本的定义可归纳为两种：其一，历史是独立于史学家意识之外的已经消失了的人类社会的客观运动过程；其二，把历史当作一门学问即历史学——一种观念性的东西。

马克思主义把历史定义为人类社会的客观进程。有了人类，就有了历史，历史不是历史学家的发现与解释，其是按照自身内在逻辑默默地行进的。历史学研究的历史是人类社会历史过程已经消失的部分，即过往社会的客观过程。

历史最基本的属性就是客观性。而历史著作、历史记录、历史研究的种种成果，都只是一种观念形态的东西，都只是对历史现象的一种反映。

历史观又称社会历史观。人们对社会历史的根本观点、总体看法是世界观的组成部分。世界观与历史观是相互影响、相互制约的。历史观的基本问题是社会存在与社会意识的关系问题，这是哲学基本问题在社会历史领域的延伸。对历史观基本问题的不同回答，形成了两种根本对立的历史观——唯物主义历史观和唯心主义历史观。

2. **历史地理**

历史地理是研究历史时期地理环境的结构及其演变过程和规律的科学。就其研究对象而言，它属于地理学的范畴，是地理学的一个分支；就其研究对象的时间及其以历史文献为依据的特点而言，它与历史学有密切的联系。这是在两个母体中孕育、发展起来的新学科。

历史地理学的一个根本论点是，人类的生活环境经常在发生变化，而不是一成不变的。属于自然的景观如此，属于人为的景观更不例外。而在人类生活环境发展演变的过程中，人类的缔造经营发挥着最为重要的作用。如果不是因为人类的活动，在这几千年的历史时期中，周围地理环境的变化可能非常微小。

历史地理的研究范围相当广泛，可以细分为许多类目。大致来说，可分为两大部类，即历史自然地理和历史人文地理。历史自然地理的研究又分为历史气候、历史水文、历史河道变迁、历史海岸变迁、历史沙漠变迁、历史动植物等若干方面；历史人文地理的研究又可分为历史经济地理、历史政治地理、历史人口地理、历史军事地理、历史民族地理、历史城市地理、历史地图、地名学等若干方面。

总之，历史地理学研究的范围相当广泛，历史时期的气候、植被、地貌、海岸、河流、土地、沙漠等自然要素的变迁，疆域政区的变化，民族的迁移和人口与物产的分布，以及城市和集镇等聚落的兴衰、交通路线的开辟、文化区域的开发和形成等，都在历史地理学家的视野之内。这门学科对于今天人类改造自然、发展经济、建设优美的生存环境有着至关重要的意义。

3. **考古学**

考古学是学者们通过田野考古工作获取研究资料，以各种遗迹和遗物的形态、性质作为切入点开展研究，探讨人类社会发展历史的学科。不同于其他人文社会学科，考古学与物理学、化学、生物学、地球科学、农学、医学等相关学科的关系十分紧密。这是因为考古学的研究对象是发掘出土的各种遗迹和遗物，其内涵涉及整个古代社会的方方面面，包罗万象。

考古学诞生之初,就借鉴了地质学和生物学等自然科学的方法。考古学这门学科的发展过程,也是一个借鉴物理学、化学、生物学、地球科学、农学、医学等相关学科的方法和技术,并在考古学研究中不断拓展新的思路和方法的过程。

今天,考古学已经逐渐成为一门以人文社会科学研究为目的、广泛采用自然科学等相关学科的研究方法和技术的学科。能否在考古学研究中更加广泛、有效地运用多种自然科学等相关学科的方法和技术,已经成为21世纪衡量一个国家考古学研究水平极为重要的标尺。

(二) 文化

1. 文化的概念

文化是什么?这是研究人、地和文化三者之间关系不容忽视的重要问题。社会学家、人类学家、历史学家及其他人文科学家对文化提出过许多不同的解说和定义,即使是在同一门学科中,不同学者对文化的解说也持有不同的见解。如当代著名文化地理学家王恩涌认为:"文化是人类社会生活的产物,没有社会也就没有文化。"

通常情况下,我们把文化的定义分为狭义和广义两种。狭义的文化即精神文化,而广义的文化即与自然相对应的人类文化。文化随着人类社会的发展而不断发展,人类通过文化利用自然和改变自然,同时又受到自然的制约。可以说,文化与自然的矛盾是人类进化的基本动力之一,同时也是人类与环境产生矛盾的一种表现。人类的进化既是文化的创新与成长过程,也是与自然关系的扩展与深化过程。

综上所述,狭义的文化是指人类精神层面的东西,如人类的精神、思想、信仰、道德、观念、情感等。然而,从表面上看,这些精神层面的东西是看不见、摸不着的,它们需要一定的外在的载体、媒介来体现,如某种(某些)具体的物。广义的文化的涵盖面非常广泛,是指人类社会发展过程中创造的物质财富和精神财富的总和。用通俗的话来说,可以概括为:人类所创造并共享的一切活动及其结果都是文化。

2. 文化的类别

文化的类别与文化的类型概念并不一致。文化的类别是按一定标准把文化分成若干类，以便开展研究。它是关于文化分类的学问，文化的类型是文化的类别在形态上的样式。文化类型学从现象中研究文化的特殊性和差异性。文化的类别与文化的类型之间的区别是相对的、有机联系的，它们都涉及文化的不同层次，甚至是深层结构，如价值观念、思维方式、心理状态、精神风貌等。

文化按照类别通常分为物质文化、精神文化和行为文化。

物质文化是人们的物质生产活动方式和产品的总和。它反映的是人与自然的物质变换关系，表现为一定的社会生产力的发展水平。物质文化构成整个文化的基础，其他的精神文化、制度文化、行为文化都是由物质文化决定的。物质文化是观念的浓缩物，如基督教建筑体现了西方宗教的内涵，苏州园林体现了中国人的自然观。首先，物质文化通常具有很强的时代特点，随着人类对物质的不同认识，文化相应地发生着变化。当经济发展和工艺技术水平提高时，社会物质文化的总体面貌必然随之发生变化。人类从使用石器到使用铁器，从坐轿子到乘飞机，都表明科学技术的进步与提高。其次，物质文化具有鲜明的民族特点。中华民族有自己的物质文化，如长城、四合院、故宫、都江堰、兵马俑等。

精神文化是文化整体的核心部分，它由价值观念、思维方式、道德情操、宗教感情、民族性格等因素构成，还包括文化信念与文化情趣等。虽然精神文化受物质文化的决定和制约，但是精神文化也具有相对的独立性，它的演进与物质文化并不完全同步。与物质文化一样，精神文化也有时代特点和民族特点。

行为文化是人类在社会实践中以约定俗成的方式构成的行为规范。同物质文化、精神文化一样，行为文化也具有较强的时代色彩和民族特点。中国各民族有各自的行为文化特点，如埋葬死者，有的民族习惯实行棺葬，有的民族习惯实行天葬，有的民族习惯实行水葬，有的民族习惯实行火葬。行为文化也需要现代化，行为文化也随着时代的变迁而不断发生变化。

3. 文化景观

文化景观是文化地理学的主要研究对象之一，它与我们的日常生活息息相关，是人与自然环境相互作用所表现出的、在人类文化的不断发展与演变中形成的具有文化符号组合与聚合特征的载体。

二、文化传播与跨文化传播

（一）文化传播

1. 文化传播的概念

文化传播是以文化信息为媒介内容的传播，是人类交流、开化的特殊形式，是传播的特殊范畴之一。文化传播学是研究文化发展与传播的相互关系、文化传播的特殊社会功能及其发生规律的学科。广义的文化传播学是在广义的文化内涵的视野上，研究文化发展与传播的相互关系、文化传播的特殊社会功能及其发生的规律；狭义的文化传播学是在狭义的文化内涵（以精神文化为主要价值取向的文化形态）的视野上，研究文化发展与传播的相互关系、文化传播的特殊社会功能及其发生的规律。

2. 文化传播的类型

文化传播可划分为如下三类：文化艺术传播、新闻传播、生活服务文化传播，也可以看作文化传播的三种业态。

文化艺术传播主要是指古今中外的文化艺术创作和传播实践，以及文化艺术思潮、文艺流派、文艺运动发展和演变的客观实际。文化艺术的基本原理，必然要随着文艺实践经验的丰富而不断地演变和发展，随着时代的推移不断地增加新内容，形成新体系。

新闻传播是一种信息传播，它是在人类的生产劳动实践中为适应人们的需要而产生的。新闻传播活动的发展取决于两个最基本的条件，一是社会对信息存在需求，二是生产力发展水平为新闻传播提供的物质手段。这两个条件互相制约，缺一不可。

生活服务文化是指生产生活服务文化产品或提供生活文化服务以满足社会精神需要的各类行业门类的总称，包括旅游观光、文化遗产保护、休闲娱乐、文物展览和观赏、体育运动文化服务等诸多方面。生活服务文化的规模化是在文化经济一体化发展的高级阶段出现的。在这一阶段，产业机制和经济因素以越来越多的形式和越来越高的程度融入文化活动的过程和状态，这直接导致产业形态的各类文化经济实体悄然兴起。此时，生活服务文化发展已不再是经济发展的配角，它以自己特有的价值和流通过程，加入经济运作的行列，成为社会化、规模化生活服务的一大内容。例如，文化古迹保护事业与旅游观光文化事业均属于生活服务文化传播的内容。

3. 文化传播的功能

文化传播就其作为人的社会活动过程的一个方面而言，也是社会传播，是人对文化的分配和共享，以沟通人与人的共存关系。文化传播主要具有社会功能、政治功能、经济功能、教育功能和娱乐功能。

（1）社会功能。社会功能主要包括四个方面的内容。①传递应用：使社会成员实现智慧与信息的交换及共享，达成普遍共识与认同；②环境监视：文化传播能够持续公开地提供大量社会讯息，使得环境信息流通满足个人及社会日常需要；③社会调适：通过选择、解释与评论新闻信息联系社会的各个组成部分，把人们的视线集中在当前环境最为重要的事件上，以此影响人们的社会心理和价值取向；④社会控制：文化传播宣扬、示范、启蒙道德规范、意识形态、文化风范，影响社会心理和价值观念，巩固社会规范，引导行为活动，加强政权控制，维持社会平衡和稳定。

（2）政治功能。在社会主义条件下，人民群众通过传播媒介关心、了解和参与国家事务，传播媒介在法律允许（如保密法等）的前提下公开管理者的活动，特别是重大方针、政策，反映人民群众参政议政的建议、意见、批评，使管理者及时采纳正确意见并修正决策。

（3）经济功能。文化传播是经济发展的动力。知识、信息的传播和利用对经济的影响是多方面的。如发展经济理论与思想；传播经济信息，把科学技术潜在生产力转变为现实生产力；等等。

（4）教育功能。传播文化是教育活动的内容和目的。文化传播和教育互相促进、共同发展，呈现出整合化趋势。文化传播创造良好的教育环境并提供相应的资料，不断提高民众的文化素质和教育水平，是社会化教育的重要手段和途径。

（5）娱乐功能。大众文化改变了文化长期以来为少数上层人士所拥有的局面，使艺术创作的队伍转向大众。丰富多彩、通俗浅显的文化内容和体量较大的节目，快速地满足了群众的娱乐需求。

(二) 跨文化传播

1. 跨文化传播的概念

跨文化就是两种不同文化之间的交流或传播，主要有跨文化交流和跨文化传播两种形式。跨文化交流主要是指人际传播层面的跨文化，即来自不同文化背景的人们相互交流的一种情境；跨文化传播多指大众传播层面的跨文化，即处于一种文化中的媒体向处于另一种文化中的受众进行传播。

2. 跨文化传播的类型

跨文化传播大致可以归纳为如下三种类型。

（1）不同文化背景的人际交往与互动。即不同文化背景的人之间，通过合作和协商来建构意义的象征性过程。

（2）信息的编码、译码由来自不同语境的个体或群体进行传播。在这类定义中，文化是通过象征符号的编码来传播的。传播双方的信息编码一致时，称为同文化传播；传播双方的信息编码不同时，称为跨文化传播。

（3）由于参与传播的双方符号系统存在差异，传播成为一种符号的交换过程。根据这一定义，不同的文化形态在交流过程中，因符号系统的差异，使文化交流效果受到影响。特别是在跨文化传播的过程中，差异化的文化形态或文化群体的文化差异变大时，双方的文化交流容易因疑虑而产生误解；与之相反，当差异化的文化形态或文化群体的文化差异变小时，由于文化共性增多，双方在文化交流的过程中，产生的文化挫折或误解会相应减少。

如上所述，跨文化传播就是指不同的文化形态之间，以及处在不同文化背景下的传播受体之间的文化交流与文化交际活动。这个交流与互动的过程，体现了不同文化传播受体之间的文化信息传播与文化交往行为。跨文化的传播就是不同文化形态之中的文化要素在全球范围内的交流、渗透、碰撞、转换、共享的过程，这些行为和过程对世界上不同国家、民族、群体乃至整个人类社会都产生了文化上的影响。

就对外文化传播而言，跨文化传播方式对中华文化走向世界最大的意义，就是其传播模式的可操作性，即在传统的传播模式及其相关因素中，增加了跨文化的内容，大大拓展了该领域的广度和深度。

3. 跨文化传播的功能

跨文化传播是人类社会整体传播活动的重要组成部分，是人与人之间、群体与群体之间、民族与民族之间、国家与国家之间必不可少的交流活动。跨文化传播维系着社会结构和社会系统的动态平衡，把处在不同地区、不同群体、不同民族、不同国家的人联结起来，促进世界文化的发展，人类文化因此具有了世界性的特征。所以，可以说，跨文化传播促进了人类文化的进化和世界文明的形成。

首先，跨文化传播增进了不同文化背景主体间的交流与沟通。世界上任何一个文化主体或个体都不是游离于社会体系之外的，其相互之间都有一定程度的联系，而这种联系又需要一些中介作为沟通的桥梁，跨文化传播就是这个沟通的平台。跨文化传播能够为不同文化背景的文化主体或个体实现文化上的融通需求，它起到了不可替代的桥梁与纽带作用，这也是跨文化传播社会功能的体现。

其次，跨文化传播是文化成为对外软实力的必经过程。文化是一个国家对外传播的重要内容，也是国家争取国际话语权、维护文化安全的重要资源。文化与传播之间有着密切的联系。从一定意义上讲，传播促成文化整合、文化积淀、文化分层和文化变迁，传播对文化的影响不仅是持续而深远的，而且也是广泛而普遍的。

最后，跨文化传播推动世界文化的交流和人类文明的进步。跨文化传播的产生过程是与人类社会的发展过程相伴随的，人类社会文化的发展、文明的进步，都得到了跨文化传播的助推。

跨文化传播把人类文明的基因传播到世界各地，将生活在不同文化背景下的国家、民族和地区的民众通过文化纽带联结起来，在文化上互相学习、取长补短、相互交融。在人类社会的文明从低级到高级的发展过程中，跨文化传播功不可没。所以，人类文明的进化高度和跨文化传播的程度直接相关，跨文化传播是推动世界文明共同体构建的动力源。

三、文化分区

（一）文化区概述

1. 文化区的概念

文化区，又称文化地理区，是指具有相似或相同文化特质的地理区域。作为文化的空间投影，文化区能完好地表现区域文化空间格局，准确揭示其分布规律。因此，文化区的划分是文化地理学研究的重要内容与方法。例如，省作为我国重要的行政单元和行政层次，是文化发展的重要载体和文化开发的关键主体。近年来，许多学者从省域层面研究文化分区以促进省域文化的开发。

文化区有文化中心和边缘之分，文化中心是一个文化区所共有的文化特质表现最集中的地方，它并不一定是地理中心。文化区亦称文化地域或文化圈，是指不同性质文化（或泛称人文现象）的分布范围，也就是根据生产的方式、语言、宗教、政治形态、日常生活、房屋构造、风俗等各种文化现象的差别所划分的地域。

伴随着文化的产生与传播，文化区逐渐得以形成并不断发展。文化区的形成经历了漫长的演化过程，文化源地和文化传播是决定文化区形成和分布的重要因素。文化传播是促成文化地域分异与融合，并最终形成统一连片的文化区系统的动力和源泉。文化的凝聚形成地域文化个性，是文化区存在的决定力量。文化区与其他事物一样，其发展具有阶段性。如果把地表文化的全面接触和碰撞，并形成空间连续的文化区系统作为文化区发展的成熟阶段，那么，文化传播也就成为文化区发展的动力之一。只有当文化传播造成了文化融合、同化现象时，才可以说，文化传播不利于文化区的稳定。

当然，在文化传播过程中，文化源地周围环境的差异性，造成文化传播过程中的文化"变异"现象，文化被打上环境的"烙印"，与源文化产生了区别，这是促成文化区层次性的重要动力。如黄河中游是中华文化的摇篮，在文化中心南移的过程中，由于自然环境和经济环境的差异性，文化得到更新、改造，因而形成了中华文化的南北之别。其他文化源地的

"源文化"在传播过程中也有类似现象。

可以说，文化从文化源地向周围传播的过程，就是文化区产生、扩展和文化区系统不断形成和完善的过程。

2. 文化区的类型

文化区之间，甚至某一个文化区内部（如中心区与边缘区）的文化特质，都既有差异，又有共同之处，既有一定的独立性，又相互影响和彼此渗透。对文化区域类型的分辨是进行文化区研究的有效手段。文化区大致上可分为形式文化区、功能文化区和乡土文化区。

形式文化区是指一种或多种共同文化体系的人所居住的地区。区内有文化核心，即该文化最先出现的地方，指某种文化现象，或具有某些相互联系的文化现象，在空间分布上具有集中的核心区与模糊边界的文化区。从文化核心向外传播得越远，该文化体系越弱，所以分布区的边界不明显，往往呈一宽带状，甚至与相邻的文化区有部分重叠。例如，中国客家人分布区、闽南语分布区、伊斯兰教分布区等，这些都是以某一种文化特征作为标志而划分出的文化区。

功能文化区是在政治上、社会上或经济上具有某种功能作用的地区，如一个行政区或经济区都可视为一个功能文化区。实现功能作用的组织所在地即为文化核心区。由于功能作用的范围比较明显，功能文化区具有明确的边界。

乡土文化区又称感觉文化区。它是人们对于文化区域的一种认同，既存在于区域内居民的心目中，也得到了区域外人们的广泛认可。有许多包含独特历史文化内涵的概念，如北方文化、南方文化、东方文化及西方文化等都可以归属于乡土文化的范畴。乡土文化区与功能文化区的差异性在于，其既无功能中心，又无明确的边界线；乡土文化区与形式文化区的区别在于，其区内缺乏形式文化区那种文化特性上的一致性。这种存在于人们思想感情上的文化，往往会在某种利益的活动中表现出来，有的则扎根于当地的民俗中。

（二）文化区的划分原则

划分文化区是文化地理学的重要工作，应重视对区划的原则、方法、意义及作用等内容的研究。受划分者的要求、目的、倾向、原则等因素的影响，文化区划分的方法和种类较多。一般而言，最能体现文化差异的有语言、风俗和宗教等。

文化区的划分主要遵循以下三个原则。

（1）文化主导因素内部一致性原则。文化区的划分涉及政治、经济、语言、宗教、民族、文学、艺术、习惯等各项文化要素。一般而言，文化大区的划分主要涉及种族、宗教、经济、政治以及文化发展阶段等要素。世界文化区划分、大国内部文化区划分主要涉及上述要素。文化亚区的划分则更多考虑民族、语言、生存方式、习俗以及历史发展阶段等因素。在进行文化区的划分过程中，要将显示某种文化特征的各文化要素进行综合分析，并在此基础上把起决定作用的若干主要因素作为划分的标准，并将那些主导因素在内部一致的地域空间内划分到一起。

（2）地域单元相对完整性原则。这是指文化区划尽量保持与行政区划和自然地理单元的一致性。在世界文化区的划分中，尽量不要将一个国家划分在两个不同的文化大区内，一个国家内部也要与行政区保持一致。例如，我国的文化区的划分，为简便起见，可以不打破现行的省区组合。一是因为省界是长期形成且相对稳定的传统分界线，人们在心理和行为上对此已基本适应；二是因为统计数据均由省区统一提供，操作起来更为简便易行。

（3）文化现状与远景发展相结合原则。文化区的划分目的是促进区域文化的健康发展，从而为社会稳定和经济繁荣服务。在文化区的划分过程中，不仅要考虑文化的现状特征，而且要着眼于未来发展。那些文化现状有一定的差异性，但长远来看可能会明显趋同的地区，可以合并组成一个文化区。

第四章 乡村、城市与区域

乡村、城市与区域是人类活动与地理环境相互作用的直接结果，是人类活动的影响积累在地球表面留下的可辨识印记，也是人类生存的主要载体，为人类提供健康、舒适与安全的生存空间。

第一节 乡村

乡村的英文单词"rural"源自拉丁文"露天场地"的含义，经历了"来自乡村的人"到"城市之外的地区"含义的演变。乡村聚落是乡村地区人类活动的聚集区，乡村环境则是乡村地域人地相互作用的结果，主要显现为融合了自然底色与人工塑造的乡村景观环境，以及人们追求宜居而建构的乡村人居环境。乡村规划是对乡村地区自然生态、社会经济、基础设施等中长期发展的总体部署，是指导乡村发展和建设的基本依据。新时期乡村规划主要包括乡村振兴战略规划与国土空间规划导向下的村庄规划，前者为战略指引规划，后者为乡村地区的详细规划。

一、乡村聚落

（一）乡村聚落的概念与特征

乡村泛指人口密度低、聚居规模较小、聚落之间存在开阔空间的地域，以农业生产为主要经济活动，社会结构相对简单，居民生活水平和景观特征等与城市相比存在明显区别。聚落是指人类各种形式的居住场所，在地图上常被称为居民点。

乡村聚落是人类最早出现的集居形式，是由若干个家庭居住的"家"聚集而构成的。乡村聚落指除城市以外位于农村地区的居民点，包括村庄和集镇。乡村聚落是一定范围内人们生产、生活、休闲和进行政治、社会、文化活动的场所。在乡村聚落里，有商店和集市进行物资集散和商品流通活动；居民从事农业、林业、牧业、副业、渔业生产，饲养动物，栽培果树，种植粮食和蔬菜；建有仓库、打谷场和堆放劳动工具的地方；可进行社会交往、休闲娱乐活动，传承着民间文化、知识和经验。

乡村聚落作为自然、人文因素共同作用的产物，包括聚落的空间结构、形态特征及其建筑材料等多方面要素。乡村聚落的典型特征如下：①分布地域广。乡村聚落的生产资料主要是土地以及地表附属体，农业特点使得乡村拥有更广阔的地域，包括大量的农田、养殖水体、山林等。②区域性特征。乡村聚落在不同的区域具有不同的特征，其景观背景、布局形态、色彩风格、材料工艺、文化习俗等呈现鲜明的地域特色。③对自然生态环境存在强烈的依存关系。由于乡村生产、生活环境受水、土、光、热、气等自然力的作用，人地关系的变化直接影响乡村聚落的演进。④变化性。乡村聚落的形态、结构、规模、性质始终处于不断的演化和发展中。由原有居民长期活动而形成的聚落特征往往因新的居住者或外来文化的侵入而发生变化，新的居民将在其活动过程中，在原有聚落的特征上叠加其自身特征的烙印。

（二）乡村聚落的分类

乡村聚落可以根据位置、形态、职能、规模等特征进行分类。地理位置的选择对聚落的形成发展至关重要。良好或优越的位置，可以使简单的村落发展成集镇甚至城市。乡村聚落的位置分类有两种：一是按所处地理位置的地形分类。这是一种具有实际意义的传统方法，可将乡村聚落分为平原村落、滨湖村落、沿海村落、三角洲村落、草原村落、山区村落等。二是按距离中心城市的远近分类，可将乡村聚落分为城郊聚落和一般聚落，城郊聚落又可分为近郊聚落和远郊聚落。由于接受中心城市辐射的影响，这种聚落在经济、社会、文化发展上呈圈层分布，其发达程度由近及远逐渐递减。

乡村聚落的形态可分为两种：一种是住宅聚集在一起的集聚型聚落，另一种是住宅零星分散的散漫型聚落。集聚型聚落又可分为团状、带状、环状三种类型。团状聚落的平面形态近于圆形或不规则多边形，其南北轴与东西轴基本相等，多分布在平原或盆地。带状聚落靠近水源而沿河道伸展，或为避免洪水淹浸而沿高地成带状延伸，或沿公路等交通线路两旁分布，取水和交通方便，离耕作区较近。环状聚落多分布在山区及湖塘畔，有的地方称为环山建或环水建，聚落数量较少。血缘或宗族关系、生存安全、生产腹地、自然条件等需求是集聚型聚落形成的条件。散漫型聚落通常于崎岖山地、丘陵区形成。散漫型聚落大多数是点状聚落，实际上是零星散布在地表上的居民住宅，居住地自然条件一般较差。也有部分散漫型聚落沿河流或道路分布。

按照职能分类，可将乡村聚落划分为农业聚落和非农业聚落两大类型。农业聚落是指以农业生产为主要经济活动的村落，包括种植业村、牧业村、渔业村、林果业村、狩猎业村、副业村等类型。非农业聚落虽位于乡村，但并非以农业生产为主，主要包括集镇、工矿业村、旅游村、疗养村、交通聚落以及军事聚落等类型。

乡村聚落还可以分为自然村与行政村。自然村是指依据地理环境所形成的自然村落，有明显的聚落界限。行政村是指按行政管理要求划分而成的一个单位，可以是一个自然村，也可以由几个比较小的自然村组成。行政村中设有村民委员会与村民服务中心。

（三）乡村聚落的功能与空间结构

结构强调事物之间的联系，展现整体与要素、要素与要素之间的关系，不同类型和不同发展程度的聚落结构不同。

1. 乡村聚落的功能结构

乡村聚落可分为村庄与集镇两大等级。村庄有特定的内涵，村庄由若干个家族构成，其基本空间单元是各类房屋，基本组织单元是家庭。而社会组织、家族观念及民风民俗共同构成村庄的精神特质。村庄的功能结构主要由五个部分构成：①住宅区是村庄的主要组成部分，具有一定的生产性质，建筑密度低；②较大的村庄一般设有公共设施，如小学、卫生室、小商店、文化广场、戏台、村民服务中心等，公共设施的配置可因乡村人口变迁而发生较大变化；③生产区主要有打谷场、畜禽舍、加工场等；④道路包括入村主干道、入户道路及生产公路；⑤沟塘、河渠可作为灌溉或饮用水来源，沟塘或为水产养殖场所。

集镇是以商业、手工业为特色的乡村聚落。集镇的主要功能类型包括商业型集镇、工业型集镇、交通型集镇、旅游型集镇和综合型集镇五种。集镇的功能介于村庄与城市之间，由五个功能区构成：①集中分布的居住区，多沿商业街分布；②具有一定的生产加工区，即在商业、手工业的基础上发展为乡镇工业或乡镇企业；③一定范围内的对外交通节点，道路线路更多，等级较村庄道路更高；④公共服务功能较多，拥有小公园、卫生院、中小学等文教场所；⑤十字街区域通常具有市场功能，是周围乡村居民的聚集地和物资交易场所。

2. 乡村聚落的空间结构

乡村聚落体系的空间结构是指一定区域内乡村聚落的空间分布状态与空间组合形式。其内容包括乡村聚落的地理区位、聚落与区域的空间关系、聚落与周围环境要素的关系、聚落之间的相互关系以及聚落的内部空间特征等。聚落区位是指一个聚落所处的空间位置及其与附近其他聚落和周围广大区域内各种地理实体的空间关系，包括乡村聚落所处的经纬度，与城市、市场、交通干线等的距离，乡村聚落所处的地形和地势等。乡村聚落与城市聚落有明显的外观差异，乡村聚落总体上由民居、寺庙、公共建筑、绿地、道路、井渠、周边环境等组合而成，建筑物一般都比较低矮，多为土木结构、砖瓦结构，很少有现代化建筑。乡村聚落的平面形态主要是指某一乡村聚落内部各组成部分之间的排列组合形式。

聚落的平面形态主要受地形、水文、气候等自然地理因素的影响，也受社会文化因素的影响。在多因素的影响下形成了条带状、团块状和散列状三种基本形态：①条带状乡村聚落。大多因为受地形的限制，或沿水陆运输线延伸，河道和主街成为村落延展的依据和边界。②团块状乡村聚落。大多由带形结构发展而来，是大型乡村聚落的典型格局。村落的用地比较宽松，呈长方形、扇形、圆形、多边形等团块状布局，以纵横的街巷为基本骨架。街巷平直且大多以直角相交，主次分明，承担村落内的主要交通。③散列状乡村聚落。在丘陵和山区地区分布较多。围绕农田或山丘的数个分散组团构成村落，用地边界不规则，街巷和道路系统不明显，中心不明确，内部交通多跟据地形而变化。

受到人口规模、地形、产业及交通等因素的影响，条带状、团块状和散列状等聚落的空间形态结构发生了变化，其演变的模式可以总结为中心外扩型、跳跃发展型和线性延伸型三种类型：①中心外扩型。乡村聚落附近不具备能吸引或限制其朝某一方向发展的因素，因此聚落的发展大多是在原有规模的基础上向外围均衡扩散，进而形成规模较大的团簇状空间形态。②跳跃发展型。出于聚落空间有限、开垦了新的耕地或者有新的道路交通等原因，聚落中的部分人口在附近建立新的村落，形成距离相近的两个聚落，有的最终会连成一片，形成不规则团簇状、哑铃状等空间形态。③线性延伸型。聚落的发展沿河流、道路、谷地向两面延伸，有的甚至横跨河流、道路或山谷，在另一侧继续发展。

（四）乡村聚落演变的影响因素

自然环境约束、基础设施建设、文化传承与扩散、产业经济转型、土地利用方式转变、农户行为变迁以及国家及地方政策等是乡村聚落演变的重要因素。①乡村聚落选址首先需要考虑地貌、地质、土壤、水文、气候、植被等自然条件因素，自然条件也是制约乡村聚落规模大小、牵引形态演化的关键因素。②道路、设施点分布等基础设施建设对乡村聚落演变具有重要的空间引导作用。③乡村产业变化直接关联居民生计方式与家庭土地用途。④城乡联系、城乡关系等的变化促使乡村聚落人口规模、居民点规模与分布发生相应变化。⑤土地使用制度改革是人口流动、土地利用多样化的制度基础，土地政策将直接影响乡村居住空间扩展。⑥地域文化的差异是乡村聚落类型多样、建筑特色各异的根源，而文化的传承、扩散、融合、转化过程将推动乡村聚落空间结构、社会网络关系的持续演变。⑦家庭是乡村聚落的基本单元及主体，其居住行为、择业行为、农业生产行为、社会交往行为、人口移动以及消费模式等行为模式的转化是聚落演变的内在动力。⑧国家、区域及地方政策的调整是影响乡村聚落发展与演变的重要因素。宏观政策将影响乡村聚落演变的总体态势与发展模式，也将为乡村聚落可持续发展提供政策上的支持。另外，行政区划的调整、重大项目建设、重要资源开发与保护以及特殊事件等也成为影响乡村聚落关系重构、空间结构演化的重要因素。⑨其他因素。如在全球气候变化与市场变化影响下，生计或产业的繁荣或凋敝导致乡村土地利用与产业发生转型，进而导致乡村聚落形态的变化。再如，生态脆弱与资源短缺将导致生态难民的出现，甚至导致乡村聚落的消失。

二、乡村环境

（一）乡村景观环境

1. 乡村景观的内涵

乡村景观的英文单词为"rural landscape"，近代地理学创始人亚历山大·洪堡德（Alexander Humboldt）把景观定义为"自然地理综合体"。乡村景观则泛指介于城市景观和纯自然景观之间的地域空间，是自然景观和人文景观的综合体且景观的自然属性较高。从地理学的角度可以将乡村景观定义为构成乡村地域综合体的最基本单元，是指在乡村地区具有一致的自然地理基础，人类利用程度和发展过程相似，形态结构及功能相似，各构成要素相互联系、相互制约的协调统一的复合体。

2. 乡村景观的构成要素

乡村景观代表着自然景观向人工景观过渡的变化趋势，是由乡村聚落景观、自然景观、农业景观和经济景观等构成的景观环境综合体。据此可以将乡村景观构成要素分为四类，即生态景观要素、生产景观要素、生活景观要素和文化景观要素。这些要素有着各自的成因和景观特性，彼此相互独立又密不可分，相互融合共同构成乡村景观。

生态、生产、生活要素是乡村景观形成的自然基础和物质条件，文化要素则是乡村景观延续的精神脉络。①生态景观要素。纯净的土地、清新的空气等生态环境构成了乡村景观的底色。生态要素体现了乡村景观的自然特性，包括气候、水体、土地、植被、动物等子要素。②生产景观要素。包含了人们对自然的生产性利用，是人工与自然结合的景观。生产景观要素体现了乡村景观的功能特性，包括农田、林地、生产用具、晒场用地等子要素。③生活景观要素。乡村是居民生活的地方，当地居民通过改造自然、适应自然，形成了独特的生活性景观。生活要素体现了乡村的社会特性，包括村落、建筑、集会广场、生活器具等子要素。其中，乡村聚落是乡村地区人们的居住场所，其分布、形态是人类活动与自然环境相适应的产物。聚落形态、布局形式构成了乡村景观特有的机理，乡土建筑是乡村最具特色的符号。④文化景观要素。包括乡村文脉、历史传承、人文关怀等子要素，体现了乡村景观的精神特性。

3. 乡村景观环境的基本特征

从乡村景观构成要素的视角来看，乡村景观环境基本特征包括以下五个方面。①源于自然的环境。乡村对自然生态环境的依存性十分强烈，乡村景观往往表现出明显的自然山水风光特色。②源于生产的形态。乡村景观的特征多表现为人类活动对自然环境的干预与改造，源自农业劳作的生产形态是乡村景观中空间规模最大、乡村特征最稳定的特征。③源于聚落的风貌。乡村聚落绝大多数都有着显著的生态学、人类学和建筑学价值，一般的聚落形态是坐北朝南、枕山面水、土层深厚、植被茂盛等。而以血缘为基础的聚族而居的空间组织，表现出浓厚的人类伦理观念和审美取向，乡村聚落风貌是乡村景观最典型的特征之一。④景观类型的多样性。乡村景观融合了自然景观、半自然景观和人工景观，具有丰富的景观类型。同时，景观规划中斑块数量、大小、形状复杂程度，以及景观组分的丰富度等，反映了物种和生境类型的多样性。景观类型的多样性既反映了乡村景观的自然属性，也反映了人类改变土地利用活动对景观格局的影响。⑤景观功能的多元性。乡村景观具有多元功能：首先是提供农产品的生产功能；其次是保护及维持生态环境、文化承载的功能；最后是提供特殊的旅游观光资源的功能等。乡村景观的发展应该强调乡村景观功能的社会、经济、生态和美学等价值的协调统一。

（二）乡村人居环境

1. 乡村人居环境的内涵

希腊城市规划学家道萨迪亚斯（Constantinos Apostolos Doxiadis）在

《为人类聚居而行动》一书中，对人类聚居（human settlement）做出了广义的定义，即"人类聚居是人类为自身所做出的地域安排，是人类活动的结果，主要目的是满足人类生存的需求"。1993年，吴良镛先生同其他学者，在道氏学说的基础上结合中国实际情况开始了关于"人居环境科学"的研究，并将人居环境定义为人类聚居生活的地方，是与人类生存活动密切相关的地表空间，是人类在大自然中赖以生存的基地，是人类利用自然、改造自然的主要场所。在此基础上，地理学从系统综合视角提出具有共识性的乡村人居环境定义：乡村居民在聚居中所涉及的与生活、居住和基本生产活动相关的生存环境，是乡村区域内农户生产生活所需物质和非物质的有机结合体。

2. 乡村人居环境的构成

吴良镛先生指出人居环境由自然、人类、社会、居住、支撑五大系统构成：①自然系统指由气候、水、土地、植物、动物、地形、土地利用构成的整体自然环境和生态环境，是聚居产生并发挥其功能的基础。自然系统侧重于与人居环境有关的自然系统的机制、运行原理及理论和实践分析。②人类主要指作为个体的聚居者，人类系统侧重于对物质的需求与人的生理、心理、行为等有关机制及原理理论的分析。③社会系统主要指公共管理和法律、社会关系、人口趋势、文化特征、社会分化、经济发展、健康和福利等。④建筑仅为人类及其功能和活动提供庇护的所有构筑物，而居住系统的含义更为广泛，涵盖住宅、社区、设施、城市中心等，包括人类系统、社会系统等需要利用的居住物质环境及艺术特征。⑤支撑系统指所有人工或自然的联系网络，其服务于聚落并将聚落联结为整体，如道路、供水系统、通信设备以及经济、法律、教育和行政体系等。支撑系统主要指人类居住区的基础设施，包括公共服务设施系统、交通系统、通信系统、计算机信息系统和物质环境规划等。

乡村人居环境同样是社会的、地理的、生态的综合体现。首先，乡村人居环境的活动主体是乡村居民；其次，农户生产生活活动总是在一定的地表空间进行；最后，自然生态环境提供了人类发展所需的自然条件和自然资源，为乡村人居构建了一个可生存的、可持续的物质平台。乡村人居环境可分为人文环境、地域空间环境和自然生态环境，三者共同构成乡村人居环境的内容。自然生态环境是农户生产生活的物质基础，地域空间环境是农户生产生活的空间载体，人文环境是农户生产生活的社会基础。

3. 乡村人居环境的演进

乡村人居环境系统要形成时间、空间和功能上的有序结构，需要在内外参量的共同驱动下，通过系统自适应机制和各子系统间的非线性作用，将区域内人居空间结构、社区传统文化和聚落生态环境等资源更有效地组合起来，进而通过系统内部不断地集成与重组实现人居系统结构的有序演进，并产生诸多效应。①人居空间结构效应。乡村聚落空间结构是乡村人居系统的子系统之一，乡村聚落从周边吸引各种要素向该区域聚集，人居要素的空间聚集改变了原始的区域空间结构。乡村人居空间系统不断地与外界发生物质和能量交换，但其人居空间规模应有一个合理阈值，若超过这一阈值，乡村聚落空间形态就会发生变化，变化的方向取决于多重因素。因而合理的村庄规划和居民点建设对优化系统空间布局、整合区间人居资源就显得尤为重要。②社会文化转型效应。社会文化是乡村人居环境系统的重要组成部分，在快速城市化的背景下，城市文明的强势入侵和乡村传统文化的日渐衰微，使得乡村社会文化系统面临艰难的转型。一方面，外部环境干预行为的他组织力量打破了乡村传统封闭的、僵化的平衡态，使得乡村社会文化有机会跃升到一个新层面；另一方面，在城市化浪潮中，乡村人居环境系统自我更新的自组织能力较弱，不能全面地吸收城市文化，有可能陷入变异性的社会文化怪圈。③生态环境演进效应。生态环境是乡村人居环境系统赖以存在的基础，容易受外界干扰发生演变。农户是乡村人居环境的建设主体，也是人居生态系统的重要影响者，其空间行为的变迁打破了传统人居生态系统的平衡性，对乡村生态环境产生较大影响。

三、乡村规划

（一）乡村规划的前期调查

乡村规划必须建立在科学的调查研究和全面分析的基础上，弄清乡村发展的自然、社会、历史、文化背景以及经济发展状况和生态条件。明确乡村发展的优势和限制因素，找出亟待解决的重要矛盾和问题，提出切合实际的解决办法，从而真正指导乡村建设与发展。规划编制前期应做好基础图纸和基础资料收集两方面的技术准备。通过现场踏勘或观察调查、抽样调查或问卷调查、入户访谈和座谈调查、文献和相关资料收集等主要调查方法，对乡村区域的社会环境、自然条件、社会经济、历史文化、基础设施建设等展开全面、系统、深入的调查。

1. 区域社会环境调查

一是对上位规划的分析，掌握国土空间规划等各类规划对村镇的职能定位、发展目标、发展方法等的要求。二是了解各行业部门的规划与计划，收集文化、旅游、教育、卫生、商业服务、工农业生产等国民经济部门的五年计划，以及近五年的统计年鉴、政府年度工作报告等文件。

2. 乡村自然条件与社会经济调查

自然条件调查包括对地质与地貌条件、气象条件、水文条件、土壤条件等的调查。社会经济调查则包括以下五个方面：一是厘清乡村人口构成情况。包括人口总量、人口流动情况、人口年龄构成、性别比例、受教育程度、就业及外出务工情况，以及弱势人群的数量、比例等。二是明确村庄用地及建设情况。包括明确用地主要类型、范围、界限、性质、所占面积比例等土地利用情况；重点了解粮食作物、经济作物、宅基地建设等情况；总体把握村庄建设风貌及意象环境，如形成乡村公共建筑的占地面积、建筑面积、层数、住宅户型、建筑特点以及村落格局、特点、色彩、建设工艺等资料集。三是熟知乡村产业经济情况。通过历年生产总值、乡村产业结构及增长率、农业、农产品加工业、非农产业等指标了解乡村经济概况；通过住户调查、村集体经济及村办企业调查、走访与座谈等形式获得地区各类家庭收入水平资料。四是通过镇史、村史了解地名由来、历史沿革、兴衰变化、村庄并迁概况等乡村历史文化现状，记录乡村历史遗存、可移动文物与不可移动文物的分布情况，挖掘当地民俗文化，包括民间手工艺、民俗风情等。五是乡村基础设施调查。包括道路交通、乡村市政设施、乡村公共管理和服务设施。

(二) 乡村振兴与规划

1. 乡村振兴的内涵

乡村振兴是继统筹城乡发展、社会主义新农村建设之后，党中央关于乡村发展理论和实践的又一重大创新和飞跃。2017年10月，党的十九大报告首次提出"乡村振兴战略"，其目标归结为"五大建设"：产业兴旺是经济建设的重要基础，重在资源整合、产业培育、经济转型与收入增长；生态宜居是生态文明建设的首要任务，关键是农村景观优化、环境美化；乡风文明是文化建设的重要举措，关键是乡村文化传承、思想观念转变、和谐社会构建，增强发展软实力；治理有效是政治建设的重要保障，关键是基层组织建设、民生自治、科学决策与机制创新；生活富裕是社会建设的根本要求，关键是居民享有平等参与权利、共同分享现代化成果。

综上所述，乡村振兴实质上是乡村地域系统要素重组、空间重构、功能提升的系统性过程，其对象及空间载体是乡村地域系统。

2. 乡村振兴规划

乡村振兴战略着眼于根本解决农民、农村、农业"三农"问题，补齐乡村发展短板，促进城乡经济社会均衡发展和乡村充分发展。2018年9月，国务院印发了《乡村振兴战略规划（2018—2022年）》，按照产业兴旺、生态宜居、乡风文明、治理有效、生活富裕的总要求，对实施乡村振兴战略做出阶段性谋划，是指导各地区各部门分类有序推进乡村振兴的重要依据。在此基础之上，将形成以国家级乡村振兴战略为纲领、省市级规划为政策指引、区县级规划为定位与具体实施的乡村振兴规划体系。

县域乡村振兴规划是联结省市级规划与村庄规划的桥梁，是实施型规划。规划应以乡村地域系统为对象，分析县域发展地理环境与区位条件，甄别乡村地域结构与类型，探明乡村空间形态与格局，提出乡村振兴多级目标的实现过程和实施路径，并进行具体产业、项目、村庄发展定位的空间落位。研究制定规划的要点有三个：①研究县级乡村振兴规划的时代背景与总体定位，明确阶段性发展模式、特色领域与重点方向；②研究制定县域主体功能分区、主导类型分类、主要用途分级体系，探析国土空间地域格局与地域分异规律，保障乡村振兴规划与国土空间规划、国民经济与社会发展规划有机衔接；③探究不同主体功能区协同方案，以及特定功能区内不同主导类型的空间构型、结构关系，主要包括城镇乡村聚落类、生态保护类、产业发展类、社会文化类等，重视并突出乡土文明、乡村文化及社会要素的价值，加强乡村特色文化的保护与传承，加强乡村社会合作网络与治理体系的培育。

（三）国土空间村庄规划

国土空间规划导向下的村庄规划是法定规划，也是乡村地区的详细规划。乡村地区是国土空间规划最终落实的基本单元，其最大的特点是具有操作性。其规划的编制需要遵循如下原则：①坚持多规合一。协调各类空间规划管理的规则，统筹协调各方需求，统一基础数据、技术方法、标准规范，形成村域空间的一本规划、一张蓝图和一个平台。②坚持从实际出发。突出村庄特色，因村制宜，有序推进。③坚持以问题为导向。只有针对乡村中存在的具体问题进行具体分析，提出切合乡村实际、被农民认可的规划策略，才具有更强的操作性，才能在落地实施过程中更容易实现。④实现全域全要素管控。坚持全域管控和底线控制，以村域产业谋划、设施布设、全域风貌作为引导，优化村域用地布局。⑤坚持生态优先、绿色发展。深入贯彻"山水林田湖草是生命共同体"的系统思想，把各类自然资源纳入统一治理框架，坚持保护与建设并重，实现人与自然的和谐共生。⑥坚持以人为本。深入了解村民的诉求和意愿，充分听取村民的意见与建议，坚持"听民声、汇民智、重民意"。⑦坚持刚性管控与弹性引导相结合。加强村庄规划刚性管控，维护村庄规划的权威性。同时，优化村庄规划弹性引导，提升村庄规划空间对不确定性变化的响应能力。

国土空间村庄规划编制的主要内容涵盖以下十个方面。①全面摸清现状，找准问题，探明村民的诉求，统筹谋划村庄发展的定位。②优化国土空间布局与用途管制。落实生态保护红线和永久基本农田，落实上位规划控制指标，提出各类开发建设、修复整治等管控和引导要求。③统筹生态保护修复。落实生态保护红线，识别生态问题，明确生态空间的修复保护任务。④统筹耕地和永久基本农田保护，统筹安排好农、林、牧、副、渔等农业发展空间，推动循环农业、生态农业的发展，促进农业转型升级。

⑤统筹产业发展空间。明确规划村域的产业发展方向，确定发展的主导产业，提出产业发展的思路和策略。⑥统筹农村住房布局。合理划定宅基地的建设范围和规模，因村制宜地提出符合当地建筑文化特色和乡村风貌的住宅设计方案，制订村庄危房改造的方案。⑦优化交通体系，改善交通条件，统筹基础设施和基本公共服务设施布局。根据村庄的实际情况与村民的实际需求，完善乡村基础服务设施和补齐公共服务设施的短板。⑧统筹历史文化传承，加强乡村风貌保护。深入挖掘规划村域的历史文化资源，提出历史文化景观整体保护措施，提出村庄历史文化特色与乡村风貌的保护方案和控制性要求。⑨统筹村庄安全与防灾减灾。明确村域内各类灾害的影响程度与范围，划定安全防护范围与应急避灾场所，明确防灾减灾的目标、阶段和工程措施。⑩明确近期继续推进的建设项目，确定项目内容与建设时序，明确资金规模、筹措方式、建设主体和建设方式等。

第二节　城市

一、城市演变

（一）城市的内涵

城市是具有一定人口规模，以非农产业和非农业人口为主的居民聚居地，是聚落的一种特殊形态，也是主要的人地系统类型。城市是人类最伟大的创造之一，世界的文明与发展无不与城市密切相关。城市广泛存在于世界上所有的国家，是一定地域范围内政治、经济、社会、文化活动的中心。

从城市的产生来看，城市是社会生产力发展到一定阶段的产物，是人类走向成熟和文明的标志，也是人类群居生活的高级形式。"城市"是"城"与"市"的组合词：城最早是一种大规模、永久性防御设施，主要用于防御野兽侵袭，后来演变为防御敌方侵袭；市则是指进行交易的场所，最早的市没有固定的位置，后常在居民点的井旁，故有"市井"之称。随着生产力的不断发展，城市逐步有了更丰富的内涵。除了具有"城"和"市"的基本含义外，还增加了政治、经济、社会、文化等方面的内涵。

在不同学科视角下，学者对城市的理解和认识有所不同。经济学家关注为各类经济活动的开展提供场所的城市，认为所有城市的基本特征都是人口和经济活动在空间上的集中。社会学家侧重研究城市中人口的构成、行为及关系，认为城市就是具有社会性的聚居地，是生态社区、文化形式、社会系统、观念形态和一种集体消费的空间。生态学家把城市看作人工建造的聚居场所，是当地自然环境的一部分。建筑学家强调城市是由建筑、街道和地下设施等组成的人工系统，是适宜开展生产生活的形体环境。城市规划学者认为城市是以人为核心，以空间与环境资源利用为手段，以聚集经济效益为特点的社会、经济以及物质性设施的空间地域集聚体。地理学家则强调，城市是一种特殊的地理环境，是人口和物质高度集中的特定地域。总之，城市是一个庞大的、开放的、动态的系统，是包含人类各种活动的复杂有机体，其要素、结构、层次、功能的复杂性和形式的多样性，决定了城市内涵的多元性。

（二）城市的起源

城市的产生和发展是一个历史过程，最早大约出现于由原始社会向奴隶社会的过渡时期。关于城市的起源，考古学家、历史学家、经济学家、社会学家、地理学家有多种不同的假设与解释。主要有以下四种起源说。

（1）防御和集市说。城市的起源从根本上来说，有"因城而市"和"因市而城"两种类型。"因城而市"就是城市的形成是出于防御上的需要，先有城后有市，市是在城的基础上发展起来的。这种类型的城市多见于战略要地和边疆城市。"因市而城"则是由于市的发展而形成城市，即先有市场后有城市的形成，这类城市比较多见，是人类经济发展到一定阶段的产物，本质上是人类的交易中心和聚集中心。

（2）社会分工说。随着社会大分工的深入，城市和乡村逐渐分离。人类历史上第一次社会大分工是农业同畜牧业的分离，带来了原始固定居民点的诞生和生产品的剩余，出现了交换经济萌芽。人类社会第二次社会大分工是原始手工业同农业的分离，产生了直接以交换为目的的商品生产，使固定居民点脱离了农业土地的束缚。随着商品生产的发展和市场的扩大，人类历史上的第三次社会大分工产生了，出现了专门从事商业活动的商人，引起了工商业劳动和农业劳动的分离，逐渐产生了城市，开始了城市和乡村的分离。

（3）阶级说。该学说认为从本质上看，城市是阶级社会的产物，是统治阶级奴隶主、封建主用以压迫被统治阶级的一种工具。在阶级社会，城市里充满着阶级剥削与压迫的现象，城市的建设也总是被统治阶级用来作为巩固自己统治的手段之一。阶级社会中的城乡对立现象是尖锐的阶级对立的反映。

（4）地利说。该学说用自然地理条件解释城市的产生和发展，认为有些城市的兴起是由于地处商路交叉点、河川渡口或港湾，具有交通运输方便、自然资源丰富等优越条件。地利说是建立在高度发达的社会生产力、越来越精密的社会分工和发达的现代资本主义商业贸易之上的。

总之，城市的形成和出现是人类为谋求生存发展和防御外敌入侵而修建的聚落点。城市的形成和发展是人类文明进步的标志，是社会生产力和生产关系进一步发展的具体体现，也是人类社会实现社会分工、商品经济和商品贸易出现之后的必然结果。从原始社会的人类聚落点到奴隶社会的城邦，再到封建社会的城堡、资本主义时期的工商业城市，发展到今天的现代化都市，城市的规模、功能、社会生态、自然生态、城市居住者等都历经了根本性的变化。

（三）城市的发展和演进

1. 城市发展的内涵

城市的产生是人类与自然相互作用的结果，是人类文明进步的标志。城市作为一种复杂的经济社会综合体和人地系统类型，是经过漫长的历史时期逐渐演进而来的。城市发展指城市在一定地域内的地位和作用及其吸引力、辐射力的变化增长过程，是满足城市人口不断增长的多层次需要的动态过程。从空间角度来看，城市发展是城市在空间结构上不断拓展和优化以达到经济、社会、文化等方面的改善与提升的过程。城市发展包括量的扩张和质的提高：量的扩张表现为城市数量的增加和规模的扩大，即城市化水平的提高；质的提高则表现为城市功能的加强和现代化水平的提高。城市发展不仅是人口、资源、技术、产业等文明要素的空间化聚集，更是发展方式、生产方式、生活方式、交往方式、文明传承方式的整体性转换。

2. 城市发展的影响因素

城市是在一定的经济、社会及自然条件下形成和发展起来的。它取决于一系列相互联系、相互依存的内因和外因，是一种历史现象，也是经济发展到一定阶段的产物。影响城市发展的因素主要包括区域经济条件、地理位置、自然环境和自然资源、社会因素、区域基础设施和生态环境等。

（1）区域经济条件。城市作为人类各种活动的集聚场所，通过人流、物流、能量流和信息流与外围区域（腹地）发生多种联系，通过对外围区域的吸引作用和辐射作用成为区域的中心。外围区域则通过提供农产品、劳动力、商品市场、土地资源等成为城市发展的依托。区域经济条件对城市发展的影响还表现在对城市分布的影响上。区域间经济发展差异越大，城市分布就越不均衡。一般而言，经济发达地区的城镇分布密度大，而经济欠发达地区的城镇分布密度小。在发达国家和地区，随着地区间经济发展差异的缩小，城市分布逐步趋向相对均衡。

（2）地理位置。地理位置指区域（或城市）所在地与周围的自然和社会经济事物的空间相互关系的总和。它与山脉、平原、江河、海洋的空间关系，称为自然地理位置；它与交通线、农业区、港口及城市的空间关系，称为经济地理位置。在一定历史条件下，地理位置是城市形成和发展的决定性因素。其作用表现在影响城市辐射和吸引范围的大小，并决定城市的优势产业部门和专业化市场。城市的地理位置是不断发生变化的。从自然方面看，沙漠扩张、海平面升降、河道变迁、港口淤塞等都会引起城市的变迁。经济地理位置的变化，如交通技术的改进、交通工具的变化、交通网的扩展、行政区划界线的变化等更是城市变迁的主要原因。

（3）自然环境和自然资源。自然环境和自然资源是城市的自然基础，影响着城市的特色与风格。自然环境如地质、地貌、气候、水文、土壤、植被等作为人类的生存环境，通过影响人口的分布而影响城市的形成与发展。每一个城市都受到自然环境的影响,自然的影响愈多样化,城市的整体特性就愈复杂。自然资源的种类、数量和质量及开采条件是影响城市形成和发展的重要因素。区域内自然资源的大规模开采可促进城市,特别是资源开采与加工型城市的形成与发展。在传统工业阶段,城市对自然资源的依赖性较大。在现代工业社会,尽管技术、资金、人才在经济发展中的地位有所提高,而自然资源的相对重要性有所下降,但其仍是影响经济发展和城市发展的重要因素。

(4)社会因素。影响城市形成和发展的社会因素包括历史因素、文化传统、政治因素、人口素质等。城市是历史的产物,是历史发展的结晶。城市的规模、性质、职能、布局、建筑景观等都打上了历史的烙印。人类的文化活动往往也能促进城市的形成和发展,且城市的发展不仅受到经济和技术的制约,也受到更为强大的社会聚合力——文化的制约。政治中心、行政区划与政策等政治因素均对城市发展有重要影响。政治中心对城市规模影响较大,行政区划直接影响城市腹地的大小,进而对城市发展造成较大的影响,城市土地政策、户籍政策、人才政策等都会影响城市发展和城市化水平的提高。人口素质的高低直接影响劳动力的劳动效率及其适应不同产业的能力、创新的能力和吸纳创新的能力。

(5)区域基础设施。区域基础设施包括交通、通信、供电、给排水、污水处理厂等,其完善程度和空间分布对城市发展和布局有很大影响。区域基础设施,特别是交通、通信,是城市与外围区域相互联系的纽带,其好坏程度将直接影响城市的辐射能力、吸引范围和投资环境,进而影响城市的发展、城市体系的形成、城市之间的分工协作,以及区域优势的发挥和区域差异的大小。

(6)生态环境。城市发展受到区域生态环境容量的制约。在生态敏感带和环境容量较小的地区,城市发展的空间也较小。随着社会经济的发展和生活水平的提高,人们开始追求全面的生活质量,对环境的要求不断提高,区域生态环境和城市生态环境对城市发展的制约作用会越来越大。在知识经济时代,城市生态环境的质量成为影响城市投资环境的重要因素。

3. 不同类型城市的形成和发展

从城市的形成和发展的视角出发,可以将城市分为三大类型:为满足广大农村物资集散和综合服务的需要而形成的中心地城市；为满足区际贸易和交通转运的需要而形成的以交通运输为主要职能的城市；为满足某种专门需要，在集聚经济、规模经济的作用下形成的以某种专门职能为主的城市。

商品农业与中心地型城镇随着商品农业的出现和发展，以及物资集散和交换功能的扩大而不断发展。其发展前景取决于城镇的行政等级、本身的发展条件、服务范围，以及服务范围内的经济发展水平。

转运功能、区域贸易与以交通功能为主的城镇是随着经济的发展、地域劳动分工的加深、区际空间联系的加强、新的交通工具的出现而产生和不断发展的。在一定的社会经济前提下，其发展前景主要取决于经济腹地、后方疏运系统以及城市本身的建设条件。

规模经济、集聚经济与以专门化职能为主的城市，其产生和发展依赖资源或人类的特殊需要。这类城市的发展前景一方面取决于资源的类型、数量、质量、开采条件等，另一方面取决于国家或市场对这种产品的需要。

二、城市空间

（一）城市空间的内涵

空间是城市存在的基本形式，是指城市的各项活动在一定范围内的广延性和伸张性。人类的任何经济社会活动都是在一定的空间位置与范围中进行的。城市空间是城市在自然环境、历史、政治、经济、社会和文化等因素的影响下发展所形成的空间形态特征，具体指城市要素表现出来的空间物质形态和空间关系。城市空间既包括外在的空间形态，也包括内在社会过程及其之间的相互机制，是一个非常复杂的综合体。对地理学家而言，城市空间是在城市结构的基础上增加了空间的维度，地理意义上的城市空间结构分析更多地涉及与城市功能有关的地域结构变迁。城市地理学对城市空间的研究主要集中在城市功能分区、城市功能区演化、城市土地利用及其社会经济过程等方面。

（二）城市空间的构成

从广义上看，城市空间主要由经济空间、社会空间、商业空间、文化空间等构成。

城市经济空间是指在一定区域范围内，经济要素的相对区位关系和分布形式。它是在长期经济发展过程中，人类经济活动和区位选择累积的结果。城市经济空间不仅是城市经济活动的平台、城市经济要素和城市经济结构的空间投影，更是决定资源配置效率和城市竞争力的关键力量。城市经济空间是城市为各经济要素的流动、配置、整合所提供的载体和场所，也是从事各项经济活动的必要条件。它不仅受制于自然条件、历史基础和文化传统，更取决于城市生产力的发展水平。

城市社会空间源于城市"社会区"概念，用来解释城市内部不同家庭状况、经济状况和种族居民的空间分布特征，以及识别城市中存在的社会空间分异和群体隔离现象。城市社会空间是城市社会的物质表现形式，是城市阶层结构的地理位置与空间结构的表征，也是复杂的人类社会活动在城市物质空间上的表现，即社会变迁及经济发展变化赋予城市物质空间以社会意义。城市社会空间通常有泛指和特指两层含义：可以泛指城市里面一切人类所感知和体验的空间；也可以特指城市里面具有相同社会经济属性、宗族种族乃至行为心理的社会群体所占有的空间。

城市商业空间是人们活动空间中最繁杂、最多元的空间类型。从广义上讲，城市商业空间可以定义为所有进行商业活动的空间形态；从狭义上讲，城市商业空间可以定义为进行商业活动所需要的空间环境，即进行商品交换、满足大众需求的空间。随着时代的发展，传统商业空间中最单纯的交换模式早已无法满足消费者的需求，现代意义上的城市商业空间以及商业活动正在向更高的层次发展，并呈现出多元化、数字化、复杂化等特征。

城市文化空间是指由各种不同要素组成的人类城市文化生活的载体，是对现有社会秩序进行维持、强化和重构的实践地区，同时也是展现与表达文化诉求的空间。城市文化空间的发展过程也是文化产生、聚集和演绎的过程。城市文化空间在形式上包含物质性构成要素、互动性构成要素以及精神性构成要素。从本质上来讲，城市文化空间传达了不同时期特定文化内容的延续过程，反映了城市空间与人在城市中相互依存、交互影响的作用过程，是城市主体在发展过程中所创造的物质财富、精神财富的空间形式与组织。

（三）城市空间形态

1. 城市空间形态的内涵

城市空间形态是从城市空间的角度研究相互作用的各种功能构成要素（如土地利用、建筑、社会群体、经济活动等）的空间分布状态和空间组合形式。城市空间形态是在城市发展变化过程中，城市空间的深层结构和发展规律的显像特征，表现在城市空间的外部形状、紧凑度和破碎性等方面。城市空间形态包括空间组合的具体的物态环境和反映各要素间相互关系的抽象的结构模式。用地形态是城市空间形态的主要外在表现，它包括位置、距离、方向等要素；社会文化结构是城市空间形态的隐性影响因素。城市空间形态以独特的方式记载着城市发展的历史轨迹，其产生与演化是自然环境、历史发展、城市功能结构、空间发展政策以及规划管理等多因素相互作用的结果。

2. 城市空间形态的构成要素

城市空间形态由用地、道路网、界面、节结地和自然环境等要素构成。①用地是指城市各种活动所占据的地域空间。从区域角度来说，表现为城市用地与乡村用地；从城镇内部来说，体现为居住、商业、工业等不同功能用地。②道路网是指城市内外的主要交通线，包括城市内的道路网、公路、铁路、河流航道等。道路网是构成空间结构的基本骨架，而城市对外的交通干线通常是影响城市空间形态的重要因素。③界面组成了城市空间的三维特征，竖向界面的不同高度将产生不同的空间围合感。④节结地指人流、物流交换而产生聚集作用的特殊地段。区域内主要是交通汇集处，城市内则包括道路交叉点、广场、车站，以及有特种功能的建筑物（如体育馆、影剧院、公园等）。⑤自然环境包括融入城市的山川、河流湖泊以及城市周边的自然环境等要素，它们既是城市空间形态的影响因素，又是构成城市物质空间必不可少的组成部分。

3. 城市空间形态的系统特征

（1）整体性。城市空间形态特征并不是各构成要素的形态特征的总和，而是取决于各要素在其整体中的地位，以及与其他要素的相互关系和结构。

（2）地域性。城市空间形态会因地域不同而表现出不同的特征。例如，我国地域广阔，地理条件复杂，各地区社会、经济、历史、文化发展不同，从而形成了南方与北方、东部与西部不同的城市空间形态特征。

（3）社会性。城市空间形态既是一定社会关系的产物，又是这些关系在空间上的具体表现，因而具有明确的社会性。城市空间形态的变化往往会导致社会的某些变化，而社会的许多特点和价值观也必然会反映在城市空间形态上。

（4）层次性。城市空间形态是由不同范围内的多层次子系统所组成的复杂系统，亦可以说由不同范围的地域形态体系所组成，即城市空间内部形态、城市空间外部形态和城市空间区域形态。

4. 城市空间形态的基本类型

根据城市伸展轴的组合关系、用地聚散状态和平面几何形状，可将城市空间形态划分为集中型和组群型两种。

集中型城市空间形态是指城市各项用地连成一片、集中发展。这种类型的城市又可以分为团块状、带状、星状等。团块状城市主要是在城市中心的强大吸引力的作用下形成的一种城市形态。城市的生产和生活集中在市中心地区，城市地域则以同心圆的形状向周围延展，形成团块状的城市形态。团块状城市一般布局紧凑，只有单一的中心，可节省用地且有利于生产部门的协作和管理，也使市政设施更加经济。随着城市的发展，如果不能通过快捷的交通系统及时地把人口和产业疏散出去，则团块状城市会在原有基础上蔓延，使工业区和生活区层层包围城市，作"摊大饼"状发展。带状城市主要是在沿交通干线发展的轴向力的作用下形成的一种城市形态，也有一些带状城市是在地形因素或外部吸引力的作用下形成的。城市空间地域沿交通干线（铁路、公路、河道等）向外扩展，最终往往形成带状城市形态，这些交通线也即城市的主要发展轴。当城市的主要发展轴由三条以上相互交叉的轴线构成时，就会形成有三个以上的超长伸展轴的星状城市。

组群型城市空间形态是指由于受用地限制或河流阻隔等自然条件因素的影响，或在规划、控制等人为因素的作用下，城市建成区以河流、农田或绿地为间隔，形成具有一定独立性的众多团块状城市形态。这种类型的城市形态又可以分为双城和组团状（带状组团和块状组团）等。

（四）城市空间结构

1. 城市空间结构的内涵

城市空间结构是指城市要素的空间分布和相互作用的内在机制。城市空间结构是城市各组成要素的特征和空间组合格局，也是人类的经济、社会、文化活动在历史发展过程中的物化形态，是人类活动和自然要素相互作用的综合反映。城市空间结构强调城市中各个组成部分以及各种空间物质要素之间的相互关系，既包括空间要素的布局形态，也包括空间形态演化的社会过程及其内在机制。从要素组成上看，城市空间结构包括文化价值、功能活动和物质环境；从属性上看，城市空间结构包括空间和非空间两种属性，空间属性指文化价值、功能活动和物质环境的地理空间分布，非空间属性指空间中进行的各类文化、社会活动和现象；从核心内涵来看，城市空间结构包括形式和过程两个方面，分别指城市结构要素的空间分布模式和空间作用模式，其形式与过程体现了空间与行为的相互依存关系。

2. 城市空间结构的形式

城市空间结构从形式上讲，是指客观性的物质与社会性的活动要素在一定范围内分布、组合的空间状态和空间分布模式。城市空间结构的形式偏重于对城市物质形态关系的表述，如城市物质因素的分布状况、城市土地利用结构、城市交通结构、城市空间体型结构等。

一般将对城市空间结构主要形式的描述抽象地划分为密度、布局、形态三方面的空间分布特征。城市密度指单位面积中城市组成要素（包括物质设施、经济活动、社会机构、人口和就业岗位等）的数量，即这些要素在空间上的分布强度。城市布局指城市各类构成要素按一定的方式处于城市空间的不同位置所呈现出的多方位和多层次的立体形态。城市形态指城市各组成部分的空间结构和形式，可以反映城市规模、城市体系、城市地域结构、城市土地利用以及城市规划等方面的状况。

3. 城市空间结构的发展过程

城市空间结构在其发展过程中表现为各种要素之间的相互联系、相互作用，如各种信息流、能量流和物质流的存在。在物质形态及空间结构上，城市以"外部扩展"和"内部重组"的方式进行发展，以满足城市发展的需要。城市物质形态的扩展以城市结构扩展为基础。城市空间结构的扩展方式可以分为四种类型：单核生长的同心圆式扩展模式、轴向生长的带状扩展模式、多核生长的延连扩展模式和多核生长的结构重组模式。城市在进行了合理的结构扩展之后完成了城市形态的变化和城市容量的扩张。

4. 城市空间结构的特征

（1）层次性。城市空间结构在城市—区域层次上表现为城市内部空间结构和城市外部空间结构两种形式。城市内部空间结构是城市内部功能分化和各种活动造成的土地利用的内在差异所形成的一种地域结构；而城市外部空间结构是在区域层级上表现出的与相邻城市的相互作用所形成的城市群体形态之间的等级结构关系，既可以理解为在一个中心城市辐射区域内中心城市与其他城市共同构成的空间体系，也可以理解为在城市行政关系范围内或者说城市本身的城镇体系的空间组成。

（2）时间性。城市空间结构可视为基于复杂的城市社会生活系统与地理环境系统间相互关联、相互影响的表现形式，是城市功能组织关系在时间与空间上的动态演变。其时间性特征可以理解为城市在时间中的变化规律，以及城市在建设与发展的过程中，人们在时间的影响下对城市形态和空间结构的认知。

（3）复杂性。城市空间结构复杂性的实质就是结构内部要素构成关系的复杂性和相互作用机制的复杂性。城市空间结构的复杂性不但隐含着多要素性、多层次性、多规律性等这些复杂系统的基本属性，还有自身的复杂特性、生活的多样性、文化的多元性、建筑的多维性和环境的基础性这些空间的基本层次。

三、城市景观与感知

（一）城市景观的内涵

城市景观是指城市境域内各种组成要素的空间结构及外观形态，是各种视觉事物和视觉事件构成的能够成为人们所感知与理解的形式信息的总和。在城市景观中，人与环境的相互作用关系是核心，城市景观由若干个以人与环境的相互作用关系为核心的生态系统组成，是城市居民与其周围环境相互作用的网络结构，是人类在改造适应自然环境的基础上建立起来的特殊人工生态系统。城市景观在一定程度上反映了城市地域的社会经济发达程度和物质文明、精神文明建设水平。城市景观是一种典型的人为活动占优势地位的景观类型，其组分结构和时空分布格局与其他生态系统和景观相比，具有明显的差异性。

城市景观包括城市区域内自然景观、人工景观和人文景观所反映出来的视觉形象。自然景观包含城市的山水格局、地形地貌、气候土壤、生物资源等，其从本质上勾勒出城市的基本景观骨架，也造就了不同区域城市景观的相对差异。人工景观要素主要有道路、建筑物、文物古迹、园林绿化、艺术小品等。人文景观则包含了区域文化特质、社会人文精神、地方风土民情等，是城市自身气质的外在体现。

（二）城市景观的特征

（1）整体性。城市景观作为多要素的复合体，具备整体性特征，并在长期的形成过程中逐步体现出一定的整体秩序。

（2）多元性。城市景观系统的复杂性、动态变化性以及主观体验者"人"的不同需求决定了城市景观的多元性。从形式层面上的方位、形状、色彩、尺度、比例、肌理等，到意象层面上的边缘、区域、节点、标识、道路，再到意义层面上隐藏在形象结构中的内在文化含义，都呈现出多元景象。

（3）复合性。城市景观表现为各种要素的并存和交织。自然和人工景观、静态设施和动态活动相互交织成为整体。

（4）历时性。城市是历史的积淀，每个城市都有其自身的产生和发展过程，经历了一代又一代人的建设和改造，不同时代产生了不同的风貌。城市景观与空间形态的本质是人们主观意愿的一种物质表述，反映了人类不同时期的价值观和世界观。城市景观与空间形态的演化受到了"空间"和"时间"两个向度的影响。在任何一个时间片段，人们都可以获得创造城市景观与空间的各种物质要素。同样，任何一个正在建设中的城市环境也不得不考虑时间的意义。

（5）地方性。每个城市都有其特定的自然地理环境和历史文化背景，长期以来形成了特有的建筑形式和风格，加上当地居民的人文活动构成了城市特有的地方性景观。

（6）文化性。城市景观是一种精神世界的产物，反映了人们不同的价值观念、思维方式，具有深层的文化内涵。

（三）城市景观要素

1. 城市景观要素的类型

景观要素是景观的基本单元，按各景观要素在景观中的地位和形状分为斑块、廊道、基底三种类型。斑块是最小的景观单元，指在外观上与周围环境有明显不同的非线性地表区域。城市景观中的斑块，主要指各呈连续岛状镶嵌分布的不同功能分区。最明显的斑块如残存的森林植被、公园等，由于植被覆盖较好，外观、结构和功能明显不同于周围建筑物密集的其他区域。学校、机关单位、医院、工厂、农贸市场等也可视为不同规模的功能斑块体。廊道指与本底有所区别的带状土地。城市廊道可以分为人工廊道和自然廊道，前者是以交通为目的的铁路、公路和街道等，后者是以交通为主的河流和以环境效益为主的城市自然植被带等。基底，又称本底，指面积最大、连接度最高且在景观功能上起优势作用的景观要素类型。在城市景观中，主体组成部分是建筑群体。城市的基底是由街道和街区构成的。

2. 城市景观要素的功能

斑块在景观中主要有三种功能。首先，斑块是景观的基本单元，每一个斑块均可作为最基本的生态系统，为某种生物种群提供适宜的生境，成为该种群的栖息地。其次，在某一斑块上栖息、繁衍的物种的种群数量增大，呈现出"源"的特征，生物流向外扩散。最后，若某一斑块具有适宜的生态环境，景观中的生物流就会向该处汇聚，呈现出"汇"的特征。此外，斑块的边缘具有廊道的特征。

廊道是线性的景观要素，具有连通和分隔的双重作用。其结构特性能够对一个景观的生态过程产生影响，廊道会在首末点、宽度、长度、连通性等方面给景观带生态过程带来不同程度的影响。廊道在人类的经济生活中扮演着重要角色：河流灌溉两岸的土地，并提供舟楫之便；高速公路连接城镇，大大方便了各地物资与人口的流动；电话线为人类架起信息传输的桥梁。随着社会的发展、人类文明的进步，廊道在现代社会中的意义愈益显现。

基底是斑块镶嵌内的背景生态系统或土地利用形式，能够控制整体景观的动态变化过程。它在很大程度上决定着景观的性质，对景观的动态变化起着主导作用。

（四）城市景观结构

结构是客观物体的存在形式。景观结构是景观性状最直观的表现方式，不同的景观结构是不同动力学发生机制的产物，同时还是不同景观功能得以实现的基础。景观作为一个整体而成为一个系统，具有一定的结构和功能，这种结构和功能在外界干扰和本身演替的作用下呈现出动态的特征。

城市是由住宅、商务、绿地、工业、河流、街道等各种斑块、廊道、基底镶嵌而成，满足人类生活生态位和生产生态位的人工景观生态系统。这种由复杂的各种生物和非生物要素在空间上构成的分布组合形式，形成了城市景观结构。城市景观结构既有别于细胞、组织等微观结构，也有别于宇宙天体等宏观结构，是在地表空间人类活动影响下形成的一种特殊景观类型。城市景观格局及其变化反映了人类活动和自然环境等多种因素的共同作用，同时又会对城市生态环境、资源利用效率、居民社会生活及经济发展产生积极或消极的影响。人类对城市景观结构的影响，将随着时代的发展而越发强烈。

（五）城市景观感知

1. 城市景观感知的内涵

感知是个体对外界信息刺激产生感觉、注意和知觉的响应过程，主要刻画客观事物通过个体的传感器官后在大脑中产生的意识与感受反应。感知是形成个体了解外界环境的前提。景观感知指的是个体在一定的景观环境中会根据以往的经验及知识与景观环境进行互动而引发的一系列的情感反应。个体在体验、思考和活动的过程中形成了感知，同时感知的结果也会反作用于个体与景观。

2. 城市景观感知的过程

城市景观感知包括模式观察、形态认可、形态意义归结、情感负荷四个步骤，是从景观刺激到产生感受，再到升华认知，最后产生情感反应的复杂心理过程，也是物质环境与人的一种互动模式。

3. 城市景观感知的状态

人在观赏与体验景观时的状态会直接影响人对景观的感知状态，根据人的状态将感知的状态分为静态感知和动态感知两种。静态感知主要关注景观的造型、颜色等更多细节方面的处理表现。景观感知的动态性则是设置景观节点、休憩广场等点状景观的重要参考。动态感知会随着时间、空间的转换发生相应的变化。中国古典园林中的"步移景异"就是体现动态感知的最好的实例。这两种状态在景观感知的过程中彼此交叉，相依存在，缺一不可。

4. 城市景观感知的特性

（1）整体性。感知并不是所有感官感受机械叠加的成果，而是多种感知器官相互作用带来的结果，感知源于感觉却高于感觉。感知的整体性与被感知对象自身的特点有着密切的联系，感知还受到人主观意识的控制，特别是与人的经验、成长环境、教育程度等有直接的关系。

（2）选择性。感知活动是人的一种理性思维活动，具有一定的积极主动性。感知的选择性受到人的喜好、兴趣等外界因素影响，人会根据自我需求有意或者无意地选择性接受感知对象发出的刺激信息，并且对其进行加工，以产生新的感知认识。感知的选择性揭示了人认知客观事物的主动性是一种自发的积极主动的行为活动。感知的选择性与个人的兴趣、爱好、过往经验、心理状态有直接的关系，具有主观能动性，但是也与被感知对象的特点有直接的关系。

（3）恒常性。感知的恒常性是指客观事物的属性发生改变时，感知性在一定程度上仍然保持相对不变的一种状态，也是人脑的综合感知反应能力的良好记录。世界每天都在更新变化，并向我们的感知系统输送源源不断的新鲜信息。有时我们对事物是近距离观看，有时观赏到的景物又距离我们很远，有时事物会处于阳光的照射下，有时会处于阴影中，即使所处的环境在不断发生变化，但是根据感知的恒常性，我们会对事物保持原有不变的认识记忆。在日常生活中，感知的恒常性有很大的实际应用效果。恒常性在视觉感知中表现得比较明显，在视觉感知的范围内，可以分为形状恒常性、大小恒常性、颜色恒常性、方向恒常性等。人们可以在不同的环境下根据事物的实际情况，凭借感知的恒常性去认识事物并了解周边的环境。

（4）理解性。感知的理解性是指人在感知景观空间时，会根据以往的经验知识对现有的事物进行分析理解，用新的语言去归纳概括并赋予事物新的意义。例如，专业人士在聆听一首乐曲的时候能听得出每个音符所代表的含义、每段奏乐所使用的乐器；而非专业人士就只能用"好听"与"不好听"去描述自己的感受，或者反复聆听之后才会明白音乐要表达的情感含义。听觉感知如此，视觉和其他感官感受亦是如此。感知的理解性对人的影响很大，让人很容易形成思维定式。职务、生活环境不同的人，会在感知的理解性上存在一定的差异性。

5. 城市景观感知的基本要素

凯文·林奇（Kevin Lynch）将人们感知到的城市意象总结为五个基本要素：道路、边界、区域、节点、标志物。

道路是城市景观意向感知的主体要素，经常与人的方向感联系在一起。道路作为城市物化环境的景观元素，使景观获得联系和连续的关系，具有方向性、可度性和网状空间体系。道路作为"线型连续"，方式不同而各有特色。

边界是除道路以外的城市景观意向感知的线性要素。城市的边界构成要素既有自然界线，如山、沟壑、河湖、森林等，也有人工界线，如高速公路、铁路线、桥梁、港口和约定俗成的人造标志物等。城市边界不仅在某些时候会形成"心理界标"，有时还会使人形成某种不同的文化心理结构。

区域是观察者能够通过想象进入的相对大一些的城市范围。城市作为一种结构性的存在，必然要分为不同的功能区域。不同的功能区域会使置身其中的人们感知到城市的"场域效应"，从而形成不同的城市意象。

节点是城市结构空间及要素的联结点。节点在不同程度上表现为城市意象的汇聚点、浓缩点，有的节点甚至是城市与区域的中心及意义上的核心。节点往往成为城市占主导地位的特征，是观察者可以进入的战略性焦点。与其他城市意象要素相比而言，城市节点是一个相对较广泛的概念，可能是一个广场，也可能是一个城市中心区。

标志物作为城市观察者的外部参考点，是城市要素中突出的单一性个体，是在某些方面具有唯一性且在整体环境中令人印象深刻的突出景观。标志物通常作为一种地标，在人们对城市意象的感知和形成中起着确定身份和结构的作用。

四、未来城市与规划

（一）未来城市的内涵

未来城市是在不同自然、人文和技术条件下，面向未来可持续发展的城市目标愿景和发展模式。未来城市是在一定的社会背景下，由新技术革新推动的城市发展与人类思维认知改变相互作用而形成的理想化城市形态，涉及社会、经济、文化、生态等多个维度，具有显著的"高技术"和"人本"指向。

由信息革命带来的技术创新突飞猛进，导致城市的复杂性与日俱增，城市与周边地区间的相互作用逐渐增强而形成城市地区，地理位置邻近的城市之间的相互作用增强又形成协同发展的城市集合。从地理上看，未来城市实际上也是多种尺度的区域城市，未来城市地区是星球城市化的主要形态。

（二）未来城市的发展趋势

随着世界范围内生产力水平的不断提高和知识经济、信息经济发展步伐的加快，城市的发展将进入全面加速期，并在今后一个历史时期内展现出一些新的特征与趋势。

1. 城市与区域发展一体化

大城市连绵区仍然是全球最具发展活力的地区。信息革命带来空间分散化趋势，但只适合城市微观区域。从宏观区域来看，集中化趋势更明显。近几十年来，大城市连绵区在世界各国的快速发展印证了这一集中化趋势。城市这种"大集中，小分散"的地域发展格局还会持续，从而有可能导致"乡村城市化"和"城市郊区化"两个过程的合二为一。城市与区域的一体化发展趋势，将成为今后城市与区域联动发展的新的增长源。

城市与区域发展一体化过程中，首位城市的主导作用将愈发明显。世界范围内的经济重构使全球经济实体呈现多层次化，出现了全球经济实体或跨国经济组织。若干个全球信息节点城市发展成世界城市或跨国城市，越来越多地控制并主宰着全球的经济命脉。在工业社会，城市的增长潜力基本上取决于该城市的规模；在信息社会，城市的发展潜力却取决于该城市与全球其他城市的相互作用强度和协同作用程度。因此，较小的城市未来也可以通过网络联系分享知识和技术，这种过程最终导致多极多层次世界城市网络体系的形成。

2. 城市发展的信息化与科技化

在未来城市的发展中，知识经济依然占据着绝对性的主导地位。信息技术是人类智慧的延伸，通信卫星、微处理机、光导纤维、互联网等高新技术的成功运用，使高耗低效的传统经济向低耗高效的现代经济转变。信息化和科技化成为城市发展的主要趋势，代表着先进的、高层次的城市演进模式。

城市的信息化是现代社会生产、生活方式由传统模式向网络化生存模式的重大转变，为社会各主体分享技术进步和信息资源、提高劳动生产力和生活质量，提供了前所未有的生存和发展空间。信息化形成的信息源及信息流将城市中的各系统串联起来，组成多维网络，为大众全面认识城市提供了科学的依据。信息化作为城市行动的指南，能确保城市规划、营建和管理服务等行动的有序、高效进行，同时也能使城市各系统、各领域形成有机的整体。大数据、云计算、人工智能、物联网等新一代信息技术的出现，更可能带来城市就业、交通出行、公共安全、教育开放、医疗健康、家庭服务、社会公平等全领域颠覆性的革命，促进未来城市的快速转型升级。

城市的科技化发展趋势主要体现在以下三个方面。首先，清洁能源和可再生能源将成为未来城市能源利用的主要形式。新能源汽车、太阳能、水源热泵、生物质能等先进技术的应用，可以大大缓解城市环境污染，向人们展现未来城市发展的美好前景。其次，城市的运行将具备"感知"超能力的特点。一些新型技术元素正在走进我们的生活，改变着我们的未来。RFID 射频识别设备、TD-LTE 无线通信网、智能交通、安全监控等系统能使城市居民体验到信息化带来的便捷，超能力未来城市设计理念将成为新的趋势。最后，知识型服务业产业结构将成为城市的主要特点。城市的产业结构向高附加值、知识型演进，以文化、创意产业为主导的知识型服务业对城市经济的贡献率将逐渐占主导地位。同时，城市将以创新为动力，成为"创新城市"与"科技城市"。

3. 城市发展的生态化与低碳化

生态宜居已逐渐成为人们对未来城市发展特征的基本共识。城市的生态化是由传统的唯经济开发模式向复合生态开发模式转化的一种兼顾人口、社会、经济和环境持续发展，注重整体生态效益的发展变革，其目标是实现城市"自然—经济—社会"复合生态系统的整体协调，从而达到一种稳定有序状态的演进。城市日益朝清洁型、生态型和宜居型方向转化。提高城市环境质量、实现城市可持续发展已经成为各国城市发展的共同目标。未来城市的发展趋势将逐渐突出生态环境保护功能。同时，以信息技术为基础而催生的生物信息技术、生物计算机技术等将对未来生态城市产生不可估量的影响。

低碳化发展是未来世界城市经济发展的总体趋势。"低碳城市"是以减少城市能源消耗和碳排放为导向，以低碳技术为支撑，以低碳经济为发展方向，以低碳社会为理念并以低碳制度为管理导向的新城市类型。低碳城市是可以同时实现应对气候变化和经济快速发展双重目标的城市模式，也是未来城市发展的重要趋势。

4. 注重文化特色的城市个性化

随着城市的发展，城市的主要竞争力正从单一的城市经济实力的竞争转向城市个性特色和文化魅力的竞争。城市形象是城市内部诸要素经过长期综合发展在人们心中形成的一种潜在的、直观的反映和评价。城市形象代表着城市的身份和个性，反映着城市自然地理形态、历史文化的"文脉延伸"、产业结构特点、城市功能和整体视觉的特色。城市不仅是一个经济实体，而且是一个完整的形体。当一座城市依据其自身的自然地理状况、经济基础、文化内涵以及文化脉络而发展，就会形成自身的个性与特色。只有这样，这座城市才能在延续历史文化脉络的基础上，塑造出真正的城市形象。保护与发掘城市的文化脉络与景观特色，弘扬地方文化，打造城市特色品牌成为城市政府在城市经营与城市竞争过程中最重要的手段，也是对城市特色模糊、城市发展模式雷同的理性反思。因此，在城市的更新改造过程中，为恢复和保留城市的文化脉络而做出的各种努力已经成为提高城市竞争力的重要手段。

（三）未来城市规划

1. 未来城市空间特征变化趋势

理想中的未来城市不再被看作简单的空间集合，而是人、物、信息等要素在特定时空下有机融合的动态场景集合。未来城市的空间复合化和柔性化程度都将变得更高，特定场景中人的活动成为定义空间功能的方式。虚拟活动使实体空间愈发破碎，空间不再具有明确的功能限制，刚性的空间功能约束逐渐被动态的场景化引导所取代。

未来城市虚实空间的融合与流动性的加快使得空间的内涵愈发复杂，可视化的多维场景取代了图纸化的空间环境，成为表征城市的新方式。场景中集聚了大量有形和无形的要素，要素之间相互关联、相互影响，形成复杂系统的城市场景，而传统方法难以将其全面地展现出来。

最后，未来城市空间的包容性将得到增强，各种人群之间、人与自然之间有机共生的场景被赋予充分的人文关怀，即在未来城市的场景中，不同的使用者都能与周围的自然环境、建成环境及其他要素产生良性互动。

2. 未来城市规划面临的挑战

未来城市规划应超越传统的空间范畴，指向城市中人与空间耦合的多元场景，即更加关注特定时空下以人为中心的各类要素的配置与互动。而面对城市场景的复杂性及其演变的不确定性，单纯依靠感性经验或理性数据都难以指导未来城市的发展，如何兼顾人本主义与科学主义成为未来的城市规划实践面临的最大难题。

未来城市规划的对象是虚实耦合的多维复杂系统，不仅需要考虑有形的物质空间和要素，还要注重对虚拟要素及各种"流"的引导。这就要求规划从业人员摒弃个人经验主义，在实践中注重规划的科学支撑，利用大数据场景化地全面感知城市。由于信息基础设施和智能终端的普及，监测城市场景的运行变得更加简单，海量的虚实数据可以随时被调用和分析，为规划提供新的支撑，数据驱动的智慧城市规划成为必然趋势。

如何有效利用这些依据与方法，使其服务于满足城市实际场景中人类的需求，是仍需持续探索的课题。在人本化的要求下，城市规划还需要协调多主体的共同参与模式，利用可视化技术为各主体之间的沟通合作提供服务。未来的城市规划应更加重视规划的协调性。城市各个场景之间、场景中各要素之间都可以相互影响，城市规划需通过互联互通的数据分析城市各组成部分之间的关系，从而对城市复杂系统展开干预。未来城市规划需要进一步增强规划的前瞻性。城市场景始终处在动态变化中，未来城市规划需要直面规划的复杂性，城市规划不应再用单一的静态蓝图约束未来的发展，而应为未来城市模拟出多种发展情景，并结合需求进行决策选择。

3. 未来城市规划空间模式

未来城市规划将朝着更具包容性和可持续性的城市空间发展模式转变。首先，鉴于现代信息技术的发展和全球信息化进程的加快，信息城市将成为未来城市发展的主要模式之一。信息革命会进一步打破原有的时空距离，使人们能够在有限的时空范围内获得无限的经验。知识的迭代和更新周期急速缩短，人的智慧将不断被激发，迸发出前所未有的巨大力量，并对城市的构成、形态、发展等产生深刻的影响。未来城市将实现实体空间与虚拟空间的融合,成为物理空间、社会空间和信息空间的融合体。在城市规划、建设、管理、服务和生活的各个层面,运用数字化信息处理技术和网络通信技术将城市的各种信息资源加以整合并充分利用,其本质是建设空间信息基础设施,并在此基础上深度开发和整合应用各种信息资源。

其次,数字信息化的智慧宜居城市空间模式。在未来城市人居系统中,社区将成为具有相似价值取向和兴趣的个人与社群生活选择的最基本的单元。它将打破居住、工作、交通与休闲的界限,形成"处处可工作、时时可休闲"的混合、弹性空间使用模式,形成多样化、去极化的新型社区。城市基础设施和服务设施也将实现数据化和共享化,依托集成、高效的公共数据平台与智能数据感知分析网络,为居民提供实时医疗、教育、就业、养老、休闲娱乐等全方位的服务,创建服务多样化的智慧宜居社区。

再次,时空高度压缩的智慧交通城市空间模式。交通技术革新将给人们的生活方式带来巨大改变,并影响人们的时空体验,使得未来城市的交通模式呈现物理距离缩短、空间收缩的"时空高度压缩"特征。未来城市交通运载系统将由"智能的车""智慧的路""强大的网""共享的云"共同组成。在智能交通的基础上,融入物联网、大数据、云计算与人工智能等新技术,实现交通信息的时空交互,为人们提供更加安全、舒适和高效的出行环境。智慧、互通、共享、绿色的交通出行将成为未来城市交通发展的新元素,而新兴技术将成为串联这些元素的枢纽,以创新未来城市的交通发展模式。

复次,智慧生态的城市空间模式。智慧生态城市是将智慧与生态核心特征融为一体,顺应城市发展规律并利用综合手段,从能力、结构、系统、关系、环境、心理艺术与美学、美德等方面构建的以人类与自然和谐共生境界为目标的城市发展模式。智慧生态城市按照生态学原理进行城市规划设计,以便建立起高效、和谐、健康、可持续发展的人类宜居环境,新一代信息技术(互联网、云计算、大数据、社交网络等)被充分运用在城市的各行各业中。智慧生态城市不是简单的智慧城市加生态城市,而是信息化与工业化、城镇化和农业现代化融合发展的新模式。智慧生态城市融合智慧城市、生态城市、绿色城市、低碳城市、数字城市、田园城市和园林城市等的特点,用信息流引领技术流、资金流、人才流,同时提升信息采集、处理、传播、利用等能力,以实现稳增长、调结构、惠民生、绿色环保的目标。

最后,韧性和健康的城市空间模式。近年来,极端气候、自然灾害、公共健康等突发性事件频发,暴露了城市在自然力量面前的脆弱性。随着社会经济的发展,城市面临的不确定性增多,提高城市韧性是促进城市可持续发展、统筹区域协同发展的有效途径,也是21世纪城市管理与发展研究的新方向,"包容、安全、有韧性的可持续城市"是联合国2030年可持续发展的重要议题。韧性城市指的是具备韧性的城市,即在面对不利因素干扰的情况下,城市通过自身系统的科学运行达到消除不利因素影响的目标。韧性城市理念认为,城市系统变化既具有自然系统遭遇破坏后的重组过程,也包含社会经济系统的渐进式变化过程。新技术革命背景下,未来城市应实现人与自然、科学技术与城市的协调、可持续发展,以推动城市内部各要素进入良性循环的"生命时代",即城市根据外部环境与人的需求进行智能的自我调整,促进城市朝着"生命共同体"的方向"进化"。

第三节　区域

一、区域发展

(一) 区域的概念与特征

1. 区域的概念

从地理学的角度来看,区域(region)是地球表层具有社会经济学意义的空间系统;从哲学角度来讲,区域是地球表层特定空间的时空统一体,具有物质的客观存在属性。区域也是地理学家分析地表差异性的一个术语,它具有位置、范围、边界以及等级的内涵。区域可以是地方的细分,也可以是地方的组合。当其是地方的一部分时,通常表达地方的一个或几个（比如成因、功能和景观等方面）属性在该范围内的一致性以及与其他部分的差异性。当区域由多个地方组成时，其通常表示这些地方在一个或几个方面具有一致性以及在其他地方具有区别性。

人地关系特别关注人的发展，而人的发展也是在区域中展开的，人类的一切经济、社会、文化活动都是在特定的空间内进行的，因此，区域既是地理研究的出发点，也是其落脚点。"区域"概念的提出是地理学发展中的一个大事件，其作为研究人地系统的问题起点而被确立，是地理学开始走向成熟的一个重要标志。区域之所以是地理思维中的核心概念，是因为它是研究地理学时最基本的出发点，尤其在面对人地系统的共同科学主题时，区域作为地理学研究的共同问题起点的地位和意义被进一步凸显。

2. 区域的特征

（1）综合性与整体性。综合性是指区域研究不是孤立地针对某一系统要素或某一现象，而是充分考虑到系统要素的多样性及其形成现象的复杂性，以此研究诸多要素和现象在系统内的相互联系和制约的关系；整体性是指区域的一致性或区域对某种地理过程有一致的响应特征，这种一致性是由区域内部单元强烈的联系造成的。

（2）空间性与地域性。空间性是指区域总是同一定的地表空间相联系，系统要素的空间分布、地区空间范围、空间距离、空间联系等在区域中有重大作用；地域性是指地域空间的特殊性或一系列地域空间的差异性，即地域空间的一部分被赋予特定的资源、环境和人口特征，这种特征使得一个空间范围在地理学性质上区别于另一个空间范围。

（3）层次性与嵌套性。层次性是指任何一个空间范围较大的区域都可分解成若干空间范围较小的区域，而任何一个区域都可以看成某个较大区域的子区域，由此形成区域的层次结构；同一个区域可以通过不同的标准划分成不同的层次结构，而不同的层次结构相互交叉、复合就形成了复杂的嵌套结构。

（4）动态性与开放性。区域的不断演化表明了系统具有动态性特征，区域的结构、组成要素的水平与变化速度等均处于动态变化之中；区域也是一个开放系统，区域与外界进行着能源、原材料、产品、人员、资金和信息的流动。区域的开放性通常包括信息开放、物质开放、技术开放、人员开放等多个维度。

（5）自组织性与自适应性。自组织过程是区域系统内各组分之间的互动互应过程，一个组分的行为变化，必然引起其他组分相应的行为变化，而该种变化又反过来影响该组分，因而形成复杂的互动关系；区域的自适应性包括系统对外界变化的自动反应、系统受外界干扰后恢复平衡的稳定性、系统为适应外界变化而发生突变进而导致系统结构重组的演化性三个方面。

（二）区域的类型

1. 自然区

自然区是在特定范围内，根据自然地理环境的地域分异规律，依照一定目的揭示自然地理环境结构的特定性质而被划分出来的自然地理综合体。典型的自然区划包括综合自然区划、气候区划、生态区划等。综合自然区划是在综合考察、评价和分析各种自然资源要素的基础上，按照地表自然综合体的相似性与差异性进行的自然区域划分。气候区划是指用特定的气候指标，根据气候条件的区域分异规律，划分出若干个气候条件有明显差异的大小不同的气候区域，并将这些大小不同的区域构成一个有内在联系的气候区域系统。生态区是指具有相似生态系统或发挥相似生态功能的陆地及水域。生态区划是通过揭示自然生态区域的相似性和差异性规律，以及人类活动对生态系统干扰的规律，从而对自然区域进行整合和分区的过程。

2. 经济区

经济区是以劳动地域分工和产业特色为基础的地理区域，是在一国国民经济中形成的各具特色、内部具有共同经济生活和长期经济联系，且在全国或地区担负专门化生产任务的地域生产综合体。经济区也是在商品经济发展到一定阶段以后，生产日益社会化、区域化的条件下，社会生产地域分工的表现形式。经济区划分是结合社会劳动地域分工特点和区域经济发展特征，对要素空间分布状况进行的战略性划分。每个经济区内部都有密切的经济联系，都在全国范围内担负专门化生产任务。不同层次、不同类型的经济区是客观存在的，但又非固定不变；当生产力发展引起条件变化时，应对经济区的范围进行适当的调整，以进一步打破条块分割和地区封闭的束缚，使区域生产更符合商品经济运转规律。

3. 农业区

从广义的"农业"概念角度理解，凡是以农、林、牧、渔各种生产为主的地区皆称为农业区，其与工业区相对应；从狭义的"农业"概念角度理解，凡是以种植业为中心，以生产粮食作物和经济作物为主的地区均称为农业区，其与畜牧区、林区等相对应。农业区划是在全国或某一地区范围内，根据农业的自然条件和社会经济条件在生产上形成的地域性特征和差异所进行的区域划分和综合研究。其目的在于为各个地区调整农业生产结构、改进农业生产布局和制定农业发展远景规划等提供科学依据。农业区划所得的每个农业区的面积和农业结构与其等级规模成正比，高级农业区内往往包括若干个低级农业区，使之成为有机的等级阶层系统。

4. 贫困区

贫困区是为解决经济落后地区人民的生活贫困问题所划分出的需要政府扶持的地区，通过实行特殊帮扶政策，可以促进当地经济发展，促进贫困人口有效、迅速脱贫致富。我国贫困地区分布较广，大部分贫困地区分布在高原、山地、沙漠等地区，自然灾害频发，生产生活环境相对恶劣，生态环境也相对脆弱。

5. 主体功能区

主体功能区划是指在对不同区域的资源环境承载能力、现有开发密度和发展潜力进行综合分析的基础上，以自然环境、社会经济、生态特征以及人类活动形式的空间分异为依据，划分出具有某种特定主体功能的地域空间单元。中国主体功能区划方案是刻画未来国土空间开发与保护格局的规划蓝图，《全国主体功能区规划》将我国国土空间分为以下主体功能区：按照开发方式，分为优化开发区、重点开发区、限制开发区和禁止开发区；按照开发内容，分为城市化地区、农产品主产区和重点生态功能区；按照层级，分为国家级和省级两个层面。

（三）区域与发展

1. 区域发展的概念

区域发展是一个多目标的过程，包括经济目标、社会目标和环境目标。区域经济发展不等同于区域经济增长，区域经济发展不仅仅是数量的变化，而且关乎质量、结构、技术等多方面的综合进步。区域发展的内涵包括以下方面：其一，区域发展是经济的增长，经济的增长在区域发展中占有核心地位，也是衡量一个地区经济发展的主要因素；其二，区域发展表现为技术的进步，科技水平决定一个地区的创新能力，创新是区域发展的推动力；其三，区域发展表现为产业结构的改进，如果一个区域的产业结构比较先进，则其未来也将具有较好的发展潜力；其四，区域发展表现为资本的积累，主要用固定资产投资来表示；其五，区域发展表现为对外经济环境的改善，只有与外界建立良好的对外经济关系，才能积极参与区域合作和国际分工。

2. 区域发展的制约因素

区域发展的制约因素包括四个方面。其一，人口的制约。人口数量的增多会导致区域生产规模扩大，同时也将提供一定的消费市场；人口素质可以影响区域经济结构的形成，人口素质的提高也能够提升区域的创新水平；不同的人口年龄结构与性别结构会影响社会的稳定甚至区域的产业结构；人口迁移对区域发展的影响则共同作用于人口迁出地和迁入地。其二，资源开发的制约。资源开发对区域发展的影响主要体现在自然资源之上，良好的资源质量与有利的开发条件是提高区域生产活动经济效益的基础，而当开发强度超过区域自然承载力时，资源开发将明显限制区域发展。其三，生态环境的制约。生态环境与区域发展是相互影响、相互制约的，任何区域的发展都不能脱离环境而独立存在，合理的区域开发也能够维护环境的良性循环。其四，交通物流的制约。交通物流基础设施建设是区域经济发展的保障与增长点，其对区域发展存在正面影响和负面影响。正面影响包括通过拓宽信息与运输渠道，促进各区域之间信息、经济、产品的交流；负面影响包括基础设施建设会对其周围的自然生态环境造成一定的破坏，线性交通路网对于生态廊道也存在阻断现象。

3. 区域可持续发展

区域可持续发展是一个由经济、社会、人口、科技、资源与环境等子系统组成的在时空尺度高度耦合的、复杂的、动态开放的巨系统。其研究内容涉及地理学、生态学、环境科学、人口学、系统工程学、经济学、社会学等许多相关领域。对于人口众多、区域差异大、生产率低、资源环境承载能力有限的国家来说，正确认识自身环境特征和经济的脆弱性，是区域可持续发展的前提。

4. 区域协调与协同发展

区域协调发展是各区域之间经济联系日益紧密、区域分工更加合理、经济社会发展差距逐渐缩小并趋向收敛、整体经济效率持续增长的过程。与协调发展相比，协同发展更强调互动和共赢，强调"1+1>2"的系统效应。区域协同是指各区域之间由于初始禀赋和比较优势的差别，在效益最大化思想的指导下，通过有序的分工合作使区域内所有协同主体的整体利益最大化，进而实现区域内各主体之间的协调、协作以形成整体效应，从而推动整个区域共同发展。

二、区域战略

（一）区域战略的概念与特征

1. 区域战略的概念

战略原是军事术语，现已普遍用于政治、经济和其他领域。战略在军事上是指导战争全局的决策；在政治、经济上是指阶级、政党、国家或企业集团在一定历史时期内，为实现某一目标所规定的总路线、总政策、总任务，是具有全局性、长远性、稳定性的重大谋划，战略研究对推动区域乃至全国的发展有重大意义。区域战略或称区域发展战略，是指某区域在特定历史时期内，对关于区域内的经济增长、社会发展、科技发展的，全局性、长远性、关键性、决定区域发展基本方向的重大方针政策和综合谋划的具体概括。

相对于全国总体战略来讲，区域战略是一种分战略或称子战略。但是，区域战略相对于内部各部门、各地方的战略来说，也是一种总体战略。区域发展战略根据不同地区生产要素条件的情况和该地区在全国经济体系中的地位与作用，对地区未来发展目标、方向和总体思路进行谋划，以达到指导地区经济发展，促进地区经济腾飞的作用。它是在经济区划的基础上对未来区域经济发展蓝图的总体描绘，是进行区域规划和产业布局的重要前提。

2. 区域战略的特征

各种类型和各种层次的区域都应该制定自己的经济、社会发展战略，与全局性的发展战略相比，区域战略贵在具有自身的特色，因而切忌把全国战略的模式简单地照搬至区域发展之中。由此，区域发展战略分为四个类别：①具有独特内容的战略，其具有鲜明的区域特色，也是地方性战略；②具有双重任务的战略，其既要服从全国发展战略的要求，是全国性战略在区域发展中的体现，也是区域开发中的发展观与全局谋划的有机结合；③本地区与相关地区互相配合的战略，战略目标要在区际间的相互促进、相互支援中实现；④具有不同发展层次的战略，由于财力有限，区域发展战略不可能同时投资发展所有地区和部门，而需要通过部分区域的优先发展来带动其他地区与部门的发展。

与此同时，区域发展战略因受时间范围的限制而具有阶段性，其总是为某一特定的时间范围内实现某种目标而设计的，因此不是永恒不变的。区域发展战略本身具有面向未来的倾向性，当某一阶段的战略完成了它的历史使命，或与战略对象的新情况不相适应时，就必然要被新的区域发展战略所取代。此外，区域发展战略由于受空间范围的限制也具有明显的区域性。不同的区域范围、层次、地点，不同的区情，不同的主体，所制定的区域发展战略往往也不尽相同。

（二）区域战略的模式与制定原则

1. 区域战略的模式

区域战略的模式概括起来有四种类型：其一，贸易主导型模式。这种模式的最终目标是促进双边和多边贸易发展。其二，经济一体化模式。该模式的最终目标是使区域内各国在生产力发展水平相近的前提下，制定共同的发展战略，相互携手，彼此促进，共同发展。其三，雁行发展体系模式。该模式的最终目标是把经济技术合作变成国际比较优势产业的纽带，从而形成区域内层次性的产业结构体系和经济发展体系。其四，合作开发型模式。该模式以贸易为先导，以经济开发为中心，以双边、多边合作为基本形式，松紧结合，可伸可缩，具有很大的弹性，富有内在活力和开放性质。

2. 区域战略的制定原则

基于区域发展战略的特征,可以明确制定区域发展战略需要遵循的原则。一方面,要遵循劳动地域分工规律,并兼顾区域内各项资源的开发、利用和保护;另一方面,要处理好经济效益、社会效益、生态效益三者之间的关系,并在协调全国和区域、区域和区域之间发展关系的基础上,确定区域发展战略。区域战略的制定应遵循下列五个原则:其一,多元性原则。既然区域发展的战略目标是多元的,那么受到战略目标的制约,其战略手段也应该是多元的。其二,针对性原则。区域发展战略的手段应是针对战略目标的实现而采取的重大政策措施。其三,层次性原则。区域发展战略手段与战略目标层次性相适应,也应分为高、中、低等若干层次。其四,配套性原则。区域发展战略的手段受战略目标均衡发展要求制约,必须形成配套体系以相互制约。其五,可变性原则。区域发展战略手段和战略目标相比,具有很大的灵活性。当一种战略手段失去时效时,就要采取新的战略手段。

(三) 区域战略的基本构成

一个科学的区域发展战略,是由战略指导思想、战略目标、战略重点、战略方针、战略步骤和战略措施等要素构成的完整系统。

1. 战略指导思想

战略指导思想是对战略体现的一定历史时期内事物发展的全局起决定性作用的规律所进行的高度概括。因此,战略指导思想是一个战略的总纲,是确定战略目标、战略重点、战略方针、战略步骤和战略措施的依据,也是整个战略系统的灵魂。确定正确的战略指导思想,是制定和实施经济社会发展战略的首要环节,关系到整个战略的得失成败。战略指导思想具有以下两个特征:其一,一元性。它是整个发展战略的总纲,具有很高的概括性,在战略系统中,不允许同时存在几个战略指导思想。其二,稳定性。区域发展战略的其他构成要素会随着战略步骤的推移而有所调整,而战略指导思想一旦确定,就需要贯穿各个战略构成要素,并经过若干战略步骤才能实现。

2. 战略目标

战略目标是战略制定者希望在战略期限内通过对区域内部自然资源的优化配置和合理利用,以及对产业结构进行调整和优化,达到的经济增长和生态保护预期目标和状态。任何国家和地区,不管其发达程度如何,制定总的战略方针、确定战略部署和战略措施、动员各方面的力量进行经济建设都是为了实现这个目标。战略目标是战略核心与战略思想的集中反映,一般分为经济目标、社会目标与建设目标。按照期限长短,战略目标又可分为短期目标、中期目标和长期目标。短期目标又称为近期目标,期限一般为 5 年左右;中期目标的期限一般为 10 年;长期目标也称远期目标,期限通常在 20 年以上。

3. 战略重点

战略重点是指具有决定意义的战略任务,是关系到区域全局性的战略目标能否达成的关键环节。确定区域发展战略重点包括两方面:重点产业的选择、重点地区的选择。重点产业的选择首先需要结合区域发展特征,确定当地的优势领域发展产业,这些优势领域包括自然资源优势、技术优势、资金优势、人才优势等领域。其次,需要分析经济发展的基础条件,涉及农业、交通、通信、能源等内容。再次,需要瞄准信息工业、电子工业、新材料工业、新能源工业、生物工程工业、宇航和海洋工业等高新技术领域。最后,需要瞄准经济转型的关键领域。重点地区的选择需要遵循以下原则:首先,发挥优势,使强者更强;其次,发挥区域资源优势,以打造新的增长点;最后,在企业集中的地方发力,以打造新高地。

4. 战略方针

战略方针是指实现战略目标的总策略、总原则,是为实现某种发展战略而采取的发展方式的理论概括,是区域发展的战略指导思想,也是规范地区发展行动的指南,在区域发展战略中起着导航作用。战略方针既要体现战略意图和战略定位,又要在分析和判断区域经济发展所面临的各种现实问题的基础上,反映区情、区力的客观要求,它是在战略目标和区域现实之间架起的一座桥梁。在确定和选择区域发展战略方针时,要正确处理以下两个相互关系:其一,要正确处理好历史优势与现实优势的关系、潜在优势与现实优势的关系、资源优势与其他优势的关系;其二,要正确处理均衡增长与非均衡增长的关系。

5. 战略步骤

战略步骤是指在一定的战略时期中,根据战略目标和战略方针的要求,将区域发展划分为不同的阶段,进而有计划、有步骤地实现总体战略目标。一个大的战略期大致可分为基础阶段、初期发展阶段和完善发展阶段三个战略步骤。其中,基础阶段主要是为实现战略总目标而做准备,此时着力于技术的引进、资金的筹集、经济结构的调整和经济、政治体制的改革等,主要为下一步发展创造一个良好的经济、社会环境。初期发展阶段主要着力于经济结构的高级化,加快发展速度,使经济发展和社会发展达到新的水平。完善发展阶段主要着力于速度、比例、效益的协调,使经济发展与社会发展均得以实现良性循环,人与环境之间达到新的平衡,总体战略目标得到最终实现。

6. 战略措施

战略措施是贯彻战略方针、实现战略目标的步骤和途径,是实施战略的手段,是战略目标得以一步一步落实的前提,也是战略目标、战略方针、战略步骤进一步具体化的行动措施。区域发展战略措施包括实施战略的相应组织机构、融资渠道、资源分配、资金投放、技术引进、劳动政策、产业政策以及经济发展的控制、激励、协调等手段和途径。战略措施的制定一定要全面、到位,缺少一个环节则整个战略的实施就可能受阻,以致不能顺利实现战略目标。在经济比较发达的国家和地区,关心人民群众生活需求的各种措施,如增加社会福利、培育社会文化、保护环境、协调地区关系、促进平衡发展等,常常成为战略措施的重要内容,且占据越来越重要的地位。

三、区域规划

(一)区域规划概述

1. 区域规划的内涵

区域规划是指在一个特定的地区范围内,根据国民经济和社会发展的总体战略和长期计划,综合考虑区域内部的自然条件、资源禀赋、经济社会条件、科技发展等因素，对区域的产业、城镇居民点、重要工程设施等制定的全面发展规划，并对相关要素做出合理的空间配置。区域规划是对一定地区范围内的国民经济发展所进行的总体规划，也是完整的地域生产综合体的发展方案。区域规划明确了一个地区经济发展的战略布局，做好区域规划可以使一定区域内社会经济各部门和各分区之间形成良好的协作配合关系，为本地区经济发展及全国国土空间规划的综合平衡奠定基础，同时也可以从战略意义上保证国民经济社会的合理发展与空间协调布局，进而促进区域发展过程中的经济效益、社会效益与生态效益的统一。

2. 区域规划与相关概念

国土规划、主体功能区规划、城市规划和村镇规划均是与区域规划相关的概念，四者一起构成了我国的国土空间规划体系。

（1）从各自的概念来看：国土规划是通过确定土地布局、空间布局、经济布局及各要素整合，结合人口、资源、环境等因素，明确土地资源利用的指标、限制、重点和机制，为实现经济与社会可持续性发展提供的一项重大战略措施和基本构想。主体功能区规划是根据各地的客观情况对国土进行合理划分，按照主体功能定位进行开发与保护并确定开发强度，使资源能够得到有效的利用，生态环境得到有效的保护，也更有利于空间布局合理化。城市规划和村镇规划是地方政府在法律授权范围内，在明晰城市及村镇定位的基础上，以空间布局为切入点，合理安排与利用土地，引导和推动各项建设的顺利开展所做出的具体安排和综合部署。

（2）从各个概念的关系来看：一方面，国土规划、区域规划是从城市规划发展而来的，主体功能区规划和国土规划具有耦合关系。国内外规划的发展历程表明，先有城市规划，后有区域规划和国土规划。区域规划在西方国家出现于1920年左右，主要目的是从大的空间范围协调解决城市以及区域发展问题。与此同时，城市规划也日益强调城市与周围地区的整体性。近年来，我国的城市规划实践也越来越重视区域分析工作。相对而言，主体功能区规划是一个较新的理念，其对国土空间进行划分，国土规划在此基础上得到进一步细化。另一方面，国土规划、区域规划、城市规划和村镇规划、主体功能区规划是不同层次的空间规划。虽然区域与城市之间的界线有时并不是很清晰，但是，城市规划和区域规划是两种不同层次的空间规划。国土规划、区域规划、城市规划不应该存在概念上的包容关系，而只能是空间规划体系中不同层次的规划。从四者的等级关系来看，主体功能区规划是上位规划，重在对规划区域进行功能区划分，是国土规划的依据。区域规划应根据国土规划进行编制，可以覆盖全国，即各个区域相加，涵盖整个国土。相关部门应以区域规划为依据，编制省市县空间规划、城市规划和村镇规划。

（二）区域规划的特征与任务

1. 区域规划的特征

（1）区域性。区域的特点决定区域经济的特点，区域经济的特点决定区域规划的特点。不同区域由于自然地理、资源条件、社会发展、文化传统等的差异，经济发展的模式和途径有很大区别。区域规划的区域性就是要根据不同区域的不同情况，设计不同的规划方案。

（2）战略性。当前制定的区域规划是对未来的一种谋划，由于时间因素的不确定性，短期的规划准确度较高，长期的规划准确度相对欠缺。但区域规划并非一成不变，任何决策都需要不断地进行修订，关键是要对区域的未来发展趋势做出战略性研判。

（3）科学性。区域规划的科学性首先是规划过程的科学性，然后是规划方案本身的科学性。规划是建立一种思路、确定一种模式的过程，需要有科学的态度和精神，以及先进的方法和手段。科学的规划方案应符合以下条件，即区域规划的方案能够获得区域内大多数人的赞同和认可，且区域规划需要不断进行更新和修正。

（4）权威性。区域规划若没有权威性，就不可能得到实施，甚至没有任何参考价值。权威性是对区域规划在可操作性方面的要求，专家权威和科学权威是区域规划权威性的来源。一个科学的、符合区域经济发展实际的、能够付诸实施并指导区域经济未来发展的规划，本身就具备了权威性的特点。

2. 区域规划的任务

（1）明确区域的发展方向。为完成该任务，首先需要全面了解国家经济发展的宏观背景；其次要深入认识区域的资源和经济社会发展现状，正确认识科学技术的发展趋势；最后要充分识别周围区域的发展现状及其与本区域的相互关系。在整个过程中，必须坚持获取综合效益的可持续发展原则。

（2）提出区域的发展目标。区域的发展方向和发展目标是统一的，发展方向通常是定性描述，而发展目标则是发展方向定量化的反映。发展目标可分为总体目标和具体目标，总体目标是规划思想的高度概括；具体目标是发展方向的深化和具体体现，其包含一系列指标，这些指标应能反映经济发展水平、结构和发展速度，一般要依靠预测模型来计算数值。

（3）确定区域的空间结构。为了使区域规划方案能够落实并实施，确定区域的空间结构十分重要。完成该任务可以推动区域发展的空间增长极点的形成，使经济资源、人力资源和科技资源能够集中起来，发挥更大的集合性作用。具体任务包括确定区域经济增长中心、协调中心城市与外围吸引区域的关系、确定区域的发展轴和发展带。

（4）选择重点发展部门。在一定时期内，区域发展选择哪些部门和怎样选择并没有固定的模式，需根据当时当地的具体情况来具体分析和具体决定。以主导产业部门为重点，就是要发挥其带动地区经济全面发展的作用，实现产业之间的平衡和协调发展，促进辅助产业和基础产业踏上新的台阶，以实现区域的长期可持续发展。

（5）制订区域规划方案。即根据区域经济发展的需要，在综合评价区域发展的优势和制约因素的基础上，充分考虑市场的需求和区域之间的经济联系，对规划区域的基础设施等条件和原有的产业基础进行客观评价，确定区域的发展方向，优化地域经济空间结构，合理布局生产力。这是区域规划的中心环节，也是区域规划的核心任务。

（三）区域规划的类型

1. 总体规划与专项规划

按照规划的深度与针对性，区域规划可分为总体规划和专项规划。区域总体规划即国民经济和社会发展总体规划，是以国民经济和社会发展各领域为对象编制的规划，是根据区域发展总体战略要求编制的统领规划期内经济社会发展的宏伟蓝图和行动纲领；专项规划是以国民经济和社会发展的某一特定领域为对象编制的规划,是总体规划在特定领域的延伸和细化,如科技规划、教育规划、水利规划、交通规划、矿产资源规划等。此外,还有有关部门编制的相对独立的城市规划体系和土地利用规划体系等。

2. 开发性规划与管控性规划

按照规划本身的目的,区域规划可以分为开发性规划和管控性规划。前者强调开发、建设和发展,追求效率、规模、综合实力和竞争力;后者强调保护、控制,追求协调和可持续。开发性规划指以发展为主题,按照目标导向的思路追求利益极大化的规划,因此也称为发展性规划;管控性规划也称为管治性规划,其本质在于建立地域空间管理的框架,以提高政府的运行效益,有效地发挥非政府组织参与区域管理的作用。目前,正在实施的主体功能区规划,是很典型、很先进的空间管治性规划。

3. 战略性规划与操作性规划

按照规划的可操作性程度,可以把区域规划分成战略性规划和操作性规划。战略性规划具有全局性、长期性和综合性等特点,对经济发展具有方向性、长远性、总体性的指导作用。战略性规划不是制定战略和进行规划两个过程的总和,而是从战略研究到规划决策过程的一个中间环节,是一个承上启下的纽带。规划在纵向上应该按照如下思路进行:先编制高级层面的发展战略,在此基础上按照"发展战略—概念性规划—总体规划—详细规划—建筑设计"的思路,进行不同深度规划的编制。详细规划包括控制性详细规划和修建性详细规划,二者都属于操作性规划。

4. 单区域规划与跨区域规划

按照规划的实施范围,区域规划可分为单区域规划与跨区域规划。在中国,一般的区域规划都是指单一行政地域单元的规划。跨区域规划是以跨行政区的、以经济联系密切地区为对象的规划,是国家总体规划在特定经济区的战略部署和具体落实,也是政府调控和管理地区经济的重要手段。编制跨区域的规划,要针对多个地区共同关心但单个地区难以解决的重大问题提前进行研究和规划论证,同时,要突出区域规划编制过程中的协调功能,使各地方就难以单独解决的重大问题达成共识,并做出相应的制度安排。

（四）区域规划的主要内容

1. 发展战略规划

区域发展战略包括战略依据、战略目标、战略方针、战略重点、战略措施等内容。区域发展战略既有经济发展战略，也有空间开发战略。政府在制定区域总体发展战略时，通常把区域发展的指导思想、远景目标和分阶段目标、产业结构、主导产业、人口控制指标、三大产业大体的就业结构、实施战略的措施或对策作为研究的重点。具体的发展战略规划包括确定区域开发方式、确定重点开发区、制定区域开发政策和措施等。

2. 布局规划

区域产业发展是区域经济发展的主要内容，区域产业布局规划的重点往往放在工农业产业布局规划上。合理配置资源、优化地域经济空间结构、科学布局生产力，是区域规划的核心内容。区域规划要对规划区域的产业结构、工农业生产的特点、地区分布状况进行系统的调查研究。规划要大体确定主导产业部门的远景目标，根据产业链的关系和地域分工状况，明确与主导产业直接相关部门发展的可能性。

3. 体系规划

城镇体系和乡村居民点体系是社会生产力和人口在地域空间组合的具体反映，也是进一步深化区域生产力综合布局和协调各项专业规划的重要环节。城镇体系规划的基本内容包括：拟定区域城镇化目标和政策，确定规划区的城镇发展战略和总体布局；确定各主要城镇的性质和方向，确定城镇体系的规模结构，包括各阶段主要城镇的人口发展规模、用地规模；确定城镇体系的空间结构，提出重点城镇近期建设的规划建议。

4. 基础设施规划

基础设施对生产力和城镇的发展与空间布局有重要影响，应与社会经济同步或者超前发展。基础设施可以分为生产性基础设施和社会性基础设施两大类，前者包括交通运输、邮电通信、供水、排水、供电、仓储等设施；后者包括教育、文化、体育、医疗、商业、金融、贸易、旅游、绿化等设施。区域规划要根据人口和社会经济发展的要求，预测未来对各种基础设施的需求量，确定各种设施的数量、等级、规模、建设工程项目及空间分布。

5. 土地利用规划

准确地确定土地利用方向，组织合理的土地利用结构，对各类用地在空间和时间上实行优化组合的科学安排，是实现区域战略目标的重要保证。土地利用规划应在土地资源调查、土地质量评价的基础上，对土地利用现状加以评价，并确定土地利用结构及其空间布局。土地利用规划主要涉及土地资源调查和土地利用现状分析、土地质量和适宜性评价、土地利用需求量预测、未来各类用地布局规划、土地资源整治、保护规划等。

6. 发展政策制定

区域政策可以看作为了实现区域战略目标而设计的一系列政策手段的总和。政策手段大致可以分为两类：一类是影响企业布局区位的政策，属于微观政策范畴，如补贴政策、区位控制和产业支持政策等；另一类是影响区域人民收入与地区投资的政策，属于宏观政策范畴，可用以调整区域问题。区域规划的区域发展政策研究侧重于微观政策研究，并且要注意区域政策与国家其他政策相互协调的一致性，避免彼此间产生矛盾。

第五章 交通运输与联系

交通运输通常被广义地定义为"人、货物、信息的地点间,并且伴随着人的思维意识的移动"。交通运输与联系是人类活动的关键支撑基础与重要组成部分之一。以人、货物和信息等要素的移动为核心的交通运输对经济社会发展具有基础性的支撑与引导作用,与众多经济部门的发展、国土空间的优化开发以及人民生活水平的提高密切相关。进入21世纪以来,全球化和信息化的不断发展伴随着人和货物机动性的显著增强,交通运输建设、布局及其所支撑的运输联系在遵循自然系统格局的基础上,由人类活动所引致的国土空间秩序再构建,是构建和引领国土空间开发与利用的重要支撑体系。因此,交通运输与联系一直是地理学人地关系研究中的核心议题。可达性、交通流以及城市出行是交通运输与联系的核心组成,同时也是影响经济社会发展的关键变量。

第一节 可达性

可达性是衡量从某个地点到达其他地点或从其他地点到该地点的通达能力的指标。作为衡量区域空间结构的有效指标,可达性的概念包括两个核心内涵:距离和区位。

一、距离障碍

（一）距离的内涵

距离作为区位的关键要素，通过刻画地理事物相对于其他事物的距离来表征区位条件的优劣。在区位研究中，距离是一个意义丰富的词汇，克服了含义不同的距离便意味着支付了不同形式的成本。全长1318千米的京沪高速铁路实现了"千里京沪一日还"，距离的缩短既指空间距离，也指时间距离。改革开放以来，大量港商到珠江三角洲投资，两地相同的语言文化降低了文化—心理距离。因此，距离可以是空间距离，也可以是时间距离，还可以是文化、制度、信息、心理、动机等方面的差异（距离）。从交通运输角度来看，距离有多种表达方式，既可以表示为欧氏距离，即两点间的直线距离，也可以用运输距离即在运输过程中实际通过的路线距离来表示。

（1）直线距离，又叫欧氏距离。两点间的简单直线距离，可以用地理度量单位来衡量，如千米。直线距离通常被用来表示近似的距离，但由于和实际情况有所差别，在实际中应用较少。

（2）运输距离。运输距离是距离概念中较为复杂的一种，需要考虑运输过程中的装卸和转运等活动，成本和时间等因素也是其中的重要组成部分。例如，有人想乘坐飞机去某个地方，很有可能要先经过某个交通枢纽，再从枢纽到达目的地。运输距离不仅表示地理计量单位，还包含时间和成本等因素。

（3）物流距离。包括从起点到终点的运输过程中所有的构成因素，通常也包括管理流程中的一系列必要活动。在货物运输中，最重要的任务是订单的处理，货物的包装、分拣和库存管理等。在货运活动中，人们不仅关心地理距离的远近，而且更加注重成本和时间因素的影响。以航空客运方式为例，通常我们要先提前购买机票，其他与时间和成本有关的环节包括取票、安检、登机、离舱及行李提取等。一段花费三个小时的飞行经历，其整个运输过程实际上可能是提前几周就计划好的，如果考虑所有出行活动花费的时间，那么整个出行时间基本上应该按照双倍的飞行时间来计算。

（二）距离障碍与地理学第一定律

交通运输的主要目的就是克服一系列人为的或物理的空间约束，例如距离、时间、行政划分和地形等因素导致的空间约束，这些因素都对空间位移活动造成了阻碍，通常称为距离障碍或空间摩擦（friction of space）。这些阻碍在一定程度上限制了人类的生产生活，增加了人类生活的成本，克服这些障碍所产生的成本会因为距离、运输方式和基础设施的承载能力，以及运输主体自身特征的不同而有所差异。没有地理空间阻碍所造成的距离障碍，就没有交通运输，而没有交通运输也就没有了地理的概念。因此，交通运输是人地关系最直接的表征。

鉴于距离含义的差异性，克服距离障碍所要付出的成本也会有不同的形式。克服实体空间距离障碍需要支付通勤成本或交通成本；克服文化—心理距离需要收集信息、积累知识与经验，需要时间并支付信息成本等。无论是企业、城市还是国家都希望通过克服较短距离提高竞争力。美国地理学家沃尔多·托布勒（Waldo Tobler）总结出了地理学第一大定律：每个现象之间都有相互联系，但是邻近现象之间的联系会更强。这一定律形象地表述了距离对于空间相互作用的距离障碍的影响。资源、能源等在空间上是分离的，它们之间的联系需要克服距离障碍，需要付出努力、支付成本、花费时间。相应地，距离越远，付出的努力就越多，花费的时间就越长，从而导致了经济活动空间联系存在距离衰减律，即相隔较远的区位间经济联系较弱，而较近的区位间经济联系较强，其原因是较近区位之间的经济联系成本较低。

（三）时空压缩

在特定的时间内运行一定的空间距离，是交通运输领域的基本时空关系。在相同时间内，运输工具的速度越快，其能够运行的空间距离就越大。交通运输的技术进步与应用，能够直接改变时间和空间之间的关系。当两地间的时空关系变得更便利、更快速以及成本更低时，可将其称为时空压缩效应，即在相同的时间段内，可以运行的空间距离大幅增加。

18世纪和19世纪，陆续进入运输市场领域的铁路系统和海上运输系统产生了巨大的时空压缩效应，随着航空运输和公路运输的发展，这一时空压缩过程一直延续到了20世纪。环球航行是时空压缩效应的典型例子。使用早期的轮船，经好望角和麦哲伦海峡环游世界大约需要一年的时间，但19世纪晚期和20世纪初期一系列的技术革新，尤其是苏伊士运河（1869年）和巴拿马运河（1914年）的修建以及蒸汽机的发明，大大缩短了环球航行的时间。20世纪初，环球航行的时间减少到了约100天。到了1925年，依靠班轮运输服务完成环球航行的时间则只需要60天。20世纪下半叶，喷气式飞机的使用将环球航行的时间缩短到30个小时，但前提是使用行程可以衔接在一起的远程航班。

需要注意的是，在特定的环境下，也会出现与时空压缩效应相反的情况，即时空扩张。例如，在一些都市区会出现严重的交通拥堵，直接对人类活动（如通勤出行）造成不同程度的延误影响，甚至在某些城市化地区，交通拥堵路段的运输速度可能与一百年前马车的运输速度相当。航空运输在很大程度上促进了时空压缩效应，但是在航空运输中存在的延误以及市内"最后一公里"问题，在某种程度上也可以视为一种时空扩张效应，即空间距离不变，时间距离延长的现象。

二、交通运输方式

（一）交通方式的分类

现代运输业是一项社会性生产行为，它与社会的其他生产行为相互依赖、相互促进和相互制约，形成一个紧密联系的社会经济体。交通运输主要由两部分组成：一是路线（包括铁路线、公路线、水运道及航线、航空线及管道等）、站（包括车站、泵站等）、港（包括海港、河港、湖港、航空港等），即运输工具流动的物质基础；二是运输工具（运载旅客及装载货物并在路线上移动）。此外，还有运输的辅助设备，如飞机的导航站、铁路的通信设备等。

交通运输方式作为机动性的支撑手段，是人和货物实现空间位移的主要手段，也是交通运输的基本组成部分。根据运输工具移动时所借助媒介的不同，可以将交通方式分为三大类：陆路（公路、铁路和管道）、水路

（航运）和航空。据此，现代化的交通运输方式可以划分为铁路运输、水路运输、公路运输、航空运输和管道运输五大运输方式。

（二）交通方式的特点

各种交通运输方式都有其自身的特点，并且分别适合于不同距离、不同形式、不同运费负担和不同时间需求的运输对象。国民经济对交通运输的要求是载运量大、成本低、投资少、速度快、受季节和环境变化的影响小。不同的交通方式对上述要求的满足程度是不同的，因而其适用范围各异。

1. 铁路运输

铁路运输由轨道和沿轨道行驶的机车组成。相较于其他交通方式，铁路运输受到一定程度的自然约束，这些约束通常与机车的类型以及较低的地形坡度要求有关。铁路运输严格按照固定的时刻表来提供服务，并具有高度的经济和地区控制能力。例如，在欧洲，大多数铁路公司处于垄断地位；而在北美，七大铁路货运公司控制并运营着庞大的铁路运输网，形成了寡头垄断的局面。

铁路具有载运量大、运价低（运输成本仅次于水路）、受气候季节变化影响小、能源供应多样化、环境污染较低、稳定、安全、准确性高、占地面积少等突出优点。但由于受到铁轨、站点等条件限制，使其灵活性不高，不能实现"门到门"的服务等。铁路运输最适宜于承担中长距离且货运量大的货运任务和旅客的运输。

铁路运输方式中，快速轨道交通（高速铁路、城际铁路、地铁等）在当前城镇化过程中变得日益重要。快速轨道交通作为一种具有规模集聚效应的公共交通方式，是当前城市和城市群快速交通规划普遍采用的一种新技术。它一方面能促使和支撑城市轨道沿交通走廊轴向延伸，改变城市和城市群的发展形态；另一方面能引导城市在市中心高密度带状开发，从而形成城市紧凑核心区和交通沿线的紧凑组团。

2. 水路运输

自然地理学上的水路运输由两个要素构成，即河流和海洋。虽然两者彼此联系，但是各自代表着一个特定区域的水运循环系统。水路运输也是在自己的空间进行运营的,该空间同时具有地理属性、战略控制和商业利用特性。地理因素往往是静态的,而战略因素,尤其是商业因素则更多是动态的。目前,虽然水运的安全性和可靠性已经得到了显著提高,但是海上的运输航线仍然会受到风向、水流和日常天气的影响。例如,北太平洋和北大西洋(北纬50°—北纬60°)在冬季会受到巨浪的影响,进而影响海上航行的安全,并可能迫使船舶在低纬度航行,由此增加了航行距离。

水路运输主要利用"天然的航道"来运送旅客和货物。水路运输的优点是运输量大、运输成本低、投资低,主要担负大宗、笨重货物的长途运输。但速度慢、受自然条件的影响大是水路运输最明显的劣势;同时,由于水上航道的地理走向和水情变化难以控制,在运输的连续性和灵活性方面,难以和铁路、公路相比。

3. 公路运输

公路运输是一种中、短途运输方式,对铁路、水路与航空运输而言具有集散客货的作用。虽然这种方式机动灵活、载运量小、运价较高,但对不同自然条件的适应性很强,能满足多方面的多种运输需求。汽车交通广泛服务于地方和城乡的物资交流和旅客来往,为干线交通集散客货,且便于实现"门到门"的运输。公路运输的缺点是单位成本较高、运行持续性差、安全性较低,对环境保护有较大负面影响,旅客的舒适度较差。公路运输最适宜于承担短距离且运量不大的货运任务。

4. 航空运输

航空运输受到多方面的约束,主要包括场站、气候和气流等。航空运输航线虽然几乎是不受限的,但需要与社会经济布局相耦合,北大西洋、北美、欧洲和北太平洋上空的航线是非常密集的。速度是航空运输相对于其他运输方式的主要优势,但也存在许多不足,这些不足当中最重要的是运营成本、燃料消耗和有限的载运能力。航空运输服务通常是由互相竞争的航空公司,利用各自的运营网络提供定期的航班服务来实现的。

航空运输具有速度快、运输距离远、灵活性大、舒适度较高等特点,它是速度最快的运输方式,但成本高、运量小,而且在一定程度上受气候的影响比较大。航空运输担负着主要的政治、经济、文化中心之间以及国际交往的快速旅客运输和报刊邮件、紧急物资的运输任务。随着生活水平的提高和高价值货物的增多，人们对航空运输的需求量越来越大。航空运输最适宜于承担运量较少、运输距离大、对时间要求高、运费负担能力较高的货运任务。近年来，航空运输已经开始承运越来越多的高价值货物，并在全球物流链中发挥越来越重要的作用。

5. 管道运输

管道代表了一种完全独立的货运方式，这种方式可以将液体（特别是石油）和天然气进行长距离的运输。管道线路可以在陆地或者水下进行铺设，几乎不受地理条件的限制。管道运输是一种专用的运输方式，只能运送特定的液体、气体和浆状物品，主要用于石油及其制品、天然气、煤气以及生产用水和民用水等单向流体货物的运输。它具有运量大、不间断运送、管理方便、受自然条件影响小等技术优点，但无法承担多种货物运输，且管道铺设需大量钢材，因而在运输量不足时很难调整其运力。

世界上有很多地方都铺设有管道，这些管道通常都具有唯一的目的：将一种货物从一个位置运输到另一个位置。在运输大量产品，且没有其他可行的运输方式（通常是水运）时，管道运输是很有效的。管道线路通常用于连接偏远的资源生产地和主要的炼油和生产中心（用于运输石油），或者是主要居民区（用于运输天然气）等。管道甚至可以用来运输少量的固体货物，例如气动运输管道，但这类管道较少且仅限于短距离运输。自然地形对管道路径的选择几乎没有影响，尽管管道建设的批复经常会因为环境问题而受到延误。虽然管道的建设成本有所差异，但运营成本通常很低，是运输液体和气体产品的一种重要方式。管道的一个主要缺点是缺乏灵活性，一旦建成管道设施，管道的运输能力就随之被确定，在此背景下，未来增长的运输需求往往难以得到满足。相反，供给或需求的减少将会造成运营收入的降低，进而影响系统的可行性。此外，已经铺设的管道很难随着生产和消费的地理位置的改变而进行调整。

6. 多式联运

多式联运是近年来在国际集装箱运输的基础上发展起来的一种新型的运输组织方式，也是近年来在国际运输上发展较快的一种综合运输方式。多式联运一般以集装箱为货运单元，把铁路、水路、公路和航空等传统的单一运输方式有机地结合起来，组成一个连贯的运输系统，以便更好地实现"门到门"运输，为货主提供经济、合理、迅速、安全、简捷的运输服务。它不仅是实现"门到门"运输的有效方式，还是符合客观经济规律、可取得较好经济效益的一种运输组织方式。多式联运将传统的独立的运输方式进行了有机地组合，并且借助现代信息技术的成果，使传统的运输成为体现现代物流理念的物流运输。

从功能和运营的角度来看，多式联运包含了两种模式：①多方式联合运输。旅客或货物从一种运输方式转移到另一种运输方式，通常发生在专门为这一目的设计的特定枢纽当中。②单方式联合运输。旅客或货物在同一种运输方式间转移。为了确保在同一种运输方式间运输的连续性，往往需要必要的运输方式间的转运操作。例如，从船到码头再到船之间的转运操作。

三、交通运输网络

（一）网络与流空间

网络是指由线路和节点组成的框架结构。线路是网络中两个节点的连线，线路既可以用来指代公路和铁路等有形的线路，也可以用来指代空中航线和海上通道等无形的线路。网络作为一个整体，既包含线的概念，也包含节点的概念，线与节点相互联结才能构成网络。在自然界中，许多系统都能用复杂的网络模型来进行描述。由于大型数据库的出现和计算机处理能力的提高，这种实证研究已经遍布各个科学领域。

网络中另外一个常用的概念是网络拓扑结构。一个典型的网络是由许多节点与连接节点之间的一些边组成的。其中，节点代表真实系统中不同的个体，边代表个体之间的关系。通常当两个节点之间具有某种特定的关系时就可以连一条边，反之则无法连边。这些网络不依赖节点的具体位置和边的具体形态就能表现出来的性质就被称为网络的拓扑性质，相应的结构被称为网络的拓扑结构。网络的拓扑结构共有三种：规则网络、随机网络和复杂网络。

流空间与网络相伴而生，网络的存在是流空间存在的重要证据。流空间包括两方面含义：一是由节点、枢纽、回路等组成的网络；二是该网络所承载的信息流、人流、物流、资金流、技术流、行政流等的时空过程。网络和流是流空间所强调的关键词。不考虑互联网与信息化技术的发展，在没有互联网的前提下，城市的物质空间结构、产业空间结构与社会空间结构也是网络化的，原始的资源互补需求促进了网络的形成。无论是社会的历史经验还是个人的生活体验，都暗示着我们生活在一个网络的世界中，在我们的周边存在着无数不同类型和不同大小的网络，并且社会文明程度越高、社会分工越明确，网络化程度就越高。

(二) 交通运输网络的概念

交通运输网络是人类社会创造的三大网络（交通、能源和信息）之一，它为现代人类文明的发展奠定了重要基础。运输系统通常使用网络来描述其结构和流量特征。交通网络的构建，通常是不同运输策略实施后的结果，例如改善某一区域的可达性、扩建某个贸易的运输通道或者技术进步使得某一运输方式及其网络得到改善。运输网络既可以指一些永久性的基础设施，如道路、铁路和运河等，也可以指航空、铁路、公交等交通服务。如果有运输线路将各个节点连接起来，且线路上有运输活动的发生，那么我们都可以将其视为运输网络。

交通运输网络是在一定空间范围（国家或地区）内，通过计划发展与合理组织，由不同运输方式相互协作、彼此补充组成的统一的综合运输网。它是一个紧密协调的整体，由各种运输方式形成的部门运输网是这个整体的有机组成部分。运输网络是运输生产的主要物质基础，其空间分布、通过能力和技术装备均体现了整个运物系统的状况与水平。一个层次有序、干支分明、运转灵活的综合运输网，是国民经济发展和人民生活质量提升的重要前提条件。运输系统通常使用网络来描述其结构和流量特征。运输网络是一种空间的实体网络，而非如社交网络、企业组织网络以及生态系统网络等的虚拟网络，这是因为运输网络在设计和演变过程中都受到物理上的约束。

运输网络通常特别关注经济活动的地域组织行为，以及为克服空间距离所要付出的成本。这些成本可以通过一些绝对指标（距离）和相对指标（时间）来衡量，这些成本同时还与运输网络的效率和结构相关。交通运输网络的覆盖领域一般是指二维或三维的拓扑空间，它取决于所考虑的运输方式的不同（道路运输大致可以看成是二维的，而航空运输则是三维的）。

(三) 交通运输网络的类型与空间属性

1. **交通运输网络的类型**

交通运输系统在宏观上由铁路（含轨道交通）、公路（或道路）、航空、水路及管道五种现代运输方式构成。各种运输方式受其自身基本特性的限制，为旅客和货物提供差异化服务，如铁路提供大运力集中化运输、公路提供便捷的中短途运输、航空提供快捷运输等。同时，受网络空间布局的制约，各种运输方式内部及相互之间一般仅通过节点（港站、枢纽或交叉路口）进行衔接和交流。尽管各种运输方式的基本特性及其运营管理模式不一，但是从功能（服务）一致性角度出发，构成交通系统的基本网络结构由需求网络、组织网络、径路网络和基础架构的设施（线路）网络构成。交通需求（运输联系或交通联系）是来自用户的要求，可以在不同运输网络间进行交流（替代性）及引导交通系统的合作（多式联运），其网络结构形式在一定范围内呈现为完全图式网络结构。交通需求是人类经济社会活动的重要表征之一，因而需求网络是一类社会（经济）网络，具有虚拟形式。根据交通服务对象及运营管理的需要，交通组织有三种模式：系统组织（如公共交通）、自组织（如自行车）和半组织（如出租车）。不同的交通组织模式形成不同的交通组织网络。交通设施网络（线路网）是交通系统完成任务和发挥功效的必要条件，它由港站、线路等基础设施构成，其显著的特征是具有实体的空间属性。交通径路网络则是交通移动设备在设施网络中运行的空间轨迹或交通组织在运输网络中空间耦合的体现。

此外，还有许多标准可用于运输网络类型的划分。按照网络抽象程度，可以将运输网络划分为有形网络和无形网络。有形网络必须与现实的实际情况相匹配（如公路网），而无形网络只是节点和运输流的抽象表达（如航空公司和运输网络）。

由于运输网络处在一定地理环境中，因此可以根据运输网络中主要元素的相对位置来定义运输网络，这在一定程度上表示了运输网络的地理覆盖范围或市场范围。运输网络中节点和线路的数量体现了运输网络的结构和复杂程度，同时，还可以使用数学、图论等相关理论方法基于数量判断运输网络的结构特性。这些方法包括：①规则网络。规则网络中每个节点都有同样数量的线路与之相连，相对而言，随机网络是指在随机过程中形成的网络。规则网络常常具有较高的组织水平（如城市电网），随机网络的发展则常常依靠某些随机的外部机遇，例如靠近某种资源等。②小世界网络。在小世界网络中，某一节点与邻近节点之间紧密相连，而与远距离节点之间只保持关键性联系。如果这种网络建立在大型枢纽的周围，那么大型枢纽很容易对这种网络造成灾难性的冲击。③无标度网络。这种网络具有很高的层次维度，通常少数的节点拥有大量的连接，而其余很多个节点之间具有很少的连接。网络中新增节点通常优先与大型节点相连，而不是优先与随机节点相连。

此外，也可以从模式划分的角度来分析和考虑运输网络。网络拓扑中的"边"是运输线路（道路、铁路以及海上航线）的抽象表达，而"节点"则是运输枢纽（港口、铁路场站）的抽象表达。进一步地，还可以根据道路类型（高速公路、公路、街道等）以及控制水平（速度限制、车辆限制等）对特定运输方式的运输网络进行划分。在网络中，运输流都有相应的流量和方向，可以根据运输流的方向（如向心和离心）和重要性对运输线路进行等级划分。

2. 交通运输网络的空间属性

运输网络的物理形态在一定程度上取决于运输方式的类型和特征。公路运输网络和铁路运输网络是由其相应的基础设施组成的，内河运输网络通常为树形结构，而对于海上运输网络和航空运输网络的定义仍然是不明确的，对于后两者，除了其运输枢纽外，海上运输和航空运输存在很高的空间灵活性。此外，由于受海岸线的约束，海上运输网络比航空运输网络受到更多的限制。运输网络一直都是扩张空间和增强空间凝聚性的有效手段，罗马帝国和中国在历史上都是依靠运输网络控制各自的领土。

交通运输网络的空间特征可以归纳为三个方面：①空间占用形态具有严格界定和划分。运输网络占用的空间具有专用性，并能够在地图上被标识出来，同时这些空间的所有权也有着明确的规定。例如，道路网络、运河网络和铁路网络等。②空间占用形态具有模糊界定和划分。在这种模式下，几种运输网络共用一部分空间，这部分空间的所有权没有明确规定，但是优先权会有一定的规定。例如，航空运输网络和海上运输网络。③空间占用形态不做界定和划分。在这种模式下，除了长度以外，空间没有具体的定义，监管机构很少对这一部分空间进行控制，也不可能对空间的所有权做出明确规定，但对其使用则需要达成一定的协议。例如，广播、电视、无线网络等。

运输网络的服务水平通常与它们的运营成本相关。一个理想的运输网络可以覆盖所有的区域，但这样的网络需要投入大量的资金，同时其运营成本也很高。为了维持运输网络的空间连续性，需要满足以下三个条件：①普遍性。运输网络都必须具有良好的可达性，使运输对象可以从任意位置都能到达其他任意位置，人们可以通过市场竞标的方式购买一个地方到另一个地方的道路通行服务。有些运输网络是连续的，意味着它们可以在任何位置提供运输服务，例如道路运输网络是一种典型的连续网络。相对而言，其他网络则是离散的，意味着它们只能到达某些特定的位置，海上运输网络和铁路运输网络则属于此类离散型运输网络，它们只能到达相应指定的交通运输枢纽。②分散化。能够为单一的旅客或者货物单元提供运输服务，而不仅仅采用集中化的运输，其实质上是在规模经济的成本价格优势与专门服务的方便性之间寻求一种平衡。③即时性。能够在用户最需要和最方便的时候组织运输的能力。运输的分散化和运输的即时性之间有着直接联系，因为运输的分散化程度越高，越能为用户提供即时、方便的运输服务。

第二节 交通流

一、概念与类型

（一）交通流的概念内涵

在工程领域，交通流指汽车在道路上连续行驶而形成的车流，强调交通流的运行状态，具备流量、流速和流密度三个基本描述参数。在地理学领域，交通流被视为空间相互作用的重要表现形式，是以交通设施为载体的区域联系，包括起点、终点、方向、密度、路径和组织模式等方面。

（1）起点和终点，或称为源和汇，一般为城镇。规模是起点和终点的基本参数，某一节点的流出和流入规模分别反映了该节点相对于其他节点的辐射和吸引能力，总规模则反映了节点的综合实力。

（2）方向，即流的指向，反映节点间（点对点）的关联与关系。由于城镇空间的扩张与演化偏重于沿主要对外联系的方向进行，不同方向上的流的强度因此成为关注重点。

（3）密度，反映城市与周边地域联系（点对面）的紧密程度。交通流的距离分布不仅取决于距离衰减规律，也取决于具体交通方式的技术经济特性。与铁路和民航相比，公路的经济运距较短，因此在中短程交通中具有较高的分担率，铁路和民航则分别在中远程和远程交通中具有较高的分担率。

（二）交通流的类型

1. 客流

客流是指在一定时间内（年、月、日、时），一定运输线路或运输方向上通过的同一方向的旅客人数。客流包括三个要素，即数量、距离和方向，一般用客运量和客运周转量两个统计指标表示。它反映旅客（或乘客）在不同地区间流动的动向和他们在生产、生活上对出行的需要。

掌握客流的规律性是合理组织运送旅客（或乘客）工作的基础。客运量是反映客流的重要数量指标，是指一定时期内（年、月、日）送发的旅客人数。它主要和两项因素有关：一是规划区域内的人口数，二是平均每人在一定时间内的旅行次数。旅客周转量是反映客流在运输方向和运输距离上的客运量，是指一定时期内完成的旅客公里数。它既可以按客流线路、方向逐段计算，再求其总和，也可以按客运量和旅客平均行程计算。

2. 货流

货流是指货物在地域上的定向移动，即指在一定时间内（年、月、日），一定运输线路或运输方向上通过同一方向的货物吨数。构成货流的基本三要素是数量、距离和方向，一般用货运量和货运周转量两个统计指标表示。由于货物运输是实现人类再生产必不可少的组成部分，它的工作量在运输业中所占用的运输能力超过客运，因而研究货流分布、统筹货流规划，是进行合理运输的基础。影响货流分布变化的主要因素有工农业生产布局的变化、经济结构的变化、国际贸易的发展和运输网布局的状况。

货流分类繁多，最常见的有如下几种。

（1）货流按调运方向可以划分为"往""返"两类，但铁路、内河和公路运输中的运行术语不同，具体为：①在我国铁路运输中，凡由各地到北京的货流称为上行货流，由北京到各地的货流称为下行货流。②内河航行则把顺水方向的货流称为下行货流，把逆水方向的货流称为上行货流。③公路中则以实际方向来表示货流方向。

（2）品名货流：按货物的种类进行货流分类。在我国，铁路和水运干线通常把货流分为12个品名：煤炭、原油及其制品、金属矿石和非金属矿石、钢铁及其制品、矿物性建筑材料（含水泥）、木材、棉花及其制品、粮食、盐、植物油、化工产品（含化肥和农药）及其他。

（3）区内货流、区间货流和过境货流：按货物经由地区划分的货流。发点、收点均在同区域内的货流称为区内货流。只有发点或收点在该区的货流称为区间货流。收点、发点均不在本区，只是通过本区交通线的货流则称为过境货流。

（4）历史货流、现状货流和规划货流：是按时间因素划分的货流。前两者是调查的结果，后者则是根据国民经济发展和交通运输布局状况测算的结果，是交通建设和运输工作的经济依据。

货流在空间和时间上的分布是不平衡的。货流空间上的不平衡是由生产地区分布不平衡引起的。而时间上的不平衡的成因则比较复杂：一是运输方式的季节性。例如，高纬地区的内河航道和海上航道往往由于冬季冰冻而被迫停航。二是区域生产和消费不均衡。一些货物的生产具有季节性，而消费在全年却是均衡的，例如，粮食、棉花等；一些货物的生产比较均衡，而消费却有季节性；一些货物的生产和消费均有季节性。此外，各地各类产品的产销状况、供应范围、新企业的投产、运输条件的变化也会引起货流变化。货流规划的目标就是实现运输的合理化，避免不合理的运输现象。

3. 物流

实际上，与货流直接相关的还有物流。从本质上看，物流是一项经济活动，是创造时间价值和空间价值、实现物品空间位移的经济活动，其活动内容包括运输、仓储、包装、搬运装卸、流通加工、配送、物流信息处理等。同时，物流是一项管理活动，即对物流各环节有效地进行计划、组织、执行与控制，高效率、高效益地实现物品从供应者到需求者的流动。此外，物流也是一项服务活动，是物流企业或物流供给者为社会物流需求者提供的一项一体化服务业务，以满足用户多方面的需求。物流贯穿生产领域和流通领域，是供应链的一个重要组成部分，在供应链管理与整合中起着非常重要的作用。

按照物流活动的空间范围，可将其划分为地区物流、国内物流和国际物流三种类型。

（1）地区物流。地区物流中的"地区"有不同的划分原则。若按行政区域来划分，可分为华北、西南、西北等地区；若按经济圈来划分，可分为如苏（州）、（无）锡、常（州）经济区，黑龙江边境贸易区等；若按地理位置来划分，可分为如长江三角洲地区、珠江三角洲地区、环渤海地区等。其中，地区物流按经济圈或地理位置来划分比较科学。当前，我国地区物流的研究重点是如何发展好三个经济圈的地区物流并最终带动全国物流的大发展。这三个经济圈的地区物流是：①以北京、天津为中心的首都经济圈物流；②以上海为龙头的包括苏南、浙东各主要城市在内的长江三角洲经济圈物流；③以广州、深圳、珠海为中心，外联港澳、内接珠江三角洲各新兴城市的珠江三角洲经济圈物流。地区物流系统对于提高该地区企业物流活动的效率、改善当地居民的生活福利环境具有不可或缺的作用。发展地区物流应根据本地区的特点，从本地区的利益出发组织物流活动。例如，在中心城市建设大型物流中心或物流园区，对于提高当地物流活动的效率、降低物流成本、稳定物价有极其重要的作用。但是，也会引起因供应点集中而导致的货车来往频繁、交通拥挤以及噪声、废气污染等问题。因此，应从城市建设规划和地区开发计划出发，统筹安排、合理规划。

（2）国内物流。国内物流是拥有自己领土和领空的主权国家在国内开展的物流活动。国家制定的各项方针政策、法令法规、发展规划都应该为其自身的整体利益服务。物流是一国的支柱产业，也是国民经济的重要组成部分，应纳入国民经济总体发展规划的范畴。物流事业是我国现代化建设的重要组成部分。全国物流系统的构筑必须从全局出发，破除部门割据、条块分割，树立"全国一盘棋"的思想。在物流系统的建设投资方向，应从全局出发，统筹规划，分步实施，尽早建成一些大型物流中心、物流园区，以服务于经济建设。

（3）国际物流。国际物流是跨越不同国家（地区）之间的物流活动。随着经济全球化进程的加快，国际间的经济贸易往来越来越频繁，物资流通越来越发达。多国公司、全球公司、国际公司、跨国公司相继出现。对跨国经营而言，原材料的采购，产成品的运输、配送乃至整个物流活动在地域上跨度较大，因而导致管理复杂、协调难、费用高。

4. 信息流

鉴于互联网的盛行和电子通信设备的普及，城市的社会经济关联和居民生活模式产生了巨大变革，越来越多的城际和人际交互通过赛博空间（cyberspace，即虚拟网络空间）的数据传输和信息传递来实现。在"宽带中国""互联网+"的发展战略下，以互联网为基础的信息交互流动在城市和区域的资源配置与优化中正发挥着重要作用，并受到学者们的广泛关注。信息流本质上也是一种 OD（origin-destination，起点—终点）关系流，与客货实体流一样，也是塑造城市间关系的重要动力，且反映信息流特征的是信息流量和信息流动。信息流动具有自身的复杂性与多层次性，根据内容来源，可将信息流内容分为三种类型：职业生产内容（occupationally-generated content，OGC），即信息是由特定从业者公布的内容；专业生产内容（professionally generated content，PGC），即信息是由相关领域专家发表的内容；用户生成内容（user generated content，UGC），即信息是由普通用户分享的内容。

二、交通流的生成

（一）空间相互作用

空间相互作用理论是交通运输中关于如何预测两个区位之间交通流的一个重要理论，交通流是空间相互作用的有效表征之一，因此空间相互作用理论成为评估运输服务的需求（存在需求或潜在需求）的首要理论。

具体来说，空间相互作用是指旅客、货物或者信息在始发点和终点之间已经实现的移动，它是运输需求/供给关系在地理空间上的表达。空间相互作用包括大多数移动行为，例如上下班、迁移、旅游、公共设施的使用，信息或资本的传播，市场方面的零售活动，国际贸易和货运配送等。经济活动会生成（供给）和吸引（需求）交通流，一个基本的事实是，始发点和终点之间的移动强调空间相互作用产生的成本要比相互作用所得的收益低。所以，比起公共交通，一位通勤者更愿意开一个小时的车，因为这种相互作用是与个人收入相关联的。在国际贸易中，例如比较优势，强调的就是专业化的好处和确保产生远距离区位之间的贸易流动。

根据空间相互作用的表现形式，1972年海格特（P. Haggett）提出了一种分类，他借用物理学中热传递的三种方式，把空间相互作用的形式分为对流、传导和辐射三种类型。第一类以物质和人的移动为特征，如产品、原材料在生产地和消费地之间的运输，邮件和包裹的输送以及人口的移动等；第二类指各种各样的交易过程，其特点是不通过具体的物质流动来实现，而只是通过簿记程序来完成，表现为货币流；第三类指信息的流动和创新（新思维、新技术）的扩散等。

空间相互作用发生的条件包括以下三个方面。

(1) 互补性。相互作用的区位之间必须要产生需求和供给,即相关区域之间必须存在对某种商品、技术、资金、信息或劳动力等方面的供求关系。从根本上讲,只有区域之间有互补性,才有建立经济联系的必要,也就有可能基于这种经济联系生成交通流。空间相互作用的大小与互补性成正比。

(2) 可达性。区域之间有开展商品、资金、人口、技术、信息等传输的可能性。一般地,可达性受以下因素的影响:一是空间距离和传输时间。区域之间的空间距离和传输时间越长,就越不方便进行经济联系,为此付出的投入也会增加,因而可达性就差;反之,可达性就好。二是被运输客体的可传输性。可传输性与被传输客体的经济运距有密切的关系。由于受经济支付能力、时间、心理等方面的限制,各种商品、人口、技术等的经济运距是不相同的,即它们的可传输性存在较大的差异。被传输客体的可运输性越大,其可达性就越大。三是区域之间是否存在政治、行政、文化和社会等方面的障碍。如果区域之间存在经济保护壁垒、文化隔离、政治和社会方面的矛盾和冲突,那么可达性就差;反之,如果区域之间各方面的关系良好,那么可达性就好。四是区域之间的交通联系。交通联系方便、畅通,则可达性较好;否则,可达性较差。总之,区域之间的空间相互作用与可达性是正向关联的。

(3) 干扰机会。主要指两个区域之间发生相互作用的可能性受到了来自其他区域的干扰。因为区域之间的互补性在很多情况下是多向的,即一个区域可以在某个方面与多个区域同时存在互补性,但它究竟与哪个区域实现这种互补性,取决于它们之间互补性的强度,强度越大则发生相互作用的可能性及程度就越大。这也就是说,由于干扰机会的存在,有互补性的两个区域之间也不一定就能发生相互作用。

(二) 空间运输联系

空间运输联系是指在自然、社会、经济诸要素的综合作用下,区域间通过运输设施进行旅客和货物交流产生的相互联系与作用。起讫区域(点)、交通通路与设施、被运送的对象(旅客或货物)是构成空间运输联系的基本要素。空间差异与互补是空间运输联系产生的最直接原因,交通运输设施是空间运输联系实现的基础，旅客和货物的移动是空间运输联系的主要内容。

理解空间运输联系发生与演化机理是认识空间相互作用，以及交通流生成与演变规律的客观基础。空间运输联系存在宏观、中观和微观三个层次，具有普遍性、派生性、复杂性、可替代性、动态虚体性、空间集散性等基本特征，在空间分布上呈现出地域集中、距离衰减等特征。交通流（运输联系）的增长变化主要取决于社会经济的发展，并在不同的阶段呈现出不同的特征，客运生成密度和客运强度随经济的增长而增长，而货运生成密度与货运强度则随经济的增长而降低。

1. 普遍性

社会经济活动的空间独占性和关联性，即生产与消费、供给与需求普遍存在并在空间上分离，决定了作为空间主要联系方式之一的运输联系的普遍性。人类克服空间距离阻隔是一项无时无刻、无处不在的经常性工作，而这种努力是以人员、货物、信息等交流为标志的，由此形成了空间运输联系普遍存在的客观基础。从经济学角度来看，运输业是一个独特的产业部门，任何社会经济活动都不可能脱离它而单独存在。从区域角度来分析，一个区域，无论是宏观区域还是微观区域，无论其空间经济组织如何完备，都不可能是一个完全封闭的独立空间，必然与其他区域有物质、信息、能量等方面的交流，只不过在空间范围和联系强度等方面不同而已。因此，运输联系普遍存在于人类活动之中，并随社会经济的变化而变化，运输联系的存在使人类活动得以正常发展，并不断提高人类认识空间的广延性。

由于旅客和货物的生成机制不同，且在空间联系中的作用和意义不同，因而所产生的联系也不同。由旅客交流产生的运输联系多是双向的、有时序规律的，而货物的交流所产生的运输联系总体上可能是双向的，但不平衡性要比客运联系强得多。就每个具有相同质量和使用价值的货种来说，其联系一般都是单向不可逆的。

2. 派生性

运输联系随着社会经济活动的产生而产生，是一种派生现象。第一，运输联系是区域间通过人员和实物交流产生的作用关系，而这种作用关系取决于区域的内在机制和相互间的需求程度。第二，就运输联系来看，区域间的联系过程并不能使产品的使用价值发生改变，只会使其空间位置发生变化。因此，人类既离不开对运输的需求，又尽可能追求在运输上付出最小的劳动。第三，运输联系伴随着人们的生活、工作、娱乐、购物等需求的存在而存在，并在空间上表现出不同的特性。第四，运输联系随着人类认识世界的广延性的发展而发展。这是因为，随着技术的进步和文明的发展，人类自身探求世界的愿望不断加强，这种猎奇性的需求使得不同的社团间或地区间相互联系，因而产生人、物和信息的交流，并导致空间运输联系范围的扩大。技术的进步对运输联系范围的影响至关重要，在形式上是跳跃式的，从农业社会到现代社会的发展便充分证明了这一点。

3. 复杂性

运输联系的复杂性取决于社会经济活动的复杂性。人类活动的目的、形式多种多样，所产生的作用关系也较为复杂，由此产生的运输联系在方向、范围、强度上各不相同。从经济活动来看，产品种类可以说是浩如烟海，作为商品，在流动过程中所产生的运输联系纷繁复杂。就客运来讲，虽然所有旅客都产生了同样的联系，即空间移动，但是旅客的旅行目的、自身的成分构成却是大不相同的，这就决定了旅客运输组织的多样化。货运联系也是如此。

运输联系的复杂性还表现在空间上。一是联系距离的复杂多变，不同的人员、货物，其旅行或运输的距离千差万别，在空间联系中表现为距离上的不规则性。二是区域间相互介入与相互封闭的运输联系并存，这种现象是市场竞争机制所决定的。

4. 可代替性

毋容置疑，实现空间运输联系的主要方式——铁路、公路、水路、管道、航空之间具有可代替性。由于运输联系是人员和货物交流所产生的作用关系，这种交流使运输对象在空间上产生了位移，而各种运输方式都具有这种功能，因此，相互间的代替是显而易见的。这种代替性，仅指运输联系实现方式上的可代替性。运输方式上的可代替性是从理论方面来阐述的。实际上，各种运输方式在实现空间运输联系的过程中的意义是不同的，因为在克服空间距离过程中，不同运输方式的支出是不同的。随着交通网的不断完善，各种运输方式的分工越发明显。目前，大部分宏观与中观区域间的运输联系主要由铁路、水运、管道、空运来承担，在一些发达国家，公路在中观、宏观空间运输联系中也占据比较重要的地位。此外，在缺乏铁路等运输方式的地区，公路也是承担宏观或中观区域运输联系的主力。

5. 动态虚体性

在我们生存的地域空间中，存在着两种空间结构。一种是实体空间结构，即由客观可见的物质实体构造的空间网络，这种网络是静态的，每一种要素在空间上都具有特定的区位，彼此间的位置并不一定随时间的变化而改变。如交通网、河流网、居民点或生产据点与交通网形成的空间网络体系等。另一种是空间动态作用网，是由相互关联的要素在相互作用过程中产生的动态虚体网络，其特点是动态性、不可贮存性，且随时间的推移而逐渐消失，在空间上也无特定的区位，具体地讲，是通过旅客、货物、信息、能量、技术等交换产生的关联关系。运输联系就是这种动态网络中的一种。

作为动态虚体性的空间作用，运输联系必须依赖实体静态网络，即交通网来实现。实际上，运输联系是实体静态网络中空间势能平衡化的一种主要手段，运输联系的产生首先要依靠交通网，若无交通网，运输联系则无可依托的基础。从运输产品中也可以看出运输联系的动态虚体性。运输业所产生的产品的不可贮存性是众所周知的，实质上也就是不同区域（点）之间的运输联系随客货交流的完成而消失，要么发生联系，要么不发生联系，不可能有第三种情况。

运输联系与线路联结的区别在于：首先，前者是动态的，后者是静态的，是指依靠交通线把空间上不同的点连在一起的实体空间结构。其次，前者反映的是不同空间活动的关联性，而后者反映的是不同空间的连通性或可达性。不同区域间有线路联结存在，但不一定有运输联系存在；相反，有运输联系存在，则必有线路联结存在。

6. 空间集散性

空间运输联系的目的在于削弱不同空间产生的势能，使其达到平衡。从实物交流的空间过程来看，必然包括发源点、集聚区域（或场站）、运输线、流通区域（或场站）、收点，经过集聚、疏通、扩散三个过程，因此在空间上呈现出较明显的集散性。从其所依据的交通网的特征上也充分反映了这一特性。运输联系空间集散的强度、方向是交通网建设，尤其是运输通道建设的重要依据。

运输联系随时间有规律地发生变化，尤以客运联系最为明显。人们日常活动如生活、工作、娱乐等方面的规律性，使得因之产生的客运联系也有较强的时序规律。

作为空间相互作用的主要内容的空间运输联系，是一种客观存在的空间现象，其在经济社会中起着相互矛盾的两种作用：在削弱由于空间差异引起的空间势能的同时，加剧了空间的不平衡性。空间差异是客观存在的地理现象，产生个体的空间不均衡，生产与消费、供给与需求的空间分离等，这种差异引起不同地区的经济相互需求，产生产品的相互交换。而交通运输则是这种过程实现的纽带，由此产生了以人员和货物交流为标志的运输联系。通过这种联系，空间的差异被削弱，不同地域间达致相互协同统一。但是，在相互联系的过程中，技术的进步和联系赖以存在的基础设施的改善，为流源的形成创造了进一步集聚的条件，促进人口的集中、企业生产规模的扩大、城市规模的增大等，产生了新的空间不平衡性。由此可见，交通运输联系的这种作用决定了其在社会经济中的特殊地位。

（三）交通—土地利用互馈模型

交通与土地利用相互联系、相互制约。一方面，土地利用是交通形成的基础，不同的土地类型和开发强度不仅可以产生交通总量的差异，同时也可以形成交通量及交通方式在时间、空间尺度上分布的不同。土地的开发利用，其结果或是发生以该区为起点的新的出行，或是成为另一个地区新的出行吸引源。如此，土地开发利用引起或刺激新的出行需求，从而产生对交通设施的需求。另一方面，交通水平（即运输能力和服务水平）的改变也影响着土地利用，当交通的供给与需求不平衡时，就存在交通对土地利用的反作用，从而引起土地利用的变化。如交通条件的改善和可达性的提高可能会改变土地利用结构和开发利用强度。因此，交通系统与土地利用之间是一种循环的互为反馈的系统，它们之间形成了一个作用环，交通系统影响着土地利用类型，而土地利用特征又决定着交通运输需求。

在交通与土地利用的闭环系统中，任何一个环节的改变都将给其他环节带来影响。在一个城市中，从土地利用出发，总是希望土地利用率越高越好，尤其是黄金地带，更是投资者的"众矢之的"。进而，这样的开发容易导致出行成本的增加，又会吸引人们对该地区在人力和物力方面的继续投入，因此形成一个正反馈过程。但是这个正反馈过程并不可能无限地进行下去。当城市的某些基础设施发展到一定程度后，它们难以得到改进和增加通行能力，从而当土地开发超过一定强度以后，其所吸引的交通量会引起某些路段出现拥挤现象，导致已开发区域由于可达性下降而使土地利用的边际效益也下降，最终引起整个城市运转效率的下降和城市发展方向的偏离。

（四）重力模型

空间相互作用模型的一个基本假设是：交通流是起点位置因素、目的地位置因素和有关起点和目的地之间的距离阻抗构成的函数。重力模型基本公式如下：

$$T_{ij} = k \frac{P_i P_j}{D_{ij}}$$

T_{ij}是区位i（起点）和区位j（终点）之间的相互作用。其有很多度量单位，包括人次、吨、交通量等，也与测量的时间段有关，如以小时、天、月或年来度量其相互作用。

V_i是起点区位i的属性，用来描述这些属性的变量本质上是社会经济学中的变量，例如人口、劳动力人口、工业产量和国内生产总值等。

W_j是终点区位j的属性，它与起点区位V_i使用的描述变量一致。

S_{ij}是起点区位i和终点区位j之间的距离属性，也称为交通阻抗，常用于描述这个属性的变量有距离、运输成本和出行时间等。

V和W的属性通常是成对出现的，以尽可能地表示互补性。例如，测量不同区位之间的通勤流（与工作相关的移动）时，可能会将就业人口数

作为 V，总就业人口数作为 W。从这个角度来看，可以构造重力模型、潜力模型和零售模型三种基本类型的空间交互作用模型。其中，重力模型是空间相互作用模型中最常见的方法。这样命名是因为它应用了和牛顿重力定律相似的表达方法。这种类似重力定律的表示方法已经在研究领域得到了广泛应用，如人口迁移、商品流、交通流、通勤和评估市场区域之间的边界。通常，两个物体之间的引力和它们的质量成正比，与它们之间的距离成反比。

P_i 和 P_j 是起始区位和终点区位的权重；D_{ij} 是起始区位和终点区位之间的距离；k 是事件发生概率的比例常数。

这样，起点区位 i 和终点区位 j 的空间相互作用是与它们各自的权重成比例的，这种权重是根据距离划分的。重力模型包括几个校准参数：

$$T_{ij} = k \frac{P_i^\alpha P_j^\lambda}{D_{ij}^\beta}$$

β 是与两点之间运输系统效率有关的运输阻抗系数。这种阻抗很少是线性的，距离越远，距离阻抗越大。例如，两个区位之间通过高速公路运输的 β 指数比使用普遍道路运输的 β 指数低。

λ 是潜在的交通产生能力，对于人的出行，λ 与人们的福利水平相关。例如，从逻辑上可以推出，对于零售业运输来说，高收入水平的区位往往产生更多的交通活动。

α 是潜在的运输吸引能力，与目的地的经济活动特性相关。例如，一个重要的商业活动中心会吸引更多的交通活动。

应用空间相互作用模型是关于模型的校准的一个较大的挑战，尤其是重力模型。校准包括寻找模型的参数，以保证估计值与观察到的交通流实际值是相近的，如果它们不相符，那么这个模型就没有预测和说明的作用，则模型基本是无效的。

第三节　城市出行

一、城市交通

（一）城市交通的内涵和基本因素

交通是城市四大基本活动之一，指人和物以某种确定的目标，在一定的设施条件下，采用一定的方式，通过一定的空间进行的流动。广义的城市交通包括城市对外交通与城市内部交通。狭义的城市交通是指城区范围内的交通，或城市各种用地之间人和物的流动。城市交通是一个独具特色、复杂、动态的大系统，就其运输方式来说，有道路、铁路、水路、航空、管道运输与电梯传送带等；就其运行组织形式来说，有公共交通与个体交通；就其运输对象来说，有客运交通与货运交通。城市交通维系着城市有机整体的正常运转，通畅的城市交通对城市的发展、用地开发、改善居民生活条件、提高劳动生产率、实现社会经济发展目标，具有重要的保障和促进作用。

城市交通包括用地、人、车和路四个基本因素。用地和人是对城市交通起决定性作用的因素，车和路是对城市交通起影响性作用的因素。城市用地是产生交通、吸引交通的"源"和"泽"，不同的用地产生与吸引的交通量不同，交通性质和特征也不同；人的活动是城市交通的主要活动，也是决定城市交通分布的重要因素；车主要指交通工具，是构成城市道路交通的主要内容；道路是容纳城市交通的主要设施，包括路段和交叉路口的通行能力，以及停车设施的布局及停车能力等。

（二）城市交通系统及组成

城市交通系统是城市大系统中的一个重要子系统，指城市中人流、物流、信息流在空间中进行的流通活动，是对城市中物质、人员、信息等各个要素的流通方式、组织模式、运行状态的整体反映。城市交通系统把分散在城市各处的生产、生活活动连接起来，在组织生产、安排生活、提高城市货流的有效运转及促进城市经济发展方面起着十分重要的作用。城市的布局形态、规模大小，甚至城市生活方式都需要城市交通系统的支撑。

城市交通系统是一个综合性、交叉性、整体性的复杂和开放的巨系统，高度随机且又可控，具备一定的自适应性和系统整体协同性，包含多层次结构，由多个子系统所构成。一般将城市交通系统分为城市运输系统、城市道路和交通基础设施系统、城市交通组织与管理系统。其中，城市道路和交通基础设施系统是城市交通系统的核心，是为城市运输系统完成交通行为而服务的。城市交通管理系统则为整个交通系统的正常、高效运转提供保障。

（三）城市交通系统与城市土地利用

1. 交通方式与城市空间形态

19世纪中期以来，世界上的城市交通方式经历了五次较大的变化，对城市空间形态产生了深远影响。

（1）马拉有轨车时代——城市星状形态的出现以及环形结构的重建。马拉有轨车的引入与发展带来了城市空间形态的第一次显著变化。马拉有轨车的线路最初以城市中心为起点向外呈辐射状分布，并吸引居住区沿着辐射线布局，城市原始的、紧凑的空间形态转变为星形模式。随着城市中产阶级对住房和交通需求的进一步加大，人们修建了大量的马拉有轨车线路并相互连通，新住房不断填充放射线间隙地区，使城市原来的同心、环状模式又得以重建。

（2）电车时代——城市扇形模式的出现。从19世纪90年代起，电力货车和电力有轨车的广泛使用使得市区外围的土地交通可达性随之提高。中高收入人群不断向城市边缘和建有电力有轨车线路的远郊迁移，不同收入、不同种族人群的居住分化更加明显。城市沿着电力有轨车线路主干道迅速发展，一种独特的扇形模式开始形成。

（3）市际和郊区铁路发展阶段——城市扇形模式的强化及串珠状郊区走廊的发展。进入20世纪后，城市市际和郊区铁路的建设，导致了工业活动的重新配置。许多大型钢铁厂、冶炼厂、堆料场等大运量企业沿新建铁路迅速集聚，并逐渐形成新的工业核心区。电力运输车作为新型创新技术，进一步减少了民众的出行时间和费用，城市更大范围内的可达性随之提高。沿着主要铁路线的郊区走廊的数量迅速增长，逐渐形成按照收入水平排列的"串珠状"居住地分布模式。城区和郊区铁路的建设进一步强化了城市的扇形模式。

（4）汽车阶段——郊区化的加速与同心环状结构的再次重建。20世纪，对城市空间形态冲击最大、影响最深的交通技术创新，莫过于汽车的出现与使用。20世纪20年代，汽车以其无与伦比的灵活性、方便性和舒适性帮助居民第一次摆脱在居住、出行等方面对有轨电车的依赖。第二次世界大战前，放射状公路已贯穿、超越老城区范围，到达郊区铁路延伸线以外的非城市化区域，别墅式的低密度居住区开始广泛分布于新的城郊，郊区发展速度明显快于城市中心区，现代都市区框架由此开始形成。"二战"后，城市发展速度加快，越来越多的中、高收入人群开始追求郊区舒适的生活环境和方式。市郊别墅式住房需求的增长使得郊区占用空间增加，主要公路间隙区域不断被新修的街道和公路填充。城市社会阶层分异、分布更加明显，一系列同心居住环得以重建。

（5）高速公路与环形路快速发展时期——城市形态多核模式的出现。20世纪50年代以来是高速公路与环形路快速发展时期，高速公路增强了城郊的空间可达性。城郊居民区以"蛙跳"的形式跨越城市化区域，众多孤立的，特别是靠近水体或丘陵森林地区的居住核得以迅速形成。由于城市中汽车取代了有轨电车成为通用的交通工具，公共交通乘客数持续下降。伴随着人口的分散，就业从中心城市向外扩散，更多生长点由此形成，大型区域购物中心不断出现。环形高速路的修建最初是为大都市过境车流提供通道，却在很短时间内成为市际交通主干道。20世纪80年代，这些环路显著加强了大都市郊外与城区的空间可达性，在环线和出入城主干道沿线及其交叉点上，一批新核心区域迅速发展，吸引了大量新的城市活动，开始出现逆城市化现象，且该现象日益明显。

2. **交通方式与用地开发**

（1）交通方式与城市密度。由于各种交通方式的特点不同，其与城市土地利用的相互关系也会不同。步行交通多用于短距离活动，适用于城市用地紧凑、高密度的居住区、商业区、娱乐区等。自行车多用于步行范围以外的中短途出行，是公共交通的有益补充。私人机动车主要包括摩托车和小汽车，出行距离范围大，不受体力的影响，适用于各类距离的低密度分散活动，使城市布局向分散、低密度的方向发展。公共交通包括公共汽（电）车、地铁、轻轨等，适用于建筑和活动密集地区的中长距离运输，对规模效益要求高，一般与城市中心联系紧密，会促进市中心范围的扩大和高密度发展，也能引起城市以较高密度向外呈指状发展。大容量公交则需要更高的人口密度水平来支撑，城市公交出行比例具有随人口密度增加而提高的明显趋势。

（2）交通方式与城市用地强度。城市交通方式与城市用地形态的形成有密切关系，交通工具的发展和道路条件的改善，使得居民可以在更大范围内选择居住地与工作地，进而影响居住和就业岗位的分布，拓展了居民的居住范围，引起了城市空间用地布局和密度的变化。城市主要交通工具的活动量越大，城市内的凝聚力越强，所形成的城市也多呈紧凑布局的形态，如公共交通导致密集的土地利用，而私人小汽车在某种程度上会促进城市分散化。公共交通导向下的城市土地开发（transit-oriented development，TOD）最早由美国建筑师彼得·卡尔索普（Peter Calthorpe）提出，指具有步行友好环境的公共交通社区，其中心应设置铁路或公交站点，围绕站点进行相对高密度的商业及居住混合地产开发。在城市中建设一系列 TOD 社区就能形成有助于公共交通服务的土地利用形态。这种土地利用形态反过来又会刺激人流集中的建设用地进一步向公交车站周围集中，从而培育新的公共交通社区，如此不断反复的交互强化作用最终可以保证公共交通在城市中占据主导地位。为加强城市用地规划和公共交通规划的协调性，需要把公共交通的发展规划与城市空间结构、片区土地开发、街区（邻里）土地开发的细部设计紧密结合起来，合理布设公共交通线网和站点，在各个规划阶段中倡导具有公交导向的用地形态和布局。

3. 交通网络与城市空间形态

现代城市的发展和布局形态均与交通网络密切相关。不同的城市空间布局决定了城市交通网络形态，城市交通网络形态又影响着城市的未来空间布局。

团状结构的城市通常位于平原地区，城市中心起源于具有优越交通条件的地区。与其相适应的交通网络主要有两种类型：一是"放射+环形"结构的城市交通网络系统；二是混合型结构的城市交通网络系统。"放射+环形"结构的城市交通网络是由为中心团块和边缘团块及卫星城镇间提供便捷的放射网状线和内外环线组成的。放射网状交通线路为城市中心团块和边缘团块之间提供了便捷联系，减轻了中心团块用地、就业和交通的压力，使城市土地利用的空间结构趋于合理化。环形交通线路起到截流和提高分区中心可达性的作用，有助于引导和加快城市副中心的形成。混合型交通网络布局可以是棋盘式，也可以是"棋盘+环线"或"棋盘+放射线"结构等。棋盘式布局严整、简洁，有利于建筑布局，交通分布均匀，在重新分配车流方面具有较大的灵活性，但也存在不利于过境交通分流和城市扩展的缺陷。因此，常辅以环线或放射线路，提高中心到边缘或城市副中心的可达性，也可以联系各卫星城镇和中心团块，加快中心团块内人口疏散的进程，促进卫星城镇的发展。

带状结构的城市中心区往往是城市人口高度密集区域，各种完善的功能设施为市郊居民提供了就业机会和娱乐场所。带状城市一般沿交通轴线高密度开发，通过放射网状结构的运输系统支持城市轴向发展结构，引导城市在市中心高密度开发，在市郊面状开发，形成一种形如掌状的轴向结构的城市。带状发展结构的城市与放射网状结构的运输系统是一种理想的结合模式，通过放射网状的运输系统为带状发展结构的城市提供发展轴，城市建设沿轴线加密，轴间不允许再修其他建筑物，保留敞开空间。

分散组团式结构城市的形成基本上是自然因素导致的。由于被农田、山地、河流、森林等区域所分割，城市形成了若干不连续的用地。分散组团式城市交通网络布局的主要目标是改善其他组团与中心组团用地的不等价性，加快其他组团的发展，减轻中心组团在就业、交通诸方面的压力，推进城市结构的合理调整，为城市居民活动提供良好的相互联系。放射状运输网络可与组团状城市空间形态良好整合，核心区是高密度发展的商贸和高级办公等用地，沿着放射状的公共交通线路的站点周围是具有吸引力、设计良好、适宜步行的高密度、紧凑发展的办公、居住和商业综合体和混合组团。组团内部功能相对独立，并不完全依赖中心城区。其他低密度发展地区增加绿地、道路和广场用地等开敞空间。

(四) 城市交通规划

城市交通规划是一定时期内城市交通发展的综合安排，涵盖城市交通的各个子系统：道路建设与管理，城市轨道交通和地面公交建设、运营和管理，停放车辆的政策及其规划、建设、运营和管理，交通需求管理，城市货运规划，对外交通规划，交通环境规划等。城市交通规划的内容一般包括分析城市社会经济和土地利用，调查分析交通现状，预测交通需求，制定交通发展目标、战略和政策，制定包括交通建设、交通管理、各项具体的交通政策措施、资金筹措与运用、交通管理体制等各个方面的交通发展方案，进行方案评价与决策，方案执行、监测和调整。城市交通规划一般分为以下三个层次。

(1) 城市交通发展战略规划，是远景指导性规划，内容包括远景交通发展目标和水平、城市交通方式及交通结构、城市道路综合网络主骨架布局、城市对外交通和市内客货运输设施的选址及用地规模、实施城市交通规划过程中的重要技术经济对策、有关交通发展政策和交通需求管理政策的建议。

(2) 城市交通综合网络规划，是城市交通的中长期建设规划，内容包括中长期城市交通方式及交通结构，中长期道路网络布局，城市公共交通系统和各种交通的衔接方式，大型公共换乘枢纽和公共交通场站设施的分布和用地范围，各级城市道路红线宽度、横断面形式、主要交叉口的形式和用地范围，广场、公共停车场、桥渡的位置及用地范围，大运量轨道交通设施（地铁、轻轨）可行性分析及客流预测，综合网络方案的技术经济评价，分期建设及交通建设项目排序的建议。

(3) 城市交通近期建设计划，内容包括现状交通网络评估，现状交通网络的完善计划，道路交通建设项目方案设计，堵塞路段、交叉路口的交通改造方案，近期大型建设项目的可行性分析，建设资金筹措，建设计划的技术经济评价。

二、居民出行

(一) 居民出行的概念

居民出行是指居民为实现从始发地到目的地的空间转移，在某一时间段内，利用一种或多种交通工具组合的过程。出行行为是特定个体基于特定的出行目的，对交通产生特定需求（如快捷性、便利性、经济性、舒适性、安全性等），并在一定的交通供给条件下进行的选择行为。

出行作为交通规划的计量单位，具有三个基本属性：每次出行都有起点、迄点两个端点，起点是出行的出发地点，迄点是出行的目的地；每次出行都有一定的目的；每次出行都采用一种或几种交通方式。

从出行行为发生的角度来看，出行是个体活动模式和活动物理分布在空间和时间上相互作用的表现。从心理学角度来看，人的出行行为可以大概描述为以下过程：人在产生某种出行意愿后，便会根据自身以及外部各种环境条件，选择一种具体的出行方式来实现需要的过程，由于这个过程可能会受到某些动态条件的影响，选择的具体出行行为也可能因此发生变化。

(二) 居民出行行为的构成

居民出行行为包括出行目的、出行距离和时间、出行方式、出行频率和出行路径等。

（1）出行目的。出行目的是出行者出行的根本原因，也是选择出行行为的本质根源。出行目的不一样，出行者选择的交通方式便会不一样。根据出行目的，可以将出行划分为刚性出行和弹性出行。刚性出行指起点和终点一般不会发生变化的出行，如去学校和去工作。弹性出行指可以随居民的意愿发生改变的出行，如购物和娱乐等。

（2）出行距离和时间。居民的出行距离指从出发地到目的地的空间距离，其主要体现为行程长度，与所在区域的空间布局及居民的出行选择相关。不同出行目的和出行交通方式下的出行距离不同。出行时间包括出行的开始时间和出行的持续时间，此外还包括出行时间的分布。居民的出行时间与交通设施的供给水平、当地经济发展状况、乘客数量等诸多因素有关。出行时间与出行距离具有一致性，较长的出行距离意味着较长的出行时间，反之亦然。在出行距离一定的情况下，交通方式最能影响居民的出行时间。出行时间的分布可以反映出居民出行时间段的规律性。

（3）出行方式。出行方式又称交通方式或交通模式，是指居民完整的出行所采用的交通工具和手段。出行方式是居民出行的重要特征之一，包括单一出行方式和复合出行方式。单一出行方式是一次出行只用一种出行方式，或以其中的一种主要方式为代表。复合出行方式是列出一次出行中所使用的所有方式。城市居民出行的主要方式包括步行、自行车、公共汽（电）车、轨道交通、小汽车、出租车、摩托车、大客车（含单位班车）、货车、渡船和其他。出行方式也可分成公共交通（含轨道交通）和个体交通两大类。两者比重的变化是城市交通战略和政策的核心问题。

（4）出行频率。出行频率是指出行者出行的频繁程度，体现了居民对出行的需求程度，通常用出行次数来表示。

（三）出行行为的影响因素

根据出行心理的观点，出行选择行为可以理解为出行者为实现出行目的，按照其出行意愿，在外部各种条件的约束下，结合自身条件及经验，对出行方式进行决策，最终选择一个最为满意的出行方案的过程。因此，影响出行行为决策的因素主要包括个人及家庭属性、出行特征属性、交通设施供给属性、土地利用特征和交通需求管理政策等。

1. 个人及家庭属性与出行行为

个人及其家庭的社会经济属性是公认的影响居民出行方式选择的重要因素。出行行为显著地受到个人特征及家庭属性的影响。不同年龄、性别、驾龄、受教育程度、职业、个人及家庭收入水平、交通工具拥有情况都会影响出行者的交通方式选择、出行频率和出行习惯。个人及家庭属性特征通过影响出行者对交通运输服务质量的重要程度的认识，以及对不同指标的期望值来影响出行者的出行行为。交通出行选择行为由个人特征和出行经验共同决定。

2. 出行特征属性与出行行为

对于特定的一次出行，其出行目的、距离、时间等也会影响出行者对出行方式的选择。人们对于日常性的刚性出行，通常重视出行的可靠性，需要快速、准时地到达目的地，对于时间和费用的关注程度较高。相反，弹性出行具有很强的随意性和自由性，故对时间和费用的关注程度较低，追求的是出行的舒适度。

（1）出行成本与出行行为。出行成本可以体现在金钱、时间、对社会资源及对自然资源的占用和影响等方面，而不同表现形式的成本其对应的属性有所差异。正是这些差异性影响着居民对出行方式的选择，从而影响交通出行结构的变化。具体而言，在金钱方面，出行成本的主要体现形式有燃油费、通行费、停车费、拥堵费等行车费用和购买车辆等费用。在时间上的体现形式为在道路上的行驶时间、交通拥堵等带来的延误。对社会资源的影响主要体现在人力资源、土地和设施空间的占用。自然资源上的出行成本则体现在小汽车对水、空气、土壤、气候的影响以及燃料的消耗等方面。

（2）出行偏好与出行行为。出行偏好主要指交通方式的偏好，包括安全性、舒适性、经济性、方便性以及快捷性等。出行者出行的最基本要求是安全到达目的地。在安全到达的基础之上，出行者会延伸出许多较高的要求，包括便捷、快速以及舒适等。20世纪80年代，学者开始重视心理偏好与影响行为的各种因素之间的相互关系。出行者的心理倾向、学习能力和感知差异也会影响出行行为。行为态度、主观规范、感知行为控制和行为意向在不同的出行方式间差异明显。

3. 交通设施供给属性与出行行为

公共交通作为城市交通结构的重要组成部分，对发挥城市功能，缓解城市交通压力，满足广大居民便捷、安全的出行需求具有不可替代的作用。公交出行方式的选择行为与公共交通设施供给密不可分，包括常规公交站点数及线路数、轨道站点及地铁线路数、从居住地到公交设施的距离等。显然，公交设施供给越充分，居民公交出行越便利，居民选择公交出行的意愿也会越强烈。居民对公共交通设施供给水平的满意度决定了公交出行的选择行为。由于土地资源有限，无法进行无限度的交通基础设施建设，所以，交通设施建设布局及运行调度的科学合理性对促进城市公共交通结构的优化及居民绿色出行行为的选择起着至关重要的作用。

4. 土地利用特征与出行行为

当前，关于土地利用与居民出行行为的关系研究表明：土地利用紧凑、混合度高，以及鼓励公共交通和步行的城市设计能显著改变居民的出行行为。不少学者认为，城市形态中的空间密度、空间多样性、空间设计特征、可达性是影响居民出行行为的重要因素，改变土地利用特征可成为解决城市交通问题的有效途径。

（1）空间密度。研究普遍认为，空间密度对交通需求量、交通出行方式选择及交通出行率均有重要影响。随着空间密度的增加，可达性得到改善，小汽车拥有量减少，居民会更多地选择公共交通出行，从而减少了小汽车的使用率，这对弹性出行影响尤其大。在高密度的区域，公共交通的组织更加有效，同时空间密度越高，拥挤程度越高，小汽车的出行成本越大，从而一定程度上减少了小汽车的使用率。

（2）空间多样性。通常用职住比率、土地利用类型的平衡程度、土地利用类型与个体环境的联系与差异程度等指标来表征空间多样性。研究普遍认为，混合开发的土地利用模式能够提供多样化的交通方式，减少出行距离、出行时间和小汽车的使用，缓解城市交通压力。

（3）空间设计特征。传统的邻里街区有相对完善的步行系统及有限的停车设施，能提高非机动交通方式的出行比例，减少小汽车的使用；而郊区社区具有小汽车导向型的设计特征，从而使居住在郊区社区的居民具有较高的小汽车拥有量及使用率。但部分研究也表明，虽然空间设计特征会影响交通模式的选择，但主要对购物或娱乐出行产生影响，对通勤的影响较小。与社会经济等因素相比，空间设计特征对小汽车拥有及使用的影响相对较小。

（4）可达性。可达性被认为是对居民交通出行产生影响的重要建成环境变量，它代表了通过某种出行模式的行为活动到达某一位置的能力。大多数研究表明，某种出行模式的可达性越高，居民选择该种模式出行的可能性就越大。公共交通可达性对选择小汽车出行产生重要影响，越接近公交和铁路站点、公交可达性越高的社区，小汽车的使用频率越低，同时具有越高的公交和非机动交通出行比率。类似的情况还有，如果在步行范围内有便利的商店、银行、学校、医院，居民就会更多地选择步行出行，更少地使用小汽车出行。然而，也有部分研究认为，某些区域即使有很高的小汽车可达性，但小汽车使用率仍然很低，这是由于这些区域往往土地价格更高、停车场更少以及道路更加拥挤。

5. 交通需求管理政策与出行行为

交通需求管理（transportation demand management，TDM）的目的是通过经济、行政等手段，达到降低出行强度、改变出行方式、均衡时空交通需求、优化交通需求与供给之间关系的目的，以改善城市交通出行环境。交通需求管理政策涉及交通系统的各个方面。交通需求管理通过改变人的出行行为，将潜在交通需求转化为现实消减后的交通需求，达到减少或重新分配出行对时间空间需求的目的。主要途径包括：通过合理的土地使用规划管理减少出行距离及促使出行向公交模式转移；通过非交通出行手段来代替出行目的（例如使用电子通信来代替办公出行）；为出行者提供一个或多个可选的交通模式（包括出行时间及方式）；通过鼓励/限制措施来减少小汽车的使用；通过调整道路交通时空分布促使出行向非高峰及非拥挤道路转移。

交通需求管理旨在从问题产生的根源上采取措施以解决目前的交通问题。例如，提倡拼车或鼓励乘坐公共交通、拥堵收费等绿色出行支持性政策。在出行成本方面，主要策略有在拥挤区域收取高额停车费，其目的是增加出行者的出行成本，促使出行者放弃驾车出行，特别是放弃单独驾车出行等。相比土地利用，交通需求管理旨在在需求侧降低大众的出行需求及对汽车的依赖，能够在不改变土地布局的前提下减少汽车出行，促进绿色出行，具有更高的"投入产出"效益。综合考虑城市的发展水平、建成环境以及不同居民的出行目的，一般城市会同时实行多个交通需求管理政策。不同的交通需求管理政策在公众接受程度上会相互产生影响，同时，改善公共交通设施和实行道路收费能够更有效地降低小汽车的使用频率。

三、智慧交通

(一) 智慧交通的概念

智慧交通系统是智慧城市的核心部分,是整合能源、环境、土地资源,实现可持续发展的重要手段之一。智慧交通充分利用物联网、云计算、大数据和移动互联网等新一代信息技术,综合运用交通科学、系统方法、人工智能和知识挖掘等理论与工具,以全面感知、深度融合、主动服务和科学决策为目标,通过建设动态实时的信息服务体系深度挖掘交通运输相关数据,进而实现交通资源优化配置、产业聚合、交通治理和公众服务能力的提升,从而推动交通运输更安全、更高效、更便捷、更经济、更环保和更舒适地运行和发展,带动交通运输相关产业的转型和升级。

智慧交通是采用技术和政策手段,解决交通领域社会问题的人机混合系统。智慧交通是信息、管理等技术在交通运输领域的深度应用,是交通运输信息化发展的高级阶段,也是一个采集、加工、处理、传输和开发利用信息资源的过程,其在提供信息和知识方面具有很强的自学习、自判断、自处理、自适应能力,是信息化引领交通运输现代化的具体表现形式,在现代交通决策科学、管理智慧、生产智能、服务人文等各个方面发挥着强有力的支撑和保障作用。

(二) 智慧交通的特征

智慧交通是利用新一代信息技术,以交通信息的收集和处理、分析和利用为基础,为交通参与者提供多样化、人性化服务的综合交通运输系统。智慧交通的基本特征包括全面感知互联、以人为本、智慧决策、安全便捷、绿色环保等。

1. 全面感知互联

智慧交通利用物联网技术,实现对出行者、车辆、道路设施、交通状况、气象环境等交通各要素的全面感知,通过各种各样的接入方式将信息传输至交通通信网络。智慧交通通过建立完善的道路视频监视网、光纤通信网、专用短程通信技术(dedicated short range communication, DSRC)通信网、移动互联网和车联网等各种感知网络来及时准确地获取交通信息并实现互联互通。

2. 以人为本

交通的发展是人类文化发展的缩影。交通运输是人和物的运输，但物的运输也是为人服务的。因此，究其根本，智慧交通是以人为本的交通，是为应对人的需求而存在的交通。智慧交通更强调以人为本，通过大数据挖掘技术主动发现那些隐藏在大数据背后的交通动态和特征；通过人机交互的方式不断获取实时性的交通需求；运用大数据技术支持决策，制定交通规划方案，针对不同出行者的需求提供个性化的解决方案；通过交通综合特征分析改善道路基础设施、确保出行安全，并改进车辆设计，以实现车辆的主动避撞和安全辅助驾驶等功能。从交通中制定决策，然后为交通服务，具体表现为根据不同出行个体的实际需求和交通发展规律制定决策。智慧交通决策根据人的需求而定，优化交通构成，最终形成人性化、可以进行有效互动的以人为本的交通系统。

3. 智慧决策

智慧交通运用数据挖掘技术精准地挖掘交通信息和特征，赋予交通以"智慧"，拥有思考问题和解决问题的能力，实现交通智慧化、科学化决策。如通过对交通事件、路网运行状态、紧急事件、气象状态、高速公路运营状况、高速公路养护状况、交通流量、收费数据等大数据的决策分析，实现人、车、路网及周边环境智能协同运转。

4. 安全便捷

智慧交通通过交通综合特征分析改善道路基础设施，向出行者及相关部门提供实时、有效的交通信息，确保出行安全；通过改进车辆设计使车辆实现智能避撞，运用安全辅助驾驶等功能来确保安全；通过在网络上提供最佳路线信息和车辆实时状态信息，为出行者提供便捷的出行服务。

5. 绿色环保

智慧交通能够在有限的交通资源条件下，通过科学高效的组织，以最小的能耗安排人的出行与货物的运输。另外，新能源汽车、电动汽车等智能交通工具的发展和使用，也会大幅降低汽车尾气中的碳排放量，减少能源消耗和其他污染物的排放，在一定程度上减少交通污染。

（三）智慧交通框架体系和技术层次

1. 框架体系

智慧交通应包含交通数据汇聚、智慧决策、智慧服务、智慧运行、外部支持以及相应的数据传输和通信协议。交通数据一方面汇聚和存储交通大数据，另一方面也进行数据管理和为有需要的用户提供第一手数据资料。智慧运行、智慧决策和智慧服务是智慧交通系统的三大核心特征。智慧运行使交通系统能够自主应对一般性和常发性的交通问题，形成交通专用的知识系统并通过自我调节解决交通问题，使交通系统具备更强的自适应性和稳健性。智慧决策为政府职能部门、交通监管部门、运营公司以及其他相关部门提供基于大数据挖掘和分析的决策支持，是交通科学和可持续发展的关键。智慧服务在数据挖掘和分析的基础上，通过交通广播、专用通信、网络发布等方式为相关用户提供点对面和点对点的多维度、个性化的定制服务，并建立前端用户与后端决策的信息反馈机制，是公众感知智慧交通的窗口。同时，智慧服务为智慧城市的其他部门留有相应的接口，使交通系统不再单纯地服务于车辆本身，而是秉持以人为本的理念，服务于城市的可持续发展。

2. 技术层次

智慧交通包含四个技术层次：第一层次是智能车辆技术层次，包括动力传动系统、电动汽车技术、燃料技术、驾驶员辅助系统、自动驾驶技术等。第二层次是智能交通系统（intelligent traffic system，ITS），包括交通定位监测系统、交通控制系统、交通管理系统、自动驾驶系统等。第三层次是智能交通数据技术，包括居民出行信息、物流信息及运输服务状态信息等数据的采集、存储、梳理、计算等技术。第四层次是以"出行即服务"（mobility as a service，MaaS）为主的智能共享交通服务技术，包括共享出行、用户预约出行等。

这四个层次覆盖了当前智慧交通的主要方面，体现了智慧交通是由技术科学（车辆技术及其人工智能系统）、数据科学（大数据云平台分析）和社会科学（新服务、新商业）相互结合而成的。

（四）智慧交通的发展阶段

从智慧城市的发展来看，智慧交通发展经过了三个阶段。

（1）智慧交通 1.0：技术先行，以技术供应商为主导，用户往往被动接受服务，通过改变自身出行方式适应技术供应商的交通服务。

（2）智慧交通 2.0：政府引导，从规划的层面开展顶层设计，制定行业标准，规范市场秩序。在这一阶段，技术供应商的新技术在应用层面趋向成熟，政府及用户通过 1.0 阶段的接触，已经产生了个体化的认知与评判，各方参与者可以在对新技术有共识的前提下开展沟通与合作。这一阶段充分展现出智慧交通应对复杂系统的灵活性特征。

（3）智慧交通 3.0：公众参与共创，智慧公民的智慧选择。在这一阶段，伴随着"新基建"的发展和智能交通系统的成熟，智慧交通融入了公众的日常生活。3.0 阶段侧重智慧交通与智慧城市的交互融合，旨在培养以公众参与为中心的智慧交通文化。交通管理者不再把公众当作服务的接收者或消费者，而是把公众当作智慧交通管理的参与者和管理者，与公众一起共同发展智慧交通，以提高城市或乡村的居民生活质量。此时，公民自身就是传感器，他们用自身的交通路径自发地构建出一张动态化的地理信息系统。

（五）智慧交通的发展趋势

1. 整体发展趋势

（1）绿色交通成为交通发展新理念。吸引公众绿色出行、重视智能汽车的发展、积极采用混合动力汽车、构建绿色"慢行交通"系统以及促进客货运输市场电子化等一系列构建绿色交通体系的方法，将促进一个个具有持续竞争力的产业不断向前发展。

（2）互联网思维将极大提升服务能力。未来智慧交通将与互联网深度渗透融合，对服务的某些环节产生重大影响，进而提升服务能力。大数据思维会让交通服务更加智能和便利，以此提升交通资源配置优化服务能力；用户思维会让智慧交通项目更贴近百姓需求，以此提升公众服务能力；免费思维会让智慧交通项目在多种商业运作模式下快速走向成功，以此扩大规模和拓展领域，进而提升交通治理服务能力；跨界思维会让智慧交通与其他行业的结合具有更多可能性，以此提升产业聚合服务能力。

（3）与新兴技术的结合将更加深入。物联网使智慧交通对外部环境要素的感知更加丰富与精准，且感知到的信息为智慧交通应用提供了无限可能；云计算和大数据为迅速增长的海量数据提供了强大的存储能力、快速的计算能力及科学的分析研判能力，智慧交通将在云计算和大数据的支撑与保障下，大幅提升及时性、主动性和预见性；人工智能可以为交通管理和服务的各环节加入人的智慧，颠覆传统交通管理和服务思维，达到意想不到的效果。

（4）车联网将迎来爆发式增长。车联网是物联网、智能交通、车载信息服务、云计算和汽车电子等多种技术融合应用的结果。政策、经济、社会、技术环境的持续利好，为车联网产业提供了良好的发展环境。随着政策红利的不断释放、技术水平及公众接受程度的不断提升，车联网将进入爆发式增长期。智能交通体系建设是智慧城市建设的重要分支，而车联网体系是建设智能交通、智能终端、城市交通管理和服务平台，以及车联网无线通信技术深入融合发展的必然结果，有助于推动智慧城市交通体系的深入完善。

（5）参与主体趋向多元化。智慧交通建设不再是政府部门的"独角戏"，交通运输企业、交通设备制造企业、互联网企业、运营商和公众均将以不同方式更多地参与其中。政府将更多考虑政策创新、信息公开和市场公正；交通运输企业将在不断提升自身业务信息化水平的过程中悄然为更大范围、更大程度的智慧交通打牢基础；交通设备制造企业将不断提高设备的智能化水平，打造功能更强大的智慧交通神经末梢；互联网企业将发挥更多作用，肩负交通行业变革的使命；运营商将发挥自身强大无线网络的优势，共享优势资源；公众将担当出资者、建设者和监督者的角色，各方紧密合作，共同参与智慧交通建设。

2．新技术趋势

（1）智能感知技术。第五代移动通信技术（5G）的应用将提升智慧交通感知系统的能力。除了提升手机信令等传统的传感技术精度之外，智能感知技术在车联网能力方面也将得到极大提高。5G超高可靠、低时延通信的特点能够助力车路协同多目标优化及自动驾驶技术的发展。在5G环境下，智能编队行驶中后车和前车的跟车距离可有效减小，以减少拥堵、提高通行效率。同时，基于先进的智能多传感器融合系统（激光、雷达、红外、摄像头、MEMS压力传感）和无线接入技术，万物互联下可实现智能感知，使总体数据精准度满足研判的需要。

（2）智能识别技术。智能识别技术得益于北斗高精度定位系统的支持。北斗高精度定位系统在移动终端的部署可提供实时厘米级、毫米级高精度定位服务，形成全国"一张网"的布局。同时，无线射频识别和统一资源标识系统都有利于精确定位设备，并实现远程操控，对集成数据集进行转化以便通过互联网定位到个人。

（3）智能分析技术。云平台融合技术是智能分析技术的发展趋势。云平台控制系统可利用模块化方法调控数据，实现前后端数据交互的全栈式开发。例如，三维信息系统就是一个高兼容的云平台，它将二维建筑物要素和路网数据耦合，对区域交通信息进行三维可视化呈现、检索和分析。同时，兼容性较好的接口端可直接调用多种模块，为专题化的规划和管理服务。此外，建筑信息模型和时空数据信息的融合，提高了交通需求实时分析技术，可以通过起始地、中转地、目的地的建筑设施判断出行目的和出行性质，进一步降维集合数据集。云平台分析将在"车—路"协同分析技术的基础上，实现"人—车—路—空间"一体化协同分析，实现更加精细化的优化管理。

第六章 人类的生存风险

人类自诞生以来便面临各种各样的生存风险，有已知的，更有未知的。生存风险是可能消灭地球智慧生命或者永久性降低其发展潜力的风险。一些威胁到人类生存和文明存续的风险变得越发明显和紧迫。贫困、自然灾害、环境健康、全球变化以及碳排放让我们意识到有可能招致人类毁灭的风险与日俱增。

第一节 贫困风险

贫困问题是全球范围内最重要的发展问题之一，贫困风险也是人类经济社会发展面临的主要风险之一。2016年正式启动的《联合国2030年可持续发展议程》将减贫视为首要任务，消除贫困是人类的共同使命，旨在消除贫困，确保所有人共享繁荣。经过各国的不断努力，2015年全球的贫困发生率已经下降了一半。2020年底，中国如期完成了新时代脱贫攻坚目标任务，实现了联合国千年发展目标，并带头落实了2030年可持续发展议程，对世界减贫贡献率超过70%。但当前，全球贫困地区的地理分布仍极不平衡，尤其是2019年以来新型冠状病毒的全球性肆虐，导致约9300万人重新陷入贫困状态。

一、贫困问题

（一）贫困的概念

贫困是指个体或者群体缺乏达到最低生活标准的能力。这里的标准既包括食物、衣物、收入，也包括教育、健康和住房等内容。"贫困"一词来自古法语 poverte（现代法语为 pauvrete），从拉丁语乞丐 pauper（现代法语为 poor）演化而来。1776 年，亚当·斯密（Adam Smith）在《国富论》中提出，一个人是贫穷还是富裕，由他所能享受的生活必需品、便利品和娱乐品的多少及其品质决定。1902 年，英国学者本杰明·朗特里（Benjamin Rowntree）指出："一定数量的货物和服务对个人和家庭的生存及福祉是必须的，缺乏获得这些物品和服务的经济资源或者能力的人和家庭的生活状况，就是所谓的贫困。"1980 年，伦敦政治经济学院皮特·汤森德（Peter Townsend）教授提出，在所有居民中，缺乏基本的获取各种食品、参加社会活动和最基础的生活和社交条件的个人、家庭和群体就是所谓的贫困人口。世界银行将贫困定义为缺乏达到最低生活标准的能力，这里的最低生活标准就是贫困线，低于这一生活标准的个体被划定为贫困人口。

（二）贫困的类型

随着社会经济的不断发展，贫困概念经历了从单一经济维度到社会视角和文化视角的转变，贫困逐渐被视为一种经济、社会、文化落后现象的总称，并形成了多种不同概念界定，以及经济学、政治学、人口学、社会学等不同学科理论的解释框架。根据不同的研究范畴和研究维度，可以将贫困划分为三大类型。

1. 绝对贫困与相对贫困

"绝对贫困"（absolute poverty）是联合国在 1995 年提出的概念，是指对基本的人类需求，包括食物、安全的饮用水、卫生设施、健康、居所、教育和信息的剥夺，其通常被认定为可以满足基础食物、衣物和居住需求的货币量。我国对于绝对贫困的定义是根据不同时期的国家贫困线划定的。2020年底,我国消除了现行标准下的绝对贫困,这里的现行标准是指2010年国家贫困线。我国贫困线的制定不仅以保障食物、衣物和居住的货币量为参照标准,还包括义务教育、住房安全和基本医疗等"两不愁三保障"内容,即不愁吃(含安全饮水)、不愁穿,义务教育有保障、住房安全有保障、基本医疗有保障。

相对贫困(relative poverty)与整个社会中其他个体的经济水平有关。在一个特定的社会经济背景下,如果人们的生活水平低于整个社会的普遍水平,那么他们就是贫困的。国内外对于相对贫困线的设置有着不同的看法,世界主要国家、地区和组织以居民收入中位数的一个固定比例作为相对贫困线的设置标准,一般的比例为50%或者60%。多数欧盟国家和经济合作与发展组织(Organization for Economic Co-operation and Development,OECD)国家使用相对贫困标准。

2. 收入贫困和多维贫困

收入贫困是指一个家庭的收入没有达到政府所划定的收入水平。此类衡量方法更侧重于家庭水平而不是个体水平,而且收入也随着家庭成员数量的变化而变化。部分研究将这种贫困称为狭义贫困,泛指经济贫困。广义贫困则与多维贫困更为接近,除经济贫困外,还指社会、环境和文化等方面的贫困。在贫困研究的初期,由于贫困现象存在的普遍性,学者们对贫困的关注更集中在收入贫困的维度,一般以特定时期中特定的贫困线来衡量个体是否贫困,且此时的贫困线的设定更关注经济而忽视社会和文化等其他维度。

多维贫困不仅包括收入贫困,还包括教育、健康、生活质量和社会资源等非货币维度的贫困。多维贫困的概念最早由诺贝尔经济学奖获得者阿玛提亚·森(Amartya Sen)提出,他认为贫困应该是一个多维度的概念,除了通常的收入维度之外,还包括其他客观维度和主观维度的贫困,如用水、卫生、交通和饮食等。随着时代的发展,多维贫困的概念也逐步丰富起来。2010年,联合国人类发展报告中引入了多维贫困指数(multidimensional poverty index,MPI),不仅仅强调经济层面的收入,还包括个体为谋求发展所产生的各种需求。2010年,牛津大学贫困与人类发展中心提出多维贫困指数,主要包括五个方面:工作质量(qualify of work)、赋权（empowerment）、人身安全（physical safety）、社会联系（social connectedness）、心理健康（psychological wellbeing）。2011年，萨比娜·阿尔基尔（Sabina Alkire）和詹姆斯·福斯特（James Foster）开创了一套新的测度多维贫困的方法，简称"AF方法"，该方法克服了其他多维贫困测度方法在贫困研究中的缺陷，以其独特的技术和实用性优势成为制定政策时非常有吸引力的方法。这种方法通过收集每个人在教育、健康和生活水平方面的情况，建立了多个维度的贫困测度方法。

3. 区域性贫困与个体贫困

区域性贫困是指贫困集中地分布于某一区域，当然这种区域并没有城市和乡村的限制，区域性贫困也会发生在城市，"空间贫困陷阱"、城市贫困和乡村贫困均属于区域性贫困的研究范畴。个体贫困以微观层面的个体或者家庭为瞄准对象，关注个体的福利或者其能力的缺失与不足。收入贫困、能力贫困、权利贫困和个体的多维贫困等都是当前贫困研究中较为成熟的概念，属于个体贫困的研究范畴。区域性贫困通常以行政区或者特殊地区作为瞄准对象，从空间出发关注区域层面影响个体福利的各类因素，其在现实中分布较为广泛，这种贫困是由地理环境的制约性作用限制区域中个体或家庭生计导致的。

区域性贫困与个体贫困相互影响、相互作用。一方面，二者是并存的关系，且不能相互替代，呈现出相互独立、相互补充和相互影响的共生关系。区域性贫困是个体贫困在空间维度的体现，而个体贫困则是区域资源禀赋和一系列环境因素作用下的贫困表现。另一方面，个体贫困会因区域贫困的制约作用而产生贫困的代际传递、贫困的恶性循环等现象，个体贫困会随时间的累积而成为区域性贫困。

（三）贫困的特征

贫困具有多维性、区域性、动态性、传承性、隐藏性和复杂性等特征。

1. 贫困的多维性

福利存在多样性，这种多样性既包括物质的，也包括非物质的，贫困表征福利的缺失和剥夺，一般包括社会、经济和环境等多元化的维度，不同维度分别对应社会福利、经济福利和环境福利的剥夺。经济福利的剥夺与狭义的贫困概念相近，包括群体的收入低下、消费能力不足、经济增速有限等。整体经济发展水平低下是经济贫困和经济福利的剥夺的主要表现。社会福利的剥夺则体现在基本公共服务的可达性方面，如教育可达性、医疗可达性、就业服务保障可达性等方面较弱，最终将导致社会福利的剥夺或者社会性贫困。环境福利的缺失和剥夺主要通过自然地理环境和生态劣势来体现，这种劣势也有可能与国家或者区域的生态环境保护战略有关。人口所处的生态环境的敏感性与环境福利密切相关。如石漠化地区，其生态环境极为敏感和脆弱，区位条件较差，再加上资源禀赋不足等因素，易导致该地区生态型贫困的出现。

2. 贫困的区域性

贫困的区域性特征是贫困地理学标志性的特征之一，这种特征体现在贫困群体在空间上的集聚性，或指贫困人口空间分布的非随机性特征。大量研究表明，从不同的地域类型、不同的空间尺度来看，贫困人口主要集聚在偏远山区和少数民族地区。空间贫困理论认为，相同特征的家庭，居住在"空间环境"较好的区域的，最终有可能摆脱贫困；相反，如果这些家庭居住在"空间环境"较差的区域，即使面临着相同的经济增长趋势和前景，依然有可能会陷入空间贫困陷阱（spatial poverty traps，SPT）。

3. 贫困的动态性

贫困的动态性是指贫困人口和贫困发生率等会随着国家或者区域的发展、减贫力度的加大及时间的推移在空间上和程度上发生变化。这种变化一方面与全社会经济的普遍发展和全民福利水平整体提高有关，另一方面与国家或者地区贫困标准的设定有关。

4. 贫困的传承性

贫困的传承性与贫困的动态性相关。传承性是历史乡村地理研究的重要特性。在乡村聚落的演变发展过程中，乡村聚落的某些基础要素保持不变，体现出一定的稳定性和传承轨迹，以便真实地反映地方文化及环境。这种聚落的传承性往往与乡村的贫困相互交织。作为乡村社会经济特征的表征，聚落的空间传承性与贫困的代际循环相互作用，共同形成了贫困的传承性。

5. 贫困的隐藏性

贫困的隐藏性主要体现在两个方面：一是从空间维度来看，贫困具有隐藏性的特征。从我国国情来看，贫困广泛分布在农村地区，与城市贫困主要集中在贫民窟不同，乡村贫困在空间分布上不容易被识别。二是贫困存在文化上的隐藏性。这种文化层面的隐藏性通常与"自给自足的""快乐的""生态的"和"无忧无虑的"等乡村"田园式"的生活方式印象一致，这种文化的印象通过内化使得乡村地区的居民对贫困的感知降低，进而使得贫困隐藏化。贫困的隐藏化在城镇化、工业化和信息化的浪潮下更加凸显。有研究表明，大量的中产阶级融入乡村，区域的平均生活水平被显著提升，但乡村地区的原住民的生活条件并未得到同样显著的提升，导致乡村人口的真实生活条件被隐藏。

6. 贫困的复杂性

贫困的复杂性特征是由贫困的多维性、动态性、隐藏性等特征共同决定的：贫困问题的多维性决定了其涉及面的广泛性，贫困的动态性使得衡量贫困时需要采用发展的眼光，贫困的隐藏性决定了在识别、监测和帮扶过程中贫困瞄准的重要性。因此，贫困问题是一个社会经济系统和生态环境系统耦合失调的复杂系统性问题。

二、空间贫困

20世纪90年代，地理信息系统（geographic information system，GIS）的快速发展为贫困制图提供了便利，使空间贫困问题的研究也得到了迅速发展。其中，"空间贫困陷阱"理论对贫困地理学发展具有重要影响。该理论认为，地理因素导致的贫困在空间上集聚为空间贫困陷阱，并且在实证层面，通过微观模型验证了中国南方四省的贫困地区存在空间贫困陷阱。近年来，中国减贫事业取得了举世瞩目的成就，乡村贫困演化而生的"孤岛效应"随之被提出，这是"空间贫困陷阱"理论在中国实践中的动态演化。贫困的"孤岛效应"是指当一个区域处于较为隔离的状态，较少或者难以与外界进行物质、信息、资金和人员的交流而长期处于封闭或者半封闭的状态时，会出现空间上物理存在的、形似岛屿的地域性贫困现象。

通常情况下，空间贫困陷阱区位条件较差，迁移成本偏高，这就导致贫困群体会更加持久地存在于某个区域。也有学者认为，空间贫困陷阱是地理资本较低，同时贫困发生率（贫困人口占全区人口的比重）也比较高的地区。从空间贫困陷阱的实质来看，其通常分布于地理位置偏远、生态环境恶劣、基础设施和公共服务供给不足且并非政府重点发展的区域。

地理环境对贫困的影响涉及地理区位、区域的资源禀赋、社会制度和公共设施等方面。在地理区位方面，可达性对贫困的影响最为显著。这里的可达性既包括出行的交通可达性，也包括教育、医疗等公共服务的可达性。此外，与大都市区、城市和经济中心之间的距离与贫困有着显著的正相关关系，即地理位置偏远区域的贫困状况更为显著。

区域的资源禀赋对贫困的影响更为显著。如石漠化地区的土地更为贫瘠，土壤肥力较低，地形崎岖，耕地面积较小，故而该地区整体的贫困水平较高。此外，脆弱的生态环境与贫困之间的关系受经济结构、发展水平等的影响。

社会制度对于贫困的影响可以从社会文化距离、社会资本、种族、社会排斥等方面体现出来。社会文化距离最直观的体现就是语言和文化障碍，这两个因素的障碍会使社会网络形成隔离，导致贫困群体获得服务和发展的能力受限，进而陷入长期贫困之中。社会资本对贫困的影响主要体现在社会网络的桥接。在我国的减贫实践中，干部驻村制度就是典型的贫困地区社会资本的提升。乡村内部相对封闭和稳定的社会网络会固化原住民的社交范围，而驻村干部作为联系外界的纽带，对贫困地区的社会网络进行拓展，引入外部资金和技术，对贫困地区的乡村减贫产生显著的助推作用。

公共设施和公共服务对贫困的影响往往更为直接，医疗保健服务直接影响贫困地区人口的健康水平和获取医疗服务的质量。同时，贫困人口还会因为就医费用等问题导致家庭返贫。通信设施和生产设施对从事农业和林业等产业的贫困人口的影响更为突出。如农业的机械化耕作可以提高生产效率，而传统的人工种植业效率较低，且品质难以得到保障，导致品质较差的农产品市场竞争力不足，农民收入减少，进而陷入贫困。

三、可持续减贫

1. 减贫与可持续发展目标

联合国可持续发展目标（sustainable development goals，SDGs）是联合国制定的 17 个全球发展目标之一，在 2000 年至 2015 年联合国千年发展目标（millennium development goals，MDGs）到期之后，继续指导 2015—2030 年的全球发展工作。2015 年 9 月 25 日，联合国可持续发展峰会在纽约总部召开，联合国 193 个成员国在峰会上正式通过 17 个可持续发展目标。可持续发展目标旨在从 2015 年到 2030 年间以综合方式彻底解决社会、经济和环境三个维度的发展问题，转向可持续发展道路。联合国千年发展目标和可持续发展目标均将可持续的减贫作为重要的目标之一，"消除一切形式的贫困"也得到了国际社会的广泛响应。

全球范围内生活在极端贫困中的人口比例从 1990 年的 36% 下降到 2015 年的 10%，但是这种减贫的改善步伐正在减缓，而 2019 年新型冠状病毒的出现有可能逆转几十年来全球在消除贫困方面取得的进展。联合国世界发展经济研究所在最新的研究中提出警告，此次全球大流行病造成的经济影响可能使全球贫困人口增加 5 亿，占全球总人口的 8%。自 1990 年起的 30 年来，全球贫困率可能将首次出现增长。

据联合国统计，全球仍有 7 亿多人（占世界人口的 10%）生活在极端贫困中，他们关于医疗、教育、用水和卫生设施等最基本的需求仍无法得到满足。在撒哈拉以南非洲，大多数人的日均生活费不足 1.9 美元。

2020 年，我国消除了现行标准下的绝对贫困，解决了区域性的绝对贫困问题，提前实现了可持续发展目标的第一项内容。中国社会的主要矛盾已经转化为人民日益增长的美好生活需要和不平衡不充分的发展之间的矛盾。解决了绝对贫困问题后，我国发展的重心转向了乡村振兴，要解决乡村地区的不平衡和不充分的发展问题，就要确保守住防止发生规模性返贫的底线，减贫的可持续性成为亟待加强研究的科学问题。

2. 可持续减贫的内涵和目标

从发展地理学视角来看，可持续减贫（sustainable poverty reduction）

的基本内涵是指建立在家庭和地方发展潜力与动力的基础上,并在外部环境灾害、投资、规划、政策等发生变化的情况下仍能持续减少贫困人口和缩小发展差距。可持续减贫指的是减贫的可持续性,它是一个综合性的概念,既包括贫困地区脱贫成果的可持续性,也包含地区经济社会的可持续发展。可持续减贫的目标是实现贫困群体的可持续发展,即在不破坏自然生态环境、不降低家庭或者贫困个体的个人发展能力、不一味地进行扶贫投入的背景下,相对贫困的地区或者相对贫困群体能够摆脱贫困,实现自身发展能力的提升和区域的可持续发展。

3. 可持续减贫的对象

在解决相对贫困问题的发展阶段,可持续减贫的对象从建档立卡的贫困户和连片特困地区转变为边缘贫困群体和相对贫困地区。边缘贫困群体中的个体或者家庭的人均收入往往略高于相对固定的贫困标准,但他们实际生活困难,收入或就业稳定性差,易因外部冲击而导致贫困。自2013年国家实施精准扶贫以来,依据"两不愁三保障"以及年均收入水平来确定贫困户与非贫困户,必然会产生处于贫困标准边缘、不符合认定贫困户标准,但确实与贫困户差别不大的边缘贫困人群。由于自身文化水平和学习能力有限,加上全球化和市场化的冲击,边缘贫困群体相较于一般的非贫困户而言,对外部冲击的感知能力和抵御风险的能力较弱,应对风险的脆弱性更高。相对贫困地区根据不同的尺度可以被划分为相对贫困家庭、相对贫困村、相对贫困乡镇和相对贫困县等,不同尺度的相对贫困地区存在着相互影响和相互作用的关系。相对贫困地区并不是一成不变的,随着区域发展水平的提高、区域内部相对贫困群体的脱贫,相对贫困地区会转变为非贫困地区,也会退出可持续减贫的对象区域。

4. 可持续减贫的路径

传统的减贫措施和路径强调通过转移支付、帮扶等实现对相对贫困地区的支持,如我国实行的对口帮扶等措施。但此类措施可能存在一定的时效性和不可持续性,即随着帮扶的结束,以及相关的资源、产业、人才和技术的撤出,相对贫困地区可能会重新陷入贫困,这就导致帮扶存在不可持续性,弱化了相对贫困地区的独立性和自主性发展,也无法实现相对贫困地区的可持续发展。

可持续减贫的发展路径更重视相对贫困地区和相对贫困群体的内生动力发展，强调通过整合区域的比较优势强化资源配置，加强与外部地区的交流合作，实现本地区的可持续发展；同时，促进相对贫困个体的技能提升，强化个体发展动力和发展需求，与相对贫困地区的发展形成良性的互馈机制。可持续减贫重视相对贫困地区和相对贫困群体的能力发展，强调通过积极帮扶救助政策"赋予权能"，以增强"造血"能力。通过优化相对贫困地区的教育资源配置提升儿童受教育水平，解决区域的儿童贫困问题，阻断贫困的代际传递和累积循环。重视贫困群体实用性劳动技能的培养，通过提升贫困群体的劳动技能水平促进其就业，实现"劳有所得"，摆脱对外部帮扶的依赖，实现独立自主发展。可持续帮扶还重视社会保险和社会救助的"兜底"作用，通过提升相对贫困地区全社会的社会保障能力，促进残障人士等劳动能力较弱群体的可持续发展。总之，可持续减贫重视贫困个体和区域自主发展能力的提升，以实现区域自主发展为方向，以实现全社会的可持续发展为目标。

第二节 自然灾害

地球上的自然变异，包括人类活动诱发的地球表面环境变异，这些变异无时无刻不在发生。当这种变异给人类社会带来危害时就会构成自然灾害。灾害都有消极的或破坏性的作用，因而它给人类活动带来了不同程度的损害。自然灾害是人类与自然矛盾的一种表现形式，具有自然和社会两重属性，是人类在过去、现在、将来所面对的最严峻的挑战之一，也是人类生存和发展的主要风险之一，需要人类科学认识和积极应对。

一、特征

1. 自然灾害的概念

自然灾害（natural disasters）是指因自然异常变化给人类生存带来危

害或损害人类生活环境的现象或事件，如地震、火山、洪涝、干旱、台风、冰冻、雷电、山体滑坡、泥石流、森林草原火灾及其灾害链等。

形成自然灾害需要具备三个要素：一是要有自然异变作为诱因，即致灾因子，例如地震、火山喷发、海啸、台风、暴雨、沙尘暴等，也包括环境及人为致灾因子，如战争、动乱、核事故等；二是要有孕灾环境，包括孕育产生灾害的自然环境或人文环境；三是要有承灾体，即各种致灾因子作用的对象，是人类及其活动所在的社会与各种资源的集合。其中，人类既是承灾体，又是致灾因子。

自然灾害是自然异变与人类相互作用的产物，自然异变本身无所谓危害与否，只有当它们作用于人类及其创造的各种物质，并造成人员伤亡、财产损失以及自然资源与生态环境破坏等危害时，才会成为灾害。

2. 自然灾害的特征

自然灾害的主要特征表现在以下五个方面。

（1）广泛性和区域性。一方面，自然灾害的分布范围广，不论是海洋还是陆地，地上还是地下，城市还是农村，平原、丘陵还是山地、高原，只要有人类活动，自然灾害就有可能发生。另一方面，自然地理环境的区域性又决定了自然灾害的区域性。

（2）频繁性和不确定性。全世界每年发生的各种自然灾害非常多，近几十年来，自然灾害的发生次数呈现增加的趋势。自然灾害的发生时间、地点和规模等的不确定性，又在很大程度上增加了人类预测和抵御自然灾害风险的难度。

（3）周期性和不重复性。在主要自然灾害中，无论是地震，还是干旱、洪水，它们的发生都呈现出一定的周期性。人们常说的某种自然灾害"百年一遇"，实际上就是对自然灾害周期性的一种通俗的描述。自然灾害的不重复性主要是指灾害过程、损害结果的不可重复性。

（4）链生性。一方面是区域之间具有联系性。比如，南美洲西海岸发生"厄尔尼诺"现象，有可能导致全球气象紊乱。另一方面是灾害之间具有联系性。某些自然灾害可以互为条件，形成灾害群或灾害链。明显的灾害连锁链如"台风—暴雨—冰雹—洪水—滑坡—灾毁（房、工程）—涝灾"。再如火山活动也是一个灾害群或灾害链，可以导致火山爆发、冰雪融化、泥石流、大气污染等一系列灾害。

（5）不可避免性和可减轻性。由于人类与自然之间始终在相互作用，只要地球在运动、物质在变化，只要有人类存在，自然灾害就不可能消失。然而，人类可以在越来越广阔的范围内进行科学防灾减灾活动，采取避害趋利、除害兴利、化害为利、害中求利的原则，最大限度地减轻灾害损失。

二、类型

对于自然灾害的分类问题，学界并没有统一的标准和依据，本教材在参考已有资料和研究的基础上，根据地理学专业学生的需求和特点，对地震灾害、地质灾害、气象灾害和海洋灾害四种灾害类型进行介绍。

（一）地震灾害

地震（earthquake）是指接近地球表面的岩层中弹性波传播所引起的震动。地震按其成因可分为构造地震、火山地震、陷落地震和人工诱发地震。

地震可能造成房屋坍塌，损毁大坝大堤，破坏公路、铁路、桥梁、隧洞、发电站、输变电系统、供水管道、燃气管道、暖气管道等各类基础设施。大型地震甚至会造成山体滑坡、崩塌等，进而堵塞河谷形成堰塞湖等次生灾害。因此，地震是对人类生命和财产安全具有严重威胁或危害的自然灾害。

（二）地质灾害

地质灾害（geological hazard）是指在自然或者人为因素的作用下形成的，对地质环境造成破坏，对人类生命财产造成损失的地质作用或地质现象。地质灾害在时间和空间上的分布变化规律，既受制于自然环境，又与人类活动密切相关，往往是人类与自然界相互作用的结果。

1. 滑坡

滑坡（landslide）是指斜坡上不稳定的岩土体，在受到河流冲刷、雨水浸润、地震、坡脚开挖等因素的影响下，沿着一定的软弱面或软弱带发生的整体顺坡滑动的自然现象，俗称"走山""垮山""地滑""土溜"等，具有突发性、广布性和隐蔽性等特点。

滑坡发生后，由于岩土体在滑动过程中产生的推挤、冲击、压埋等作用，对滑动路径上的建筑物、基础设施、地表环境等会造成不同程度的损毁，甚至可能导致人员伤亡。

2. 崩塌

崩塌（collapse）是指在较陡斜坡上的岩土体在重力作用下突然脱离母体而发生崩落、滚动，并堆积在坡脚或沟谷的地质现象。崩塌造成的危害与滑坡相似。

3. 泥石流

泥石流（debris flow）是指山区沟谷中因暴雨等引发的含有大量泥沙、石块等具有极强破坏力的特殊洪流。

泥石流速度快、突发性强、破坏力大，通常会破坏房屋、工厂及其他场所设施，淹没公路、铁路，摧毁水库、水电站、渠道、桥梁及其他跨沟建筑，淤积水库，磨蚀坝面等，造成基础设施的损坏。所到之处几乎一片荒芜，甚至造成重大人员伤亡。

4. 地面塌陷

地面塌陷（ground collapse）是指地表岩土体在其自身重力的作用下，突然发生的垂向运动破坏并形成塌陷坑（洞）的一种地质现象。

地面塌陷会破坏地表设施、损毁道路、诱发水库渗漏、破坏农田等，从而形成地面塌陷灾害。

5. 地面沉降

地面沉降（ground subsidence）是指地表岩土体在其自身重力的作用下发生垂向变形破坏及向深部架空或向深部潜在空间方向的运动而引起的地面下沉现象。与地面塌陷相比，地面沉降是一个较为缓慢的岩土体连续变形的过程，所以沉降早期不易被人类发现。

沉降地面区属于不稳定地带，会增加地面工程建设成本。当地面发生沉降时，会对地表建筑物、基础设施等造成严重影响和破坏。

6. 地裂缝

地裂缝（ground fissure）是指地表岩土体在其自身重力的作用下发生垂向变形破坏并导致地表开裂的现象。地裂缝一般由地震、火山喷发、矿产开采、地下水抽采等因素引起。

地裂缝的出现对地表建筑、道路、管线、水利设施、地下工程等具有严重威胁。

7. 火山喷发

火山（volcano）是由地壳下 100～150 千米处的岩浆从地壳较薄弱的地段冲出地表形成的。科学家认为，使岩浆冲出地表的能量在地下 65～80 千米处，但现在还无法实测火山喷发的源头。

火山灾害有喷发本身造成的直接灾害和喷发间接引起的次生灾害两种，并且这两种灾害往往都是同时出现且共同造成危害的。如火山喷发释放大量的火山灰、火山碎屑以及有毒有害气体，因被人类直接吸入而对人体造成危害。这些气体及悬浮物还可能经大气环流到达更远的地方，导致暴雨和气候反常，形成泥浆雨、酸雨等。火山喷发还可能造成泥石流、滑坡、海啸、地震等重大次生灾害。

（三）气象灾害

因大气运动与变化导致的对人类生命财产、国民经济、国防建设等产生危害的事件统称为气象灾害（meteorological disaster）。这类灾害是由异常天气现象引起的灾害现象，包括台风、干旱、洪涝、霜冻、雷暴、沙尘暴等。

1. 台风

台风（typhoon）是一种热带气旋。热带气旋是发生在热带或副热带洋面上的低压涡旋，是一种强大而深厚的热带天气系统。它像在流动的江河中前进的涡旋一样，一边围绕自己的中心急速旋转，一边随着周围大气向前移动。北半球热带气旋中的气流绕中心呈逆时针方向旋转，南半球则相反。

台风的破坏性很强，主要引起狂风、暴雨、风暴潮。狂风可以掀起巨浪，破坏各种基础设施，掀翻海上船只；暴雨会造成洪涝灾害，淹没土地、房屋；风暴潮会使海水潮位猛涨，冲击和破坏海岸。台风过境时将严重威胁人类安全，造成巨大的生命和财产损失。

2. 暴雨和暴雪

暴雨（heavy rainfall）和暴雪（heavy snowfall）的形成是因降雨、降雪强度过大造成的。中国气象局定义 24 小时降水量达到 50 毫米以上的强降雨为暴雨，日降雪量（融化成水）大于等于 10 毫米称为暴雪。

暴雨可能引起洪涝，以致淹没土地、庄稼和房屋，造成作物减产，还可能导致山洪、泥石流等。暴雪则主要会引起强降温和大风，使农作物冻伤减产，严重威胁牧民家畜，还会严重影响道路交通。

3. 干旱

干旱（drought）是指淡水总量少，不能满足人口生存和经济发展需求的气候现象。干旱一般是长期无雨或少雨；而旱灾是某地在一个时间段内降雨量异常减少造成的，是偶发性的，而其余时间的降雨量能维持当地发展。

干旱导致区域淡水资源稀少，对农牧业生产和人畜饮水产生致命影响。干旱还使河流和湖泊水分减少，影响野生动植物的生存。干旱环境易诱发火灾，尤其是森林火灾，严重破坏生态系统。

4. 冰雹

冰雹（hailstorm），又叫雹，俗称雹子，是一种固态降水，主要发生在春夏之交或夏季。冰雹形状繁多，由透明层和不透明层相间组成，直径一般为 5～50 毫米，大小如绿豆、黄豆般。较大的冰雹直径可达到 10 厘米以上，称为雹或雹块。

冰雹是一种灾害性天气，虽然冰雹出现的时间短、范围小，但其来势凶猛、强度大，几乎每次都会给农业、建筑、通信、电力、交通以及人民的生命财产造成巨大损失。

5. 沙尘暴

沙尘暴（sand and dust storm）是指强风把地面大量的沙尘物质吹起来并卷入空中，使水平能见度小于 1 千米的风沙天气现象。沙尘暴是沙暴和尘暴的总称。沙暴指风把大量沙粒吹入近地层所形成的挟沙风暴；尘暴指大风把大量尘埃及其他细粒物质卷入高空所形成的风暴。

沙尘暴的出现往往伴随着强风，可能会破坏房屋，损坏电线等公共设施，也可能会造成人员伤亡；而被强风裹挟的沙尘又以风沙流的形式掩埋农田、道路、渠道等，危害农作物等；尘粒还可能对人的眼睛和呼吸系统造成危害。但沙尘暴作为自然现象也是生态系统不可或缺的一部分。

6. 霜冻

霜冻（frost）是一种农业气象灾害，是指空气温度突然降到零摄氏度以下，使农作物受伤或死亡的现象。霜冻在秋、冬、春三季比较常见，霜冻并不是霜，霜是水蒸气在零摄氏度以下时凝华而成的白色冰晶。

霜冻主要危害农作物，是农业上较为严重的灾害。当温度降到零摄氏度以下时，农作物体内的水分结冰，这种情况伤害作物的同时也减少了作物的可利用水分，使其产生"脱水"现象。

7. 洪涝

洪涝灾害分为洪灾（flood）和涝灾（waterlogging）。洪灾是指由于暴雨、冰雪的快速融化、风暴潮等使得河、湖、海的水位上涨，超过正常水位从而泛滥所形成的灾害。涝灾是指由于连续大暴雨，地表积水过度，排水不及时而形成的灾害。

我国是受洪涝灾害侵扰比较严重的国家。长期淹水对农作物危害极大，耐涝作物面对长期的内涝积水时也会受到影响。洪涝灾害还可能淹没大量的土地和房屋，甚至引起饥荒或瘟疫。

（四）海洋灾害

海洋灾害（marine disaster）常指海洋自然环境发生异常或激烈变化，导致在海上或海岸发生的各种灾害。海洋灾害主要包括海啸、海冰、灾害性海浪、风暴潮等。台风、厄尔尼诺现象和拉尼娜现象等均是与海洋密切相关的自然灾害。

1. 海啸

海啸（tsunami）是由海底地震、火山喷发、海底滑坡或气象变化引起的一种灾难性海浪，通常是由震源在海下50千米以内、里氏6.5级以上的海底地震引起的。

海啸波长比海洋的最大深度还大，轨道运动在海底附近所受阻滞较小，因而不管海洋深度如何，海啸波都可以传播过去。当海啸靠近岸边时，波速减小，波幅增大，会形成高度达十多米至几十米不等的"水墙"，并冲上陆地，对沿岸形成巨大威胁。

海啸来势迅猛、突发性强，最明显的前兆就是地震，每隔数分钟或十几分钟就会发生一次地震。海啸形成的"水墙"会使沿岸遭受严重破坏。

2. 风暴潮

风暴潮（storm tide）是指由于剧烈的大气扰动，如热带气旋（台风）和温带气旋等引起的海平面异常上升现象。同时，风暴潮还会与天文潮（潮汐）叠加，导致水位猛涨，使海水向沿岸陆地迅速漫延，对其造成破坏，又被称为风暴增水、气象海啸等。

风暴潮带来的海水会淹没基础设施，破坏工农业设备和农作物。若海水淹没城市，则会造成城市地下水污染，进而影响淡水系统供应。同时，风暴潮也会加速海岸侵蚀，使农田土壤盐渍化，破坏海岸红树林生态系统。

3. 灾害性海浪

海浪（ocean wave）是指由风产生的海面波动，周期为 $0.2 \sim 25$ 秒，波长为十几厘米至几百米，波高为几厘米至 20 米。海浪是众多海洋灾害中最为常见的一种，也是破坏性较为严重的一种自然灾害。当海浪的波高大于等于 6 米时，便可对海上的船只、设施等造成威胁，故被称为灾害性海浪。它是由强烈的大气扰动如热带气旋（台风）、温带气旋等引起的，在海上极具威胁性。

海浪在海面上是很常见的，但海浪的威力不容小觑。当海浪导致的船只横摇周期与海浪周期相近时，会出现共振致使船只翻沉。当海浪波长与船只长度相近时，船只会因为中部悬空而被自重下压导致断裂。海浪还会导致海上的设施如钻井平台沉没，对平台上的人员构成严重威胁。

4. 海冰

海冰（sea ice）包括由海水冻结形成的咸水冰以及流入海中的河冰、湖冰和冰川冰等。大陆冰川或陆架冰滑入海洋后断裂形成的露出海面高度在 5 米以上的冰块被称为冰山，特大的冰山被称为冰岛。

受风和洋流的影响，流动的海冰严重威胁船只的航行安全，如 1912 年

"泰坦尼克"号巨型客轮碰撞冰山后沉没，造成1500多人丧生。海冰还能封锁港口、破坏设施、影响海水养殖，导致海上相关作业无法正常开展。

5. 赤潮

赤潮（ocean eutrophication）是指特定条件下，如海冰富营养化，海水中的某些微小藻类短时间内突然增加或高度聚集，使海洋生态系统遭到严重破坏或使海水颜色发生变化的灾害性生态现象。引发赤潮的生物种类与数量的不同会使水体呈现出不同的颜色，又被称为有害藻类、红色幽灵。当这种现象发生在湖泊、河流等淡水系统中时，被称为水华。

赤潮发生后，海洋中原有环境、生物及生物间相互依存、相互制约的生态平衡被打破。在赤潮发生初期，由于植物的光合作用，水体会出现高叶绿素、低溶解氧和高化学耗氧量，环境的改变使有些海洋生物无法正常生长发育而最终死亡。

赤潮会破坏渔场的饵料基础，造成渔业减产；赤潮会使水中溶解氧被大量消耗，从而使海洋生物因缺氧而死亡；赤潮中的一些藻类还会将微囊藻毒素分泌至水体中，毒素通过食物链传递会导致人类中毒甚至死亡，另外，微囊藻毒素也是一种高度致癌物质。

三、防范

中国是多山国家，自然灾害种类多、分布广、频率高，加之人口密度大，各种自然灾害容易给社会造成巨大损失。全社会需要着力构建与经济社会发展阶段相适应的自然灾害综合防范体系和防灾减灾救灾体制机制，防灾减灾工作要从注重灾后救助向注重灾前预防转变，从应对单一灾种向综合减灾转变，从减少灾害损失向降低灾害风险转变，全面提升社会抵御自然灾害的综合防范能力。

（一）自然灾害识别

1. 自然灾害识别的定义

自然灾害的孕育、发生和发展是因自然界中能量系统失衡而造成人类社会损失的一种现象。自然灾害识别就是应用遥感等现代科技手段，对自然灾害的发育、发生、发展、演变、消退和恢复等过程进行调查、分析、评估和跟踪，准确地认识与判断灾难的类别与性质，辅助建立防灾减灾对策的过程。

2. 自然灾害识别的意义

自然灾害识别的目的是确定自然灾害发生的时间、地点、规模和可能的致灾状况，为灾情评价、灾后重建以及灾害预警和防范提供依据和基础信息。其意义在于：一是通过动态监测捕捉致灾因子的变化，以便综合研判危险的发展趋势，针对承灾体预警灾害风险等。监测靶区（点）要选择威胁人居建筑、关键设施或公共场所的灾害风险区段。二是进行动态遥感监测、地面激光扫描，或者使用地面地下观测技术对自然灾害的动态变化进行跟踪观测，实现基于时间序列的数据分析建模，以模拟灾害的致灾危险性和成灾风险性，从而用于精准指导防灾减灾。三是利用气象卫星等遥感技术对气象灾害进行监测评估，为防灾减灾提供重要的信息支持。气象卫星具有成像范围广、观测频次高等特点，已成为自然灾害识别中不可替代的工具。自 1988 年我国发射第一颗国产气象卫星"风云一号"以来，经过 30 多年的发展，我国已经形成气象、海洋、资源、环境减灾等多个系列民用卫星，为防灾减灾工作提供了丰富的卫星遥感数据资源。

3. 自然灾害识别的方法

识别方法的应用涉及对致灾因子现状的认识、可能引起致灾因子恶化的外界因素和存在或遭遇的危害对象（承灾体）及其易损性等，不同方法考量的全面性、系统性和深入性有所不同。

（1）历史对比。当地人或属地的专业人员，也包括曾经在当地生活工作过的人，均能敏感地觉察或意识到环境变化，并对其进行历史对比分析，做出灾害风险判断。

（2）直接观察。基于人眼目测的尺度观察是最有效的方法，但在广度和深度上常常受到局限。目光所及的观察是直接接触式调查侦测方法，可以直接观察与感知自然灾害初始状态的变化和成灾条件，但视域有一定的局限性。

（3）间接识别。地质灾害可以采用地球物理或地球化学的勘探方法探测不能或不宜直接观察的斜坡岩土体成分结构状况，对存在的地球物理场和化学场异常、地下水分布、地下岩溶洞穴或矿区采空区形态等进行分析推断，从而对地表变化的原因、发展趋势和致灾因子引发的灾害风险范围、强度等做出研判。气象和洪涝灾害也可以用间接手段予以识别。

（4）遥感识别。地理信息系统、遥感技术和卫星导航定位系统在功能上存在明显的互补性，遥感技术和卫星导航定位系统就像人的两只眼睛，而地理信息系统好比人的大脑，这些技术综合集成可应用在地质灾害、气象灾害和海洋灾害的识别、监测、分析评价、预警预报等防灾减灾工作中。

（二）自然灾害评价

1. 自然灾害调查

自然灾害调查是自然灾害评价的基础，是对灾情或者险情的现场数据进行搜索，为救援和相关处理工作提供实时、完整的参考信息。

（1）历史灾情统计。主要是把各种基础性历史灾情信息进行系统的整理，为自然灾害评价提供完整的灾情资料。灾情统计的类型有很多，可以是对一次灾害事件或一种灾害的灾情统计，亦可以是对一个地区的一种或多种灾害、一年或多年的灾情统计。针对承灾体或破坏损失情况，可以进行对某一种承灾体或受灾对象的专项灾情统计，亦可以进行对多种承灾体以及灾害整体破坏损失情况的综合性灾情统计。

（2）承灾体易损性评价。根据给定的致灾因子强度推算承灾体的破坏程度，称为承灾体易损性评价。通过对承灾体易损性指数的计算与分析，在一定程度上能揭示灾害与承灾体之间的作用规律。承灾体易损性指数大小，取决于社会、经济、物质等方面的脆弱性及易损性特征，把影响承灾体易损性指数的各种因素按性质分层次排列，可建立承灾体易损性指数的层次分析模型，模拟某一致灾因子超过既定灾害概率，或设定在某一灾害场景中产生灾害的情况。

（3）现场抽样调查。在灾害发生过程中，对灾害的直接损失情况进行现场抽样调查。抽样调查是从研究对象的全部单位中抽取一部分单位进行考察和分析，并用样本的数量特征去推断总体数量特征的一种调查方法。在抽样调查中，样本数的确定是一个关键问题。抽样方式有随机抽样和非随机抽样两种。

(4) 遥感监测。遥感监测是一种越来越多被应用于灾害调查的方法。遥感监测手段能够覆盖受灾地区的绝大范围，具有高时空分辨率的特点。监测内容集中在两个方面：一是监测灾害发生范围，对旱灾、洪涝、雪灾、沙尘暴、森林草原火灾、海洋灾害、病虫害等受灾范围广、受灾区域地理环境具有一定限制的灾害灾情进行调查；二是调查重点地区受灾对象的损失情况，如地震灾害倒塌、滑坡泥石流等重特大地质灾害以及次生灾害监测等。

(5) 基层统计上报。我国政府管理部门主要利用基层统计上报灾情的方法，掌握自然灾害详细的损失情况。统计上报具有来源可靠、回收率高、方式灵活等显著优势。"5·12"汶川特大地震之后，我国政府对灾害造成的损失进行了全面评估，评估方法主要是利用基层统计上报的方法确定因灾损失，统计项目包括住房损失、非住宅用房损失、农业损失、工业损失、服务业损失、基础设施损失、社会事业损失、居民财产损失、土地资源损失、自然保护区损失、文化遗产损失、矿山资源损失以及其他共13大类，是中华人民共和国成立以来我国对巨灾最全面的一次损失评估。

2. 灾害风险评估

区域灾害系统是由孕灾环境、致灾因子和承灾体三者共同组成的地球表层变异系统。灾情是系统内各组分之间相互作用的产物，灾害风险则是灾害系统的一种状态，即人类不能确切把握且不愿接受的一种不确定性状态。灾害风险评价包括灾害风险识别、灾害风险分析和灾害风险管理。目的是要对灾害进行系统认识、恰当描述、正确估测、合理评价和科学决策，以便有效调控这种不确定性状态。

(1) 灾害风险识别。灾害风险识别的主要任务是找出风险源头及引起风险的主要因素，并对后果做出定性分析。风险识别的内容包括三个方面：一是灾害基础资料调查。收集本地区的地理、地貌、地质、地震、水文、气候、气象、生物、土壤、大气、生态等资料，建立区域灾害历史与现状模型；收集灾害风险评价与管理所需的各种标准。二是事故风险识别。包括区域重大基础设施是否发生过灾难性事故及其发生原因，发生后对环境生态、公众健康、社会经济等造成的危害。三是潜在风险识别。包括区域自然灾害史，如地震、洪水、旱灾等灾害的发生频率，历史上发生过的自然灾害的最大危害程度。

（2）灾害风险分析。灾害风险分析是对风险区遭受不同强度自然灾害发生的可能性及其后果进行定量分析和评价。我们通常说的灾害风险，主要是致灾因子风险，侧重于自然系统，在地震工程领域叫危险性分析。有学者进一步提出了"风险 = 致灾因子 + 易损性"的分析逻辑。事实上，致灾因子是导致自然灾害风险的要素之一，易损失性和社会经济特性决定是否成灾。因此，风险分析要做好以下三个主要环节的工作：一是致灾因子风险分析。主要任务是研究给定区域内各种强度的自然灾害发生的概率或重现期，包括致灾因子强度、致灾因子发生的概率和致灾程度。二是承灾体易损性分析。主要内容包括风险区确定、风险区特性分析、抗灾性能分析。三是灾情损失预测。即评估风险区在一定时间段内可能发生的一系列不同强度自然灾害给风险区造成的可能后果。

（3）灾害风险管理。风险管理的内容包括风险识别与分析、风险防范的体制机制，以及风险转移的措施与途径。灾害风险管理在过程上可分为两个阶段，即风险评估和风险控制。①风险评估。风险评估是风险管理的第一步，包括风险辨识、风险估算和风险评价三部分。风险辨识着重于描述可能的问题对系统产生的负作用或影响；风险估算着眼于定量描述处于风险中的承灾体状况，阐明事件的成因、发生的概率、不同响应的后果，并将这些事件的概率统计作为风险的定量结果；风险评价则是在风险辨识和估算的基础上，评价自然灾害风险大小的程度，分析风险程度的可接受性，并根据不同的风险等级，向政府或决策者提供减灾措施、对策及预案建议，为决策方案的制定提供可靠的依据。②风险控制。风险控制指在灾害管理过程中，采取各种工程和非工程减灾对策，通过对各种致灾因子进行控制、强化承灾体的抗灾性能等方式避免或降低自然灾害风险。根据风险评价提供的风险信息，结合技术、政治、经济等信息，设计控制风险的各种方案。风险控制的具体对策可分为回避、减轻、自留（自愿接受）、转移和分散五大类。

（三）自然灾害预警

1. 预警系统

预警系统是指由专门的机构提供及时有效的信息，帮助处在危险中的个人或者组织迅速采取行动以减少或避免风险，并可以提前准备有效的应对。联合国国际减灾战略（United Nations International Strategy for Disaster Reduction，UNISDR）提出了预警系统涉及的四个方面：对危险的认知和定位，监测和预知即将发生的事件、处理相关信息，向政府当局和公众发布可理解的预警，采取合适、及时的行动以对预警做出有效的反应。同时，提出了四个有效性关键要素：风险知识、监测和预警服务、发布和沟通、应急能力。中国自然灾害预警体系建设实践应当扎实做好以下四个方面的工作，以便防患于未然。

（1）构建自然灾害分级分类监测网络。加快自然灾害监测站点的建设，建立健全自然灾害分类监测网络，联通自然灾害预警信息共享体系，均是自然灾害防范体系建设的关键环节，也是提升自然灾害综合防治能力的基础工作。我国坚持人与自然和谐理念，重视自然灾害防范，提出自然灾害监测工作的相关政策和理念，积极开展灾害监测工程建设。目前，已经建成由国家、省（自治区、直辖市）和县（市、区）三级地震监测台网组成的全国地震监测台网，并且建成中国数字地震监测系统，该系统主要包括三个层次：国家数字地震台网、区域数字地震台网以及流动数字地震台网。该系统覆盖了大陆及周边海域，数据得以实现实时传输。自然资源系统已经建成滑坡、崩塌、泥石流自动化监测点达5700多处，配合其他部门的部分监测设施，共同构成我国地质灾害监测体系。目前，我国已经建成天、地、空一体化的气象立体监测网络，并持续提高监测网密度，全天候、高时空分辨率、高精度综合立体连续监测重点区域的主要气象灾害。水位站共有2.2万处，山洪灾害监测预警平台覆盖了2076个重点县（市、区），实现山洪灾害防治区监测网络全覆盖。海洋灾害监测和森林草原火灾监测也日臻完善，由这些网络组成的我国自然灾害监测体系，构筑起自然灾害防范的坚实基础，为防灾减灾决策提供了科学充分的依据。

（2）加强自然灾害预测基础研究。灾害链的预测主要研究灾害时空关联性和因果关联性，分析致灾因子，总结灾害链的结构、物质、能量和演变规律，是从灾害链与前兆异常相结合的角度分析、识别和预测自然灾害的方法，根据不同灾害链的时空结构与灾害成因和前兆的关联性，监测与分析初始灾害，预测衍生灾害。

（3）建全自然灾害预警体制机制。体制机制是一个系统，其各部分是相互关联、相互影响、相互制约的，其中涉及中央政府、各级人民政府、相关部门（如各级应急管理部门、气象局、水利局等）、灾害评估专家组、大众媒体等。在体制建设中设立应急管理部门，有助于推进我国综合防灾减灾救灾多部门间的统筹和协同工作，提升综合防灾减灾救灾的效力与效益。针对现有防灾减灾救灾体制机制特征，应急管理部门应与时俱进并不断调整，以构建可操作性强的自然灾害预警和防范机制。

（4）建立自然灾害综合风险会商研判、预警信息发布和预警响应制度。有关部门要构建基层预警信息发布体系，做好预警信息发布与应急响应启动的衔接。开展重大自然灾害快速综合研判，及时组织有关部门监测、汇总、分析预报预警信息，对自然灾害发生的可能性及范围、损失和后续风险等开展快速综合研判，形成报告并不断更新。

2. 不同类型灾害预警

（1）地震预报。地震预报是对未来破坏性地震发生的时间、地点和震级及地震影响的预测，根据地震地质、地震活动性、地震前兆异常和环境因素等多种手段的研究与前兆信息监测所进行的现代减灾科学。地震预报技术是从地震监测、野外地质调查、地球物理勘探、室内实验分析等多方面对地震发生的条件、规律、前兆、机理、预报方法及对策等内容进行研究的综合技术。

（2）地形变（ground deformation）观测。地形变是监测岩浆活动和预测火山喷发的重要手段。由地形资料推测火山活动模型，预测火山喷发和火山滑坡，推测岩浆压力中心、岩浆活动的转移和喷发地点的转变，构造火山岩浆囊活动模型。卫星红外异常是岩石圈瞬时构造运动的前兆，可以与地球物理研究（重力、地磁等）相结合而建立火山动态监站，预测火山活动的变化趋势。

（3）地质灾害预警。滑坡、崩塌、泥石流等地质灾害之间的关系往往较为密切，易发生滑坡、崩塌的区域也较易发生泥石流。滑坡的动态监测包括滑坡位移观测和滑坡水文地质观测。滑坡位移观测通过布桩观测进行，即编绘滑坡水平位移矢量图及累计水平位移矢量图对不同阶段的位移进行分析，随时掌握滑坡的发展趋势，根据位移量大小及时发布灾害预报或预警信息。

（4）气象灾害预警。气象灾害监测已经从单一指标与单一方法逐步提升为从地面到空中的多指标、多方法的立体监测体系，构成了地—空—天一体化三维监测网络。气象灾害预警技术同样也已经实现了从静态和单一方法向动态—多方法集成的转变，预警精度显著提高。统计预报方法是目前使用频率较高的一类方法，主要通过时序分析、多元回归等方法建立预报模型。近年来，随着气象预报技术的发展，预报的准确率和实时性不断提高。其中，智能网格气象要素预报技术发展迅速、应用广泛，该技术的气象要素空间分辨率已经能达到千米级，时间分辨率达到小时级，可以十分便捷地判断灾害天气或气候异常出现和持续的时间、气象因子偏离正常的幅度，以此评判致灾等级。利用气象卫星等设备对气候进行长期的预测，对天气进行中期、短期以及短时临近预报等，提前进行汛情预警。同时，为了实时监测水情和进行洪水预报设立了水情站。水情站是指实时提供河流、湖泊、水库或其他水体信息的站点，它包括雨量站、水文站、气象站等，收集的信息包括雨量、水位、流量、泥沙等。水情站在规定时间内按一定标准向有关部门提供实时水情信息，及时查询当地水情站网。特别是在遇到超标准洪水时，根据洪水预报就可以有计划地进行水库调度、启用分蓄洪工程、组织防汛抢险队伍等，使洪涝灾害减至最低限度。

（5）海洋灾害预警。海洋灾害的识别、监测、预警是通过海洋监测网统一调度。国际海啸预警系统由地震与海啸监测系统、海啸预警中心和信息发布系统组成，包括地震台站、地震台网中心、海洋潮汐台站。我国海啸预警系统的预报产品包括海啸传播到达近岸各验潮站的时间预报、海啸波高预报以及大洋中海啸波传播时间图，利用地理信息底图作为背景的海啸传播时间可视化产品。海啸预警报可以通过电话、短信、传真、网站、媒体等多种形式上报或对外发布。

第三节 环境健康

人类作为生态系统的一部分,与环境之间不断地进行着物质、能量和信息的交换。环境作为人类生存的物质和能量基础,其变化对人类的身体健康具有深刻的影响。人类也会对环境因素的变化做出适应性反应,通过"变化—调整—适应"的过程,与环境之间达成动态平衡关系,即人类对环境因素的变化具有一定的缓冲作用,以适应一定范围内的环境变化。然而,超出人类适应范围的环境变化则会引发人体的相关疾病。因此,环境问题会引发人类生存风险,环境健康与人类生存息息相关。

一、环境

(一)环境的概念

人口(population)、资源(resources)、环境(environment)、发展(development)问题(简称 PRED 问题),已经被公认为人类在 21 世纪必须面对的巨大挑战。1962 年,《寂静的春天》一书的出版,引起世界范围内公众对环境污染问题的普遍关注,同时也将环境保护问题摆在了各国政府面前,从而开始了环境保护事业。1972 年,联合国召开人类环境会议,《只有一个地球》一书出版;1987 年,世界环境与发展委员会发布报告《我们共同的未来》;1992 年,联合国环境与发展大会在里约热内卢召开,发布《二十一世纪议程》。这些均表明国际社会在环境与经济社会协调发展的问题上达成共识,保护生态环境、实现可持续发展,已成为全世界紧迫而艰巨的任务。

"环境"一词泛指某一主体周围的地域、空间、介质结构。《世界大百科全书》对环境的定义是"环境是指生物体周围的物理和生物要素,其包括生物性要素(如植物、动物、微生物)和非生物性要素(如温度、土壤、大气和辐射)"。联合国环境规划署(United Nations Environment

Programme，UNEP）则将环境定义为"影响生物个体或群落的外部因素和条件的总和，其包括生物体周围的自然要素和人为要素"。《中华人民共和国环境保护法》总则中对环境的定义为"影响人类生存和发展的各种天然的和经过人工改造的自然因素的总体，包括大气、水、海洋、土地、矿藏、森林、草原、野生生物、自然遗迹、人文遗迹、自然保护区、风景名胜区、城市和乡村等"。美国环保局对环境的定义是"影响生物体产生、发展和生存的外部条件的总和"。

由此可以看出，公众对"环境"概念的理解基本一致，其主体为"包括人在内的生物体"，其客体包括"自然要素、人为要素和社会要素"。环境可以划分为自然环境、人工环境和社会环境。自然环境包括大气环境、水环境、土壤环境、地质环境和生物环境等，对应地球系统的五大圈层，即大气圈、水圈、土圈、岩石圈和生物圈；人工环境是相对于自然环境而言，在自然环境的基础上经过人类加工改造所形成的次生环境，如农田、城市等；社会环境是指由各种社会关系形成的环境，包括政治制度、法律法规、经济体制、文化传统等。

总体来看，环境是在生物体的生命过程中对其产生影响的自然、人为、社会条件的总和。对于人类来说，环境可以被理解为影响人类及其他生物生存发展的自然条件和社会条件。

（二）环境问题

1. 环境问题的定义

环境的主体和客体共同构成环境系统。该系统包含不同时间尺度、不同空间尺度和不同组织方式的多个要素，且具有开放性、非线性和不确定性等复杂系统的典型特征。来自系统外部的扰动，以及系统内部复杂的物质和能量流动、各要素之间的非线性作用与反馈，都会影响复杂环境系统的稳定性，导致其波动乃至发生趋势性的变化。在此过程中产生的一系列矛盾，即为环境问题。如果从人类及地球生态系统的角度出发，可以将环境问题限定为"由于人类活动对环境系统的扰动、影响和破坏，导致环境系统内部矛盾的加剧、环境系统结构和状态的改变、环境要素功能的丧失，并由此引发的一系列问题"。

2. 环境问题的分类

根据环境问题产生的原因，可以将其分为三类：由自然因素如地震、火山喷发等引起的环境问题，为第一类环境问题；由人为因素引起的环境问题如环境污染和生态破坏等，为第二类环境问题；社会环境本身存在的问题，如人口剧增、人类战争、城市化及经济发展带来的社会结构和社会生活问题及粮食和资源问题，为第三类环境问题。

3. 环境问题的特征

自20世纪中期以来，随着全球性环境问题的日益凸显，国际社会开始加强对这些问题的关注。从人类世时代的视角来审视这些环境问题，全球环境问题将更多地呈现出紧迫性的特点，而我们也越来越趋近于生态系统的临界点。随着这一紧迫性而来的，还包括环境问题的相互关联性、不可逆转性和日益复杂性等特征。

由于地球的不同系统之间具有相互关联和相互影响的特征，一旦地球在某个方面发生剧烈的改变，将会带来科学家所说的"级联效应"，这种效应带来的影响是一种快速的连锁反应，产生的后果将无法估量、无法预测。例如，在全球气候变暖的影响下，北极地区的冰层逐渐融化，由于气候变化的负反馈效应，北极地区的海冰融化速度是其他地区的两倍。北极地区冰融的加速，会进一步放大气候变化对北极地区的环境、生态、社会、经济和基础设施的影响，也会改变北极地区的地缘政治经济环境。另外，由于全球洋流的一体性，北极地区的冰融也会进一步加速全球其他地区海水温度的升高，使海平面高度增加，进而导致一系列连锁反应。环境问题的相互关联性进一步提升了其在全球层面的相互依赖性，使其在全球层面产生影响，这是环境问题的主要特征。例如，目前面临的全球气候变化、臭氧层的损耗，以及生物多样性减少和外来物种入侵等问题都具有全球性的特征。简而言之，相互关联性和相互依赖性是环境问题的主要特征。

大规模生态环境破坏的"不可逆性"也是环境问题的突出特征。当人类活动对自然界的影响还在生态环境所能够修复的"阈值"以内时，若人们及时采取一些环境保护措施，那些生态环境问题还是可以得到修复的。但是，随着人类活动的增多，人类社会将面临越来越多具有超强破坏力的环境问题。这些环境问题对地球的生态系统产生巨大的破坏，其程度远远超越地球生态系统的自我修复能力以及人类活动能力所能修复的限度，从而对地球生态环境造成不可逆转的破坏。例如，生物物种的灭绝，如果没有人类活动的影响，当前生物多样性减少的速度将会至少降低100倍。自1970年以来，世界上生物物种的数量减少了大约一半，但人口的数量在同一时期暴涨了一倍多。2019年，联合国发布的《全球生物多样性与生态系统服务评估报告》中指出，在所评估的野生动植物中约有25%的物种受到威胁，这意味着大约有100万种物种濒临灭绝。

环境问题还具有超级复杂性，是真正"棘手的难题"。这些问题的"棘手性"主要体现在其出现的原因是复杂的，甚至通常具有高度的不确定性。尽管随着科学技术的发展，人类对自然界的认识也逐渐提高，但是由于对自然的认知进展缓慢，人类总是处在"无知之幕"的限制中。一系列全球性环境问题的呈现，远远超越了人类对自然认知的限度，人们面临这些问题的时候，难以明确导致其出现的原因，因而这些问题领域的"科学不确定性"将是常态。其对地球生态系统将会带来何种影响也难以精确估量，但是这些影响必日益快速地改变地球的生态系统。

（三）环境与健康

1. 环境健康的概念

环境问题与人类健康关系密切。这里的环境健康不是指环境本身出现了健康问题，而是指环境污染对人体健康产生的影响。环境健康是指通过调查以及评价来对环境状况进行分析，再通过预防以及控制等手段消除环境污染对人群健康所带来的危害。该概念涵盖了环境污染和公众健康两个方面。前者是指人类进行的直接或间接污染排放与环境的自净能力不一致，从而导致环境质量的下降，对人群的生存以及发展造成不良影响的现象，具体包括土壤、水、大气等污染。公众健康不是单一的个体所表现的行为，是指一种群体的活动行为，这些行为的实现需要政府以及社会的强大力量。一些西方学者早在19世纪末20世纪初，就已经提出了"新公众健康"这一观点，从而将公众健康的研究内容具体化。现阶段，生产力的发展渐渐让人们意识到，环境改变与疾病之间有着某种关系。

2. 环境与健康的关系

人类的健康状况与其生存的地理环境密切相关，地理环境中化学元素的异常和地域分异对人体健康的负面效应，将导致地方病的发生。中国与地理环境化学因素有关的地方病有克山病、大骨节病、碘缺乏病、地方性氟中毒、地方性砷中毒等。20 世纪 60 年代末，中国的科研工作者开展了长达 50 多年的克山病、大骨节病等地方病的调查及其环境病因与防治的研究，为中国地方病病因研究和防治做出了巨大的贡献。科研工作者通过大规模的考察和采样，发现克山病和大骨节病的地理分布与中国从东北到西南地区的自然环境低硒带具有高度一致性，因而确定了克山病和大骨节病与自然环境低硒相关，并从地理学地域分异规律层面阐述了环境和生物体中硒的地理分布规律及其形成机理。

环境在受到污染后也会给人体带来较大的健康风险。土壤污染是土地退化的形式之一，会对农作物的产量及品质产生不利影响。农田土壤中的重金属可通过"土壤—作物—人体"食物链进入人体，随着人体内重金属含量的不断累积对人体健康产生危害。进入人体的重金属通过影响酶活性和代谢系统，使人体产生急性和慢性毒性反应，甚至产生致畸、致癌和致突变作用。如过量铅（Pb）的摄入会导致人体神经系统、循环系统、骨骼及内分泌系统等的损伤。而长期暴露于镉（Cd）污染环境下容易导致患胰腺癌、肺癌、高血压和肾功能障碍等疾病。近年来，多起土壤重金属污染引起的环境健康事件，如湖南的"镉大米"以及"血铅"事件，使得公众对土壤重金属的污染日益重视。

二、土壤与健康

（一）土壤

土地为人们提供了生存的空间和生态系统。当人类社会还处在较低级的发展状态时，人们只是从"土"或"土壤"来认识土地，"万物土中生"也只是一种对土壤朴素的、局限的、被动的理解。随着人们认识世界的深入、生产和生存质量的提高，土壤和土地的概念开始逐渐分离。

1. 土壤的概念

土壤（soil）是陆地表面由矿物质、有机物质（含微生物）、水、空气和生物组成，具有肥力特征且能生长绿色植物的疏松物质层。它是地球表面岩石风化体及其再搬运沉积体在地球表面环境作用下形成的疏松物质，像"皮肤"一样覆盖在整个地球陆地表面，维持地球上多种生命的生息繁衍。

2. 土地的概念

土地（land）是自然综合体，它不仅包括影响土地利用潜力的自然环境要素，如气候、地形、土壤、水文和植被等，也包括人类过去和现在活动的结果，如围海造田、修筑梯田等，还包括反面的活动结果，如土壤侵蚀、土地退化等。

3. 土地与土壤的关系

土地相较于土壤拥有更为广泛的定义，其不仅包含一定幅度空间范围内的土壤，还包含该区域内的岩石、岩石风化物、气候、水文等各种自然要素。另外，土地还拥有资产的概念，即土地是能够作为资产的地球表面以及自然和人为的附加物。因此，土地是资源和资产两重性的统一体，土壤是土地资源属性中的一种自然环境要素。

（二）土壤与环境健康

在地球表层系统中，由土壤组成的土壤圈（pedosphere）具有特殊的地位和功能，对整个圈层的能量流动、物质循环及信息传递起着维持和调控作用。土壤圈涉及的土壤类型、特征和性质都是对过去和现在的大气圈、生物圈、岩石圈和水圈变化的记录和反映，土壤圈的任何变化都会影响地球表层系统的演化和发展，乃至对全球变化产生冲击作用。所以，土壤圈被视为地球表层系统中最活跃、最富有生命力的圈层。土壤是联系有机界和无机界的中心环节，是陆地生态系统的核心及其食物链的首端，也是许多有害废弃物的容纳场所和处理场所。因此，没有健康的土壤，就不可能有健康的空气、水和食物，也就不可能有健康的环境。

1. 土壤污染与环境健康

（1）土壤污染的概念。近代以来，随着人类社会工业化进程的快速发展,人类向土壤排放的污染物成倍增加。当人为活动产生的污染物进入土壤并积累到一定程度,便会引起土壤环境质量恶化,进而造成农作物中某些指标超过国家食品标准的现象,被称为土壤污染。土壤污染不但直接表现为土壤生产力的下降,而且也通过以土壤为起点的"土壤—植物—动物—人体"传播链,使某些微量和超微量的有害污染物在农产品中富集起来,其浓度会成千上万倍地增加,从而对植物、动物和人类产生严重的危害。

(2)土壤污染物。我们通常把输入土壤环境的,足以影响土壤环境正常功能、降低作物产量和生物质量、对人体健康有害的那些物质称为土壤污染物。通过各种途径输入土壤环境的物质种类多种多样,几乎包括自然界存在的所有物质。土壤中的污染物具有多源性,其输入途径除地质异常外,主要来自工业生产的"三废"(废气、废水、废渣)、农业生产的化肥农药、城市生活的污染和垃圾。常见的土壤污染物主要有重金属类、有机污染物类、固体废物与放射性污染物。常见的重金属污染物包括镉、铬、汞、铜、铅、锌、砷等;常见的有机污染物包括农药类有机污染物(有机磷类和有机氯类)、持久性有机污染物(persistent organic pollutants, POPs)、油类污染物、表面活性剂有机污染物、废塑料制品(形成微塑料)等;固体废物与放射性污染物包括工业固体废物、城市垃圾、放射性污染物等。污染物可同时进入人体,并产生联合作用。环境污染物的联合作用可表现为相加作用、协同作用、拮抗作用或无关作用。此外,污染物在环境中可通过物理作用、生物作用或化学作用发生转化、增毒、降解或富集,从而改变原有的形态、浓度和毒性,产生不同的危害作用。

(3)土壤污染的现状。2014年的《全国土壤污染状况调查公报》显示,我国土壤环境状况总体不容乐观,部分地区土壤污染较严重,耕地土壤环境质量堪忧,工矿业废弃地土壤环境问题突出。工矿业、农业生产等人为活动以及土壤环境背景值较高是造成土壤污染或超标的主要原因。全国土壤总体超标率为16.1%,其中轻微、轻度、中度和重度污染点位比例分别为11.2%、2.3%、1.5%和1.1%。污染类型以无机型为主,有机型次之,复合型污染比重较小,无机污染物超标点位数占全部超标点位的82.8%。从土壤污染的分布情况来看,我国南方地区土壤污染重于北方地区；长江三角洲、珠江三角洲、东北老工业基地等部分区域土壤污染问题较为突出，西南、中南地区土壤重金属超标范围较大。镉、汞、砷、铅四种无机污染物含量分布呈现从西北到东南、从东北到西南方向逐渐升高的态势。

(4) 土壤污染与环境健康的关系。首先，土壤污染绝不是孤立存在的，它会受到大气、水体污染的影响，并成为多种污染物的最终聚集地。其次，土壤中的污染物会随着生物地球化学循环而再次污染大气和水体。例如，稻田中氧化亚氮（N_2O）的排放增加了全球温室效应，农田中氮磷肥的使用会造成农业面源污染，从而加剧淡水湖库的富营养化。再次，由于土壤自身具有物理固定污染物、生物降解污染物以及化学吸附污染物等多种功能，它也是生态系统缓冲和净化污染物的关键场所。最后，土壤中储藏着地球上大量的碳元素，土壤碳循环是碳元素生物地球化学循环的重要环节，对我国实现"双碳"目标下的环境保护与生态修复具有重要意义。

2. 土壤自净与环境健康

(1) 土壤自净。土壤既是污染物的载体，又是污染物的天然净化场所。土壤自净是指进入土壤的污染物，在土壤矿物、有机质和土壤微生物的作用下，通过一系列的物理反应、化学反应及生物化学反应过程降低其浓度或改变其形态，从而消除污染物毒性的现象。少量有机污染物进入土壤后，经生物化学降解可降低其活性而变为无毒物质；进入土壤的重金属元素通过吸附、沉淀、配合、氧化还原等化学作用可变为不溶性化合物，使得某些重金属元素暂时退出生物循环，脱离食物链。土壤自净作用主要有物理自净作用、化学物理自净作用及生物化学自净作用三种类型。

(2) 土壤环境容量。在地球表层系统中，土壤作为多种化学元素的载体，具有储存表生带化学元素的功能，起着"仓库"的作用。对于土壤植物营养元素来说，"仓库"越大表示土壤的潜在肥力越大。对土壤污染元素来说，"仓库"越大则表示土壤对污染物的缓冲能力越大，这在某种意义上也表示土壤自净能力越大。但是，量变积累到一定程度会导致质变，当污染物尤其是重金属类和持久性有机污染物类进入量超过土壤的天然净化能力时，则会导致土壤被污染，有时甚至达到极为严重的程度。因此，从环境保护的角度看，进入土壤的污染物不能超过"仓库"的最大容量，否则人类的生存环境和自然生态系统就会受到危害或破坏。由此产生土壤环境容量的概念，即土壤能允许容纳的污染物的最大数量或负荷量。

（三）土壤与人类健康

土壤主要通过食物影响人体健康。在粮食产量供给充足的条件下，土壤主要通过营养供给和污染胁迫两种方式影响人类健康。一方面，在地质的发展过程中，地壳表面逐渐形成了元素分布不均的现象，其表现是在地球上某一地区自然界的水和土壤中的某种化学元素过多或者缺少；另一方面，随着人类社会工业化的发展，污染物的排放和分布也具有不均一性，污染物可通过饮食、呼吸、接触等方式影响人类健康。

1. 土壤元素分布与人类健康

一般的土壤通常含有 96 种天然元素，人体需要从外界摄取 24 种微量元素，而植物从土壤中只需要摄取 14 种微量元素。因此，人类的健康更依赖土壤。而地壳表面土壤元素分布的不均一性会引发某些特异性的带有地域性的生物地球化学性疾病。这些地方病多发生在经济不发达、同外地物资交流少以及卫生保健条件差的地区。

例如，曾经在我国黑龙江省克山县等地流行的克山病。20 世纪 30 年代，在黑龙江省克山县，很多十六七岁的少年突然患心肌病猝死。由于该病发生在克山县，因此被命名为克山病。患者主要表现为急性和慢性心功能不全，心脏扩大，心律失常，以及脑、肺和肾等脏器的栓塞。后来经研究发现，引发该病的主要原因是食物中缺乏硒元素。到 1980 年，急性克山病已基本消失。另外，人体每日摄取的硒的含量最高也不应超过 400 微克，过高的硒摄取量也会引起中毒。如湖北恩施是世界天然生物硒资源最富集的地区，20 世纪 60 年代曾发生当地人指甲和头发脱落，甚至硒中毒死亡的问题，硒中毒者每日硒摄取量高达 3000 微克以上。这两个例子中缺硒和硒中毒的病症主要是由土壤中硒元素的分布不均一性造成的。

2. 土壤污染分布与人类健康

土壤的状况和养分的供给直接影响着我们的健康，但如果土壤中人体不需要的元素含量过高，则同样对人体有害，甚至会带来特别严重的危害，尤其在土壤遭受污染的情况下，不同的污染物会对人类健康造成不同的危害。

例如，镉（Cd）污染会引起骨痛病，也叫痛痛病。日本在明治维新之后大力发展科学技术，矿业因此而发达，地处神通川上游的神冈铅锌矿在19世纪末被大力开采。随后，一些老年家庭妇女发现自己的骨头特别疼痛，难以站立，身高变矮，一旦不小心摔跤便会骨折，到后期连咳嗽都会造成肋骨断裂，痛不欲生。当地医生把这种痛不欲生的病称为痛痛病，后经科学家研究发现，造成此病的罪魁祸首是镉。镉离子被排放进入土壤后，会通过各种途径最终进入人体。而镉离子的半径和钙离子的半径几乎相同，且都是+2价离子，因此，当人体内钙不足时，镉便替代钙进入骨头中，造成骨头不能钙化、骨质疏松，诱发软骨病，于是造成骨折、身高变矮的现象。

三、疾病与传播

疾病是人体在致病因素的作用下，功能、代谢及形态上发生病理改变的一个过程，这些变化达到一定程度后会显示出疾病对应的临床症状和体征。

（一）疾病与环境的关系

疾病产生的原因很多，包括遗传性因素、不良生活习惯、环境致病因素等。环境致病因素会导致多种疾病，如环境中致癌物质导致的恶性肿瘤等。环境变化不是所有疾病的根源，而是某一类疾病产生的原因。但是，安全健康的环境是人类健康的必要条件，超过人体代偿范围的环境变化势必会导致与其相关的疾病的发生。

1. 环境致病因素

环境的任何异常改变，均可在不同程度上影响人体的生理和心理活动。人体通常具有调节自身生理和心理的功能，可缓冲并适应一定范围内的环境变化。例如，人体会通过体温调节以适应环境温度的变化，也会通过调节红细胞数目和血红蛋白含量以适应环境中氧含量的变化等。但当环境变化超出人体的正常生理调节范围时，则可能引起人体某些结构和功能发生病理性改变。而这些能使人体发生病理变化的环境因素被称为环境致病因素。按照环境因素的分类，环境致病因素可分为生物性、化学性、物理性和社会心理性几类。

2. 环境致病过程

环境致病因素对机体的效应是一个连续的多阶段过程。人体对致病因素引起的损害具有一定的代偿能力，在疾病发展过程中，有些变化属于代偿性的，有些变化则属于病理损伤，二者也可能同时存在。当代偿过程相对较强时，暂时不会出现疾病症状。但机体代偿能力是有限的，如果致病因素持续作用于机体，且超过代偿功能的限度，机体则表现出相应的临床症状和体征。以污染物为例，当进入的污染物剂量较少时，机体可能不会出现生理功能和生化代谢的改变。随着体内污染物剂量的增加，且对机体产生的影响逐渐明显，机体会出现如下渐进改变：可逆的、轻微的生理或生化改变—明显的生理、生化改变—明显的病理改变，出现临床症状—严重中毒—死亡。

3. 疾病与环境

与环境因素有关系的疾病有急性和慢性之分。急性的疾病如有害气体中毒、农药中毒、食物中毒、急性辐射损伤等；慢性的疾病如肿瘤、地方病、出生缺陷、过敏性疾病、呼吸道疾病及其他的一些疾病。

（1）癌症与环境。肿瘤是机体在各种因素作用下，局部组织细胞异常增生而形成的新生物，常表现为局部肿块。肿瘤可分为良性肿瘤和恶性肿瘤，恶性肿瘤通常被称为癌症。癌症的发生与环境中的致癌因素密切相关，不同的致癌因素可诱发不同的癌症。致癌物多种多样，目前确定的人类致癌物质主要包括化学致癌物质、生物致癌物质、物理致癌物质、混合型致癌物质等。化学致癌物质包括重金属及其化合物，有机物如苯、甲醛等；生物致癌物质包括病毒类的乙肝病毒、丙肝病毒、非洲淋巴细胞瘤病毒，细菌类的幽门螺杆菌，毒素类的黄曲霉毒素和微囊藻毒素等；物理致癌物质包括氡气、日光辐射、X射线辐射、γ射线辐射、核辐射等；混合型致癌物质包括酒精饮料、咸鱼、槟榔、煤焦油等。

（2）地方病与环境。地方病是在一定地区内发生的生物地球化学性疾病、自然疫源性疾病，以及与不利于人们健康的生产生活方式相关疾病的总称。生物地球化学性疾病是指发生在某一特定地区、与一定的自然环境有密切关系的疾病。常见的地方病有甲状腺肥大、克汀病、地方性氟病、克山病及大骨节病等。其中，地方性甲状腺肿大和地方性克汀病与低碘的环境有关，地方性氟中毒与高氟的环境有密切关系。地方病多发生在环境保护较差及经济不发达的地区。随着经济的发展、人民生活水平的提高、饮食来源多样性的增加及环境保护日益受到重视，地方病的发生率在逐渐降低。

（3）出生缺陷与环境。出生缺陷是一个新生儿在出生时机体就已经存在的缺陷，是先天性因素、遗传因素和不良环境因素等原因引起的患儿出生时伴有体格残缺或智能落后等疾病的总称。引起出生缺陷的因素包括遗传因素、环境因素、精神因素及生活习惯等。其中，环境因素主要包括化学因素、物理因素（辐射、噪声等）、生物因素（病毒等微生物）以及母体不良的饮食卫生习惯等。目前，已经确定对人类胚胎有致畸作用的生物性环境致病因素包括风疹病毒、巨细胞病毒、单纯疱疹病毒、弓形体、流感病毒等；对人类胚胎有致畸作用的物理性环境致病因素包括射线、机械性压迫和损伤等；对人类胚胎有致畸作用的化学性环境致病因素包括某些多环芳烃类有机物、亚硝基化合物、烷基和苯类化合物，以及农药如敌枯双，重金属如铅、镉、汞等。

（4）过敏性疾病与环境。过敏性疾病（变态反应性疾病）是指机体对异构抗原产生的组织损伤型炎症性免疫应答，引起过敏反应的因素被称为异构抗原。过敏反应是机体的一种免疫性、保护性反应，其发生时伴有组织或器官受损，即为过敏性疾病。常见的过敏性疾病包括变应性鼻炎、支气管哮喘、过敏性皮肤病等，常见的变应原有花粉、药物、化学物质、尘螨等。过敏性疾病在发达国家和地区的发病率高于发展中国家，城市高于乡村，城市高薪阶层高于低薪阶层，污染地区高于非污染地区。过敏性疾病的增多与物质生活水平的逐渐提高、生活方式的改变相关。例如，近年来金属饰物过敏、宠物过敏、食物过敏、湿疹和药物过敏的发病率明显升高。

（二）疾病传播与环境的关系

传染病（infectious diseases）是由各种病原体引起的能在人与人、动物与动物或人与动物之间相互传播的一类疾病。目前，中国的法定报告将传染病分为甲、乙、丙三类，共 40 种。此外，还包括国家卫生健康委员会决定列入乙类、丙类传染病管理的其他传染病和按照甲类管理开展应急监测报告的其他传染病。

引起传染病的不同病原体对环境具有不同的适应性，从而使得传染病的传播受到环境因素的制约。近 20 年来，冠状病毒引起的传染病在全世界有三次大流行，分别是传染性非典型性肺炎（SARS）、中东呼吸综合征（MERS）和新型冠状病毒肺炎（COVID-19），它们均对人类生存造成严重威胁。例如，SARS 病毒对温度敏感，其抵抗力随温度的升高而下降，在 37 摄氏度条件下可存活 4 天，56 摄氏度加热 90 分钟、75 摄氏度加热 30 分钟便能够灭活该病毒。因此，环境条件的变化与疾病的传播息息相关。

1. 疾病传播与地理景观

地理景观构成一定的生态环境，维系着特定的植物和动物群落，影响着大多数自然疫源性传染病的分布。特定的地形地貌为此类传染病的病原体及其宿主、传播媒介提供了适宜生存和传播的生态环境，其流行具有地方性。例如，在我国的低洼地势、沼泽区易发生钩端螺旋体病、血吸虫病和出血热；深山和半深山地区的莱姆病患病率明显高于浅山地区及丘陵地带。

2. 疾病传播与气候变化

气象因子可通过影响病原体、病原宿主及疾病的传播途径影响传染病的传播。温度和湿度可以直接影响病原体的繁殖及其在环境中的生存时间，温和的气象条件有利于传染病宿主的繁殖。气候变化可通过影响水源、食物和空气来改变传染病发生与传播的情况，比如气候变化可能会改变花粉和孢子传播的地理范围及时间，从而改变花粉热和哮喘等过敏性疾病的流行。异常气候事件常可显著地改变微生物的生存条件，从而导致传染病的爆发。例如，洪涝的发生有利于霍乱弧菌的生长繁殖，从而引发大规模霍乱的发生；干旱条件下水源不足使得水源污染概率增加，从而引发肠道传染病的发生。

3. 疾病传播与生态系统

生态系统类型、植被类型及多种自然因素常常共同作用，影响传染病的发生与传播。水体和湿地生态系统的变化与多种病毒性传染病的爆发显著相关。植物的分布会影响水禽的食物来源，进而影响水禽的分布和移动。比如，湿地与印度次大陆高致病性禽流感病毒 H5N1 的爆发相关。罗马尼亚首例禽流感出现在遥远的多瑙河三角洲，该三角洲是欧洲最大的湿地，维系传播的关键点是禽流感病毒可以脱离宿主而存活于水中，水体可以加速排泄物和唾液的传播，使得病毒在没有宿主的情况下也可以存活，并且在不同宿主间重新传播。

4. 疾病传播与土地利用变化

土地利用变化包括农业侵占、森林砍伐、人工水体修建、道路修建、建坝拦水、湿地改造、采矿和城市扩大等，已经引起了一系列疾病的爆发，并改变了许多地方病的传播方式。土地利用变化往往通过改变野生动物和家畜的栖息环境、习惯行为，增加人类与更多病原体、媒介生物的接触机会，降低地区生物多样性并提高带毒物种的丰度，为虫媒传染病传播媒介提供繁殖地等方式对疾病产生影响。比如，森林被砍伐后，支离破碎的生物栖息地产生了"边际效应"，迫使人类与新的病原体、野生动物等接触的机会不断增加。近年来，研究发现 SARS 冠状病毒、埃博拉病毒、尼帕病毒等一些以蝙蝠为宿主的病毒性病原体感染呈现上升趋势。例如，水坝、灌溉水田等水利设施在完成蓄水功能的同时，也为虫媒传染病的媒介生物提供了繁殖地。

第四节　全球变化

由人类活动和自然过程相互交织的系统驱动地球一系列陆地、海洋和大气的生物物理变化，导致温室气体剧增、空气污染加剧、海平面上升、淡水污染面积增加、冰川退缩、极地冰融化、雪盖面积变小、物种灭绝、植被退化、水土流失等现象。这一系列变化都朝着不利于人类生存的方向发展。如何趋利避害、积极应对，成为全球人类需要面对的难题与挑战。

一、全球气候变化

1. 概念内涵

广义的全球变化指整个气候系统（包括大气圈、水圈、岩石圈、冰冻圈、生物圈和人类圈）状态发生的变化，包括大气与海洋环流、水循环、生物地球化学循环，以及资源、土地利用，城市化和经济发展等的变化，还有温室效应、臭氧层破坏、森林锐减、物种灭绝、土地退化、淡水资源缺乏和污染等一系列重大全球环境变化。"全球变化"被定义为地球生态系统在自然和人为影响下所导致的全球问题及其相互作用下变化的过程。可能改变地球承载能力的全球环境变化，包括气候、土地生产力、海洋和其他水资源、大气化学以及生态系统的改变。全球变化研究的主要内容包括土地利用和土地覆盖的变化、生物地球化学循环的变化、人口增长、生物多样性减少、大气成分变化、全球气候变化等。

狭义的全球变化是指全球气候变化，或者全球变化研究的核心是全球气候变化。全球气候变化已被认为是威胁世界环境、人类健康和全球经济持续性的最大风险之一。政府间气候变化专门委员会（Intergovernmental Panel on Climate Change，IPCC）对气候变化做出了明确的定义：气候变化是指气候平均值和气候离差值出现统计意义上的显著变化，如平均气温、平均降水量、最高气温、最低气温，以及极端天气出现的频率等。"全球气候变暖"和"全球气候变化"是两个经常容易被混淆的概念。全球变暖是最早引起人类关注的全球气候变化，全球变暖是由于温室效应不断积累，地气系统吸收与发射的能量不平衡，能量不断在地气系统累积，从而导致的全球平均温度上升的现象。

2. 全球气候变化的原因

气候变化的驱动因子一般是指大气成分以及土地利用变化，扰动了地球大气顶部的辐射能量收支平衡，从而影响了气候。虽然研究者们对气候变化的因果存在不同意见，但温室效应和全球变暖依然引起了世界各国的普遍关注。温室气体是大气中由自然或人为产生的能吸收和释放地球表面、大气和云所反射的太阳辐射,并重新反射辐射的气体的总称。温室气体的成分包括水蒸气(H_2O)、二氧化碳(CO_2)、甲烷(CH_4)、氧化亚氮(N_2O)、臭氧(O_3)、氯氟烃类化合物(CFCs)、氢代氯氟烃类化合物(HCFCs)、氢氟碳化物(HFCs)、全氟碳化物(PFCs)、六氟化硫(SF_6)等 30 多种气体。在所有的温室气体当中,二氧化碳对温室效应的贡献率最大,占 60% 以上。大气中二氧化碳的浓度越高,热外流越受阻,从而地球温度也将升得更高,由于它们发挥着温室一样的作用,使地球变得更温暖,这种作用被称为温室效应。自然的温室效应属于大气系统正常的自我调节现象,它能够维持地球表面的温度不至于过低,从而为地球表面的生物提供适宜的生存温度。据估计,如果没有温室气体,地表平均温度就会下降到零下 23 摄氏度,而当前实际地表平均温度为 15 摄氏度,这就是说,温室效应使地表温度提高了 38 摄氏度。

21 世纪以来,全球气候变化及其研究成为全球共识和热点问题,主要是因为人类活动尤其是人类燃烧化石燃料煤、石油和天然气导致温室气体的含量在短时间内急剧上升,从而使得全球近地面温度的波动升高,引发了一系列全球变化问题,进而威胁到人类自身的生存环境和可持续发展。工业革命之前,大气中二氧化碳浓度保持在 280 ppm。工业革命以来,二氧化碳浓度急剧上升,在 2013 年突破了 400 ppm,现在更是达到了 419.5 ppm,为 1400 万年以来的最大值。短短 270 年间,二氧化碳浓度上升了 49.8%。

3. 全球气候演化

更远的地质时期(万年及亿万年尺度)的气候变化主要是指由地质活动引起的气候变化。地球形成于 46 亿年前,地表温度超过 1000 摄氏度;35 亿年前,地表温度为 55～88 摄氏度。原核细胞生物的出现开创了光合作用产生氧气的过程,到大约 6 亿年前,氧气的不断积累支撑了大气上部臭氧层的形成,紫外线对地球的影响减弱,促进了植物的迅速繁盛,进一步加速了氧气的积累。

第四纪气候变化以冰期—间冰期交替为主要特征。最为著名的是米兰科维奇假说,该假说主张地球轨道的偏心率、黄道交角和岁差等天文因素可能出现规律性的周期变化,这种变化会导致地面辐射收支的变化,从而使得地球气候产生10万年左右周期的冰期—间冰期循环。米卢廷·米兰科维奇（Milutin Milankovitch）认为，夏半年日照量减少是冰期形成的主要因素。如果北半球高纬度地区的夏天比较冷，则可使冬天积雪不融化，造成一年中冰雪总量增加、地球冰雪面积扩张，进一步增加地球对日光的反照率。太阳辐射的周期变化或大气透明度的变化也是引起该时期气候变化的原因。太阳活动强度的变化，使到达地球的总辐射能发生变化：当辐射能减少时，气温降低。另外，地球上的火山具有明显的静止期和活动期，在火山爆发非常频繁的时期，火山喷出的大量熔岩、烟尘和各种气体在平流层内形成灰尘幕，影响大气的透明度，使到达地球表面的太阳辐射减少以致气温降低。

过去5000年的气候变化以四个交替出现的温湿期和干冷期为主要特征，对研究我国5000年来的文明演进和气候变迁的关系具有重要参考价值。寒冷时期分别出现在公元前1100—公元前850年、公元初—公元600年、公元1000—公元1200年和公元1700年。据研究，中华文明演进的几千年中，历代王朝的兴衰、游牧民族政权的疆域变化、农民起义的爆发等，都与气候冷暖波动变化呈现出大体同步的共振关系。

第一次工业革命后（1800年）的全球气候变化（年至百年尺度）对认识气候变化与人类活动的相互作用机制、辨识现代及未来气候变化的自然背景、预估未来气候变化等具有重要科学价值。据IPCC第六次评估（2022年）报告所知，与工业革命前相比，大气中二氧化碳增加了大约30%，且78%的排放增长来自化石燃料和工业过程。截至2020年，全球平均表面温度的升温速率为（0.2±0.1）摄氏度/10年，且越到近期，增暖速率越大，尤其是北半球高山区（北美西部、欧洲阿尔卑斯山和亚洲高山区），近几十年的地表平均气温上升速率为（0.3±0.2）摄氏度/10年，超过全球其他区域。

二、碳循环

1. 碳源与碳汇

《联合国气候变化框架公约》对碳汇做出了明确的界定：碳汇是指从大气中清除温室气体，主要清除（或吸收）二氧化碳的措施，从而减少温室气体在大气中浓度的过程、活动或机制，包括能将温室气体移出大气，到达地面或逃逸到外部空间的过程或活动。例如，大气中的二氧化碳经光合作用被地表植物吸收，也包括温室气体在大气中经化学过程转化为其他非温室气体的物质成分的过程、活动或机制。因此，所有可以将空气中的二氧化碳吸收、储存，进而转化为有机碳的物质，都具有碳汇功能，例如植物、海洋和土壤等，这三者是地球最大的碳汇。其中，森林能够吸收、固定大气中的二氧化碳，是陆地上最大的"吸碳器"，有着其他生态系统难以比拟的碳汇功能。此外，海洋对于调节大气中的含碳量也起着非常重要的作用，它的含碳量是大气含碳量的 50 倍。目前，世界所排放的二氧化碳有一半以上被海洋吸收。由此形成了森林碳汇、海洋碳汇、湿地碳汇等不同的碳汇类型。

碳源与碳汇是两个相对的概念。碳源可以被表述为"一个碳储库向其他碳储库提供碳，因此储量随时间而减少"或者指向大气中释放碳的过程、活动或者机制，碳源与碳汇构成了碳在地球系统中的循环过程。碳源既来自自然界，也来自人类生产和生活过程。例如，任何使用化石燃料的过程（如燃烧煤炭来发电）都会向大气中释放大量碳，2001—2018 年，全球化石能源消费年均产生的二氧化碳排放量为 317.1 亿吨，占碳源的 85.7%。

2. 碳达峰与碳中和

目前，国际社会对碳达峰尚无明确定义。政府间气候变化专门委员会综合评估报告将峰值定义为在排放量降低之前达到的最高值，碳排放量达到峰值简称碳达峰，包括达峰时间和峰值。碳排放峰值指在所讨论的时间周期内，一种经济体温室气体（主要是二氧化碳）的最高排放量。国际社会关于"碳中和"概念的表述主要有三种：气候中和、碳中和、净零排放。其中，气候中和是指人类活动对气候系统提供没有净影响的一种状态，需要在温室气体排放量、排放吸收量和特定区域大致的生物地球物理效应之间取得平衡；碳中和是指人类活动的二氧化碳排放量与二氧化碳吸收量在一定时期内达到平衡；净零排放是指人类活动的温室气体排放与吸收量在一定时期内实现平衡。

  2020年9月22日，习近平总书记在第75届联合国大会一般性辩论上宣布中国力争于2030年前达到二氧化碳排放峰值，二氧化碳的排放不再增长，达到峰值之后逐步降低，努力争取2060年前实现碳中和的总目标。简单来说，这一过程分"三步走"：2021—2030年，实现碳排放达峰；2031—2045年，快速降低碳排放；2046—2060年，深度脱碳，实现碳中和。我国计划到2025年，绿色低碳循环发展的经济体系初步形成，重点行业能源利用效率大幅提升。单位国内生产总值能耗比2020年下降13.5%；单位国内生产总值二氧化碳排放比2020年下降18%；非化石能源消费比重达到20%左右；森林覆盖率达到24.1%，森林蓄积量达到180亿立方米，为实现碳达峰、碳中和奠定坚实基础。到2030年，经济社会发展全面绿色转型将取得显著成效，重点耗能行业能源利用效率将达到国际先进水平。单位国内生产总值能耗大幅下降；单位国内生产总值二氧化碳排放比2005年下降65%以上；非化石能源消费比重达到25%左右，风电、太阳能发电总装机容量达到12亿千瓦以上；森林覆盖率达到25%左右，森林蓄积量达到190亿立方米，二氧化碳排放量达到峰值并实现稳中有降。到2060年，绿色低碳循环发展的经济体系和清洁低碳安全高效的能源体系全面建立，能源利用效率达到国际先进水平，非化石能源消费比重达到80%以上，碳中和目标顺利实现，生态文明建设取得丰硕成果，开创人与自然和谐共生新境界。这一系列目标，立足于我国发展阶段和国情实际，标志着我国将完成碳排放强度全球最大降幅，用历史上最短的时间从碳排放峰值到达碳中和，体现了最大的雄心力度，同时也需要付出艰苦卓绝的努力。

三、全球变化的影响

(一) 影响

全球气候变化的趋势是气温升高，降水分配在时间和空间上发生变化，引起海平面上升、物种种群结构变化、气候带北移、极端天气事件频发、生物多样性降低等问题。成为制约人类社会可持续发展的重大问题。

1. 海平面升高、海冰消减

地表温度的上升加快了两极和高山地区的冰川融化速度，从而使海平面上升。在过去的 100 年间，全球海平面升高了 14 厘米，联合国环境规划署、世界气象组织和世界科学联合会预测到 2030 年前后，全球海面将上升 20～140 厘米。这将导致低地被淹没，影响沿海地区和岛国居民的生活。

此外，自 20 世纪 70 年代晚期有卫星观测记录以来，不到 40 年，北极夏季海冰的范围几乎减少了 50%。依照目前趋势，北极海冰约 40 年后就会消失。即使各国政府达到 2.0 摄氏度温控目标，北极夏季无海冰的情况仍可能在 21 世纪出现。因为升温 2.0 摄氏度后的北极海冰在夏天消融的风险仍达到 39%，但若仅升温 1.5 摄氏度，海冰几乎确定能够保留下来。除非各国政府为削减碳排放制定更严格的排放标准，否则海冰在夏天消融无踪的概率是 73%。近几十年来，北极冰层稳定缩减，冲击原住民的生计和北极熊等野生动物的生活，对区域民生和经济造成重要影响。

2. 生物多样性变化

气候是决定生物群落分布的主要因素，快速的气候变化必将影响生态系统的结构和功能，以及陆地植被的分布格局和演替进程，致使大量物种由于不能及时进化或迁移而灭绝。据估计，在全球气候变暖的背景下，我国东北地区暖温带和温带范围明显扩大，而寒温带范围缩小甚至退出东北地区，这将导致植被分布界限显著北移，同时湿润区面积减少、半湿润区和半干旱区扩大，导致森林面积缩小、草原面积扩大；在气候变化背景下，植物开花、青蛙产卵、卵孵化都会提前；动植物为适应气候变化，需要不断地改变其活动范围和行为，有些可能会造成生态灾难。例如，某种高山上的花依赖某个特定的昆虫进行传粉，如果花已经开了，昆虫仍在蛰伏，就将错过花期；有的物种本身虽未消失，但其适应寒冷或特定环境的特征种群受到威胁，导致其遗传多样性消失；随着温度的升高，带菌者的繁殖速度加快、数量增长；寄生虫的生长速度加快、传染期加长；等等。

3. 农业生产和粮食安全

农业生态系统是一种接受人为活动强烈干预的人控系统，也是自我调节机制较为薄弱的生物系统，在全球变化中既是导致环境变迁的重要因素，也是这一变化的主要承受者和受害者，处在关键且敏感的地位。有关全球变化的许多研究均表明，全球变暖给农业带来的机会与挑战兼而有之。从单一因子看，二氧化碳浓度增大、气候变暖将使农作物光合效率提高，生长期延长和种植界限北移，有利于作物生产力的提高和农业耕种面积的扩大。但从反映综合因子作用的区域农业生态条件变化看，温度提高可能伴随耗水增多，因而加剧某些区域的旱化，更可能因大气环流及洋流出现异常而导致区域气候模式的变化，从而使异常气象灾害增多，农业的不稳定性加强。另外，全球增温会使一些病虫害现象加剧，土壤有机质加速分解，导致养分流失，因而加大了人类对化肥、农药的需求。在沿海低地及河口农业区，海平面上升将带来盐碱化和渍涝加重、农田淹没、海水入侵地下水等问题。

4. 人类健康

人类健康取决于良好的生态环境，全球变暖将成为影响人类健康的主要因素之一。全球气候变化对人类健康的直接影响主要包括日益增加的自然灾害（如热浪强度和持续时间的增加等）导致的疾病（如心脏和呼吸系统疾病）或死亡。极端高温天气将导致对人类健康的困扰更加普遍和频繁，主要表现为发病率和死亡率的增加。

全球气候变化对人类健康的间接影响则更为错综复杂，气候变化引起的各种极端气候现象导致地球生态系统紊乱。气候变暖有助于大部分昆虫的滋生与繁衍，增加了主要通过蚊虫传染的疾病，许多媒介疾病（如疟疾、登革热、黄热病以及一些病毒性脑炎）的媒介分布范围和季节扩展造成传染病和自然疫源性疾病的增加和流行区域的扩展。据估算，到2050年，疟疾造成的死亡人数可能翻一番，并将越过地中海在西班牙、意大利和法国登陆；到2100年全球将有一半居民生活在"传染病"区。飓风、干旱、冰雪灾害等极端天气事件发生的频率和强度的增加，严重威胁着人类的生命财产和安全。

5. 国际关系

伴随着全球气候变化，国际社会已经开始积极应对这一系列问题，各国际组织和国家间展开了广泛的合作。各主权国家积极地制定新的对外政策，全球气候变化成为各国对外政策中重要的一部分，并成为影响国际关系的一个重要因素。国际社会围绕全球气候变化展开了一系列的合作，主要包括基于共同的国家利益而展开的合作，如《联合国气候变化框架公约》和《京都议定书》的签订，就是为了应对气候变化而共同努力的结果。

（二）应对策略

全球气候变化是全人类的共同挑战，应对全球气候变化，不仅关系到我国的持续发展，还关乎全人类的前途与命运。

1. 减缓温室气体排放

全球性的气候变化主要是大气中温室气体排放量增加所致，而温室气体的主要来源是化石能源的燃烧。因此，减缓气候变化主要是要减少化石能源的使用量，提高其使用率、开发其他形式的能源是重要的减缓温室气体的途径。另外，除了自然因素以外，公众在日常生活的衣食住行中也能缓解气候变化。比如尽量少开私家车，选择乘坐公共交通，可适度减缓温室气体的排放；在装修的时候重视保暖隔热，通过加装隔热层和使用效率更高的供暖或空调设施来减少热量损耗，从而减少供暖、空调方面的能耗及排放；改变饮食习惯，比如少吃肉也可以帮助应对气候变化。另外，曾有研究预估，在保证生活需要的前提下，每人每年少买一件不必要的衣服，就可相应减排二氧化碳 6.4 千克。

2. 明确责任，加紧国际合作

1997 年 12 月，由联合国气候变化框架公约参加国经过三次会议讨论通过的《京都议定书》中就规定了六种温室气体作为全球温室气体减排的主要对象，其目标是"将大气中的温室气体含量稳定在一个适当的水平，进而防止剧烈的气候改变对人类造成伤害"。2015 年 12 月 12 日，在第 21

届联合国气候变化大会上通过的《巴黎协定》于 2016 年 11 月 4 日起正式实施，这是继《京都议定书》后第二份有法律约束力的气候协议，该协定由全世界 178 个缔约方共同签署。《巴黎协定》的长期目标是将全球平均气温较前工业化时期的上升幅度控制在 2 摄氏度以内，并努力将温度上升幅度限制在 1.5 摄氏度以内。

主权国家应发挥其在全球气候变化治理过程中的主导作用。各国政府应依据《京都议定书》中规定的温室气体的减排目标和减排时间表，采取积极的应对气候变化的措施与方案。同时，各国要严格履行它们在议定书中所承诺的减排义务。2021 年，中共中央、国务院印发《关于完整准确全面贯彻新发展理念做好碳达峰碳中和工作的意见》和《2030 年前碳达峰行动方案》，明确了新发展理念，宣布中国二氧化碳排放力争于 2030 年前达到峰值，努力争取 2060 年前实现碳中和的总目标。中国在全力推动碳达峰、碳中和政策实施中彰显了大国的担当、责任与使命。

第七章 人地系统与可持续发展

对人地系统的认知与调控是人类社会实现可持续发展的重要基础。当前，可持续发展的核心问题是如何科学理解和管理人类与自然之间的复杂互动关系。可持续发展是人类对自然资源和生态系统服务持续使用的期望，目标是构建人与自然和谐共生的生命共同体，实现人地系统的可持续发展。

第一节 人地系统耦合

人地系统耦合的核心是理解人类系统与自然系统之间复杂的双向反馈机制。人地系统耦合机制即地球表层的人与环境相互作用的机制，需要理解自然要素和人文要素之间联系的格局、过程与效应。

一、粮食—水—能源纽带关系

充分理解并且科学调控粮食—水—能源三者的关系被视为应对粮食安全、水安全、能源安全多重风险的综合性解决措施。

（一）纽带关系及其基本内涵

1. 纽带关系的提出

粮食、水、能源是人类生存发展的重要基础资源，直接关乎国家安全和社会稳定。在气候变化、人口增长、经济发展、环境恶化等全球变化大背景下，人类进入了"更多绿色粮食，更少土地污染；更多清洁用水，更少环境污染；更多清洁能源、更少二氧化碳"的绿色发展阶段。据估算，到 2030 年，全球粮食、水、能源的需求量将分别增加 50%、30% 和 40%，全球面临严峻的粮食、水、能源危机。

最初关于粮食、水、能源的安全问题大多考虑单一独立的资源要素，或在粮食、水、能源之间建立两两关系的二元局部联结，并没有将三者作为一个系统来整体考虑。直到 2011 年，德国波恩会议首次采用纽带关系（nexus）来表述三者之间的关联关系，纽带关系的提出标志着资源治理范式由传统单一部门向跨部门、综合性转型，未来的治理要从纽带关系而非孤立的角度展开以应对挑战。

2. 纽带关系的基本内涵

纽带关系中粮食、水、能源安全不仅仅是单个系统的安全，三者之间还呈现出紧密复杂的关联、传导、权衡关系。全球粮食生产在消耗大量灌溉水资源的同时，还会排放有害物质进而导致地下水的污染；水匮乏、水污染也会直接影响粮食的产量和质量。粮食的生产、收获、加工、运输等过程均离不开能源的支持，包括农业机械等的直接能源消耗以及化肥、农药、农膜等农用物资的间接能源消耗；粮食同样可以用于开发生物能源，缓解化石能源带来的危机，但粮食安全和生物能源开发会竞争土地。能源开发利用（例如煤炭开采、火力发电循环冷却等）离不开水资源的支持，水资源短缺会限制能源的发展，能源消费产生的污水也会对水生态系统产生影响；能源同样是水资源生产、运输、处理与分配等过程的重要动力。

三种资源之间呈现牵一发而动全身的态势。基于单一资源的政策制定无法得到理想的结果，甚至可能会对其他系统产生负面影响。因此，亟须打破学科间的壁垒，克服原有的单一部门资源管理、不同部门相互割裂的局限，开展系统性与综合性的集成研究，以保障全球粮食、水、能源协同可持续发展。

（二）纽带关系及可持续发展

1. 纽带关系的影响因素

传统的粮食—水—能源纽带关系强调粮食、水和能源是实现区域可持续发展的关键自然资源，但仅考虑三者的相互作用与权衡关系并不能充分反映区域自然要素与社会经济发展的关系。粮食—水—能源纽带关系具有多系统、多尺度、多要素、综合性和系统性等诸多基本特征，同时也具有高度复杂性、不确定性和多层次性等特性，内容涉及自然科学的资源系统与社会科学的宏观决策系统两个维度的诸多方面。纽带关系不仅要强调三者之间的互馈关联关系，还应考虑纽带关系作为一个系统性整体与外部影响因素，如社会经济、生态环境、气候变化、全球化、城市化、土地利用、消费、水市场、金融危机、公共健康、政治因素等的相互作用机制。

2. 基于纽带关系的可持续发展

纽带关系是一种解决跨学科、多层次复杂系统问题的有效方法，系统性认知粮食—水—能源纽带关系是人地系统耦合研究的重要内容，也是实现社会经济可持续发展的重要支撑与关键途径。2015 年，联合国制定了 17 项可持续发展目标（sustainable development goals，SDGs），其中 SDG 第 2 项（消除饥饿，实现粮食安全、改善营养和促进可持续农业）、SDG 第 6 项（人人享有清洁饮水及用水）和 SDG 第 7 项（确保人人获得可负担、可靠和可持续的现代能源）三项目标与纽带关系直接相关，其他 14 项也都不同程度地与纽带关系间接相关。

在气候变化和人类活动的双重影响下，纽带关系内部资源间以及与外部影响因素间的关系愈加复杂。综合考量粮食、水、能源三者之间的复杂关系，探索纽带关系内外部多要素间的多重因果联系及耦合驱动机制，从要素协同、部门协作的集成管理视角进行管理政策制定，促进资源的高效利用，将有利于更好地保障未来粮食、水、能源安全，促进 2030 年社会、经济、环境可持续发展目标进程的有序推进。

（三）纽带关系量化方法

1. 纽带关系量化的一般方法

目前，关于粮食—水—能源纽带关系量化评估研究主要有三类：状态评估、物理关联量化与经济关联量化。其中，状态评估主要是通过指标体系法、耦合协调度模型、莫兰指数、聚类分析、Pearson 相关分析、地理加权回归、数据包络分析等方法对安全状态、空间分异特征、压力、效率、韧性与可持续性等表征粮食—水—能源纽带关系特征的量进行评估。物理关联是指粮食、水、能源三种资源间的相互消耗关系，常用的量化方法主要包括：定额推算、全生命周期评估模型、水足迹、网络分析、结构路径分析、投入产出分析、物质流和能量流等。经济关联指的是系统内一种或两种资源的价格波动给其余方带来的影响，常用的量化方法为市场多因素模型。

随着量化研究的深入，粮食—水—能源纽带关系研究的切入点也愈发多种多样，包含了粮食种植结构、农用物资消耗、水资源调配、污水排放、能源结构、碳税、气候变化、人口增长、生活方式、生态服务等方面。目前，纽带关系模拟预测的方法主要包括：水—能源—粮食纽带关系工具2.0（WEF Nexus Tool 2.0），系统动力学模型（system dynamics，SD），可计算的一般均衡（computable general equilibrium，CGE）模型，水资源评价规划模型-长期能源替代规划系统（WEAP-LEAP），气候、土地、能源与水资源策略［climate change, land-use, energy and water strategies（CLEWs）］，基于社会生态系统代谢的多尺度综合评估（Mu-SIASEM），市场配置/市场配置系统集成模型（MARKAL/TIMES）等。

2. 纽带关系量化的挑战

随着粮食—水—能源纽带概念的发展，人们已经认识到粮食—水—能源纽带的整体性，其量化方法也在不断增多。人口规模、经济贸易、政策干预以及快速城市化等外部社会要素同样对纽带关系产生至关重要的影响，社会属性的刻画使得纽带关系实现了由概念到行动的转变，可为政府主导的资源管理提供有效的适应措施。

考虑到自然过程与社会过程的相互影响、相互约束，亟须进一步将社会属性纳入纽带关系的研究中，在社会属性和自然属性之间搭建联系，叠加城市化、经济活动和政策干预等人类过程的影响，开展自然要素和社会要素权衡分析，从全局系统集成的视角促进自然科学与社会科学的紧密结合，进而推动社会-生态系统的可持续发展以及资源协同管理方案的制订。

二、生态系统服务

生态系统服务是指生态系统形成并维持的人类赖以生存和发展的环境条件与效用。它不仅包括生态系统为人类所提供的食物、淡水及其他工农业生产的原料,更重要的是还可以支撑与维持地球的生命系统、维持生命物质的生物地球化学循环与水文循环、维持生物多样性、净化环境、维持大气化学的平衡与稳定。因此,生态系统服务是人类赖以生存和发展的资源与环境基础。

然而,随着人类经济社会的发展,长期的开发利用和巨大的人口压力导致生态系统和生态系统服务出现严重退化,生态系统呈现出由结构性破坏向功能性紊乱方向发展的趋势,由此引起水资源短缺、水土流失、沙漠化、生物多样性减少等生态问题持续加剧。联合国千年生态系统评估结果显示,全球有60%的生态系统服务正在退化,生态系统服务的丧失和退化将对人类福祉产生重要影响,威胁人类的安全与健康,甚至直接威胁区域乃至全球的生态安全。

生态系统服务研究已经成为国际生态学和相关学科研究的前沿和热点,从生态系统、区域和国家等不同尺度开展生态系统服务的系统研究,认识生态系统服务形成与调控机制和尺度特征,发展生态系统服务评估方法,全面认识生态系统服务的空间格局及其演变特征,对发展生态系统服务研究的理论与方法、保障国家生态安全具有重要意义。

1. 生态系统服务的分类

生态系统服务可分为供给、调节、支持和文化四大类服务。其中,供给服务是能为人类带来直接利益的各类自然资源的功能,如粮食供给、水供给、木材供给、燃料、基因资源等;调节服务是生态系统调节生态环境的功能,其带给人类的惠益如固碳、净化水源、控制疾病等;支持服务是维持地球生态整体存在的功能,如养分循环、水土保持、维持生境质量等;文化服务是指人类从自然生态系统中获得的各类精神、美学、娱乐和文化的享受及收益,如精神与宗教、美学、娱乐、励志教育等。以生态系统服务为主体构成的自然资本对人类社会发展及人类福祉有重要作用,生态系统功能可直接或间接地为人类生存与发展提供产品与服务，通过物质流、信息流和能量流等，自然资本发挥各自的功能与效用，最终成为人类赖以生存和发展的资源与环境基础。

2. 生态系统服务的特征

在同一尺度上，生态系统服务间存在不可避免的权衡。一类生态系统会产生多种服务，同一生态系统过程会影响多种生态系统服务，过分强调某一功能和服务会削弱和损害其他生态系统服务，并可能导致一系列生态环境问题。人类作为生态系统的一个组成部分，依靠生态系统所提供的食物和产品以及一系列支持人类生存的生态调节与支持服务。但是，在人类发展过程中，生态系统受到人类活动的干预，导致生态系统的一些服务丧失或者退化。近一百年来，地球上大多数自然生态系统受到人类活动的干扰而发生了巨大改变。例如，人类通过筑坝、建设饮水工程等水利设施，取得河流生态系统的水、电产品，但也因此改变了许多河流生态系统的结构与功能，导致河流在提供水生生物生境、污染物净化、水产品生产，以及美学文化等其他生态系统服务上的能力降低，产生了一系列不利影响。同时，维持生态系统多种服务的措施之间也存在一定的冲突。生态系统能够提供多种生态系统服务，森林生态系统能提供林木产品和林副产品、调节气候、光合固碳、涵养水源、保持土壤、净化环境、循环养分、防风固沙、提供文化多样性、提供休闲旅游、释放氧气、维持生物多样性等多种生态系统服务。而要维持和实现这些生态系统服务，其措施是各不相同的，甚至是互相矛盾的。

在不同尺度上，生态系统服务具有协调性。生态系统过程和服务具有一个特征尺度，即典型的空间范围和持续时段。在不同的尺度上，生态系统体现出来的服务有所侧重。在局域尺度上，森林生态系统服务主要体现在木材生产方面；在区域尺度上，森林生态系统服务则体现在涵养水源、调节气候、防洪减灾等方面。人们对某一尺度生态系统服务的过度强调，可能会导致其他尺度服务的丧失或退化。在一个流域内，流域上游是水源涵养区与水源形成区，大多山高坡陡，不利于工农业活动的展开，上游人民的生活水平较中下游人民低。地理环境的限制使上游的经济发展速度低于中下游，但上游却为流域提供了重要的生态系统功能和服务，为中下游的社会发展和经济发展提供了生态保障。目前，生态系统服务还未能进入生产成本，人类享受到的生态系统服务还未能得到正确评估。这直接导致了经济发展的生态倒挂现象：上游地区为全流域的发展提供了重要的生态系统服务保障，然而该区的人民生活水平却较低；下游地区则由于上游地区的水源涵养功能、径流形成功能以及防洪功能，获得了经济发展需要的水资源，并免于洪水灾害的威胁。在对流域进行规划时，决策者应该考虑在不同尺度上生态系统服务表现的差异，正确评价生态系统服务，采用生态补偿对流域上游进行经济补贴，提高上游居民保护生态环境的积极性，在全流域实现经济与环境的可持续发展。

3. 生态系统服务的评估方法

生态系统服务评估方法可以分为两大类：一类是常用核算方法，包括价值量评估法、物质量评估法和能值分析法；另一类是生态模型法。

（1）价值量评估法。该方法主要从经济学的角度出发，以价值量的形式对生态系统服务进行货币化，包括直接市场法、替代市场法和虚拟市场法。目前，学界大多将生态系统服务价值量评估方法归纳为两大类：一是基于单位面积价值当量因子来评估的当量因子法；二是基于单位服务价格来评估的功能价值法。功能价值法是基于生态系统服务量的多少和单位价格来得到总价值的方法。价值量评估法的优点在于将生态服务的评估结果以货币价值形式直观地呈现出来，方便比较分析；但其缺点是主观性较强，存在不确定性。目前，生态系统服务价值量评估法主要应用于生态系统供给服务的评估，其次是调节服务和文化服务。这一方法对于水资源供给、食物生产及原材料生产等供给服务的价值量评估结果具有较高的经济意义。

（2）物质量评估法。主要是从生态系统物质量的角度对其提供服务的强弱进行综合性评价。这种方法通常基于生态系统过程而构建，能够客观地反映生态系统的生态过程和可持续性。物质量评估法能够较好地分析生态系统服务的时间变化特征，比较生态系统不同服务的重要性。但是，使用物质量评估法评价生态系统服务，容易忽略不同土地利用下生态服务的空间差异性以及人文社会环境的影响。

（3）能值分析法。主要以能量为评价标准，通过将不同种类的能量转化为太阳能值，然后利用能值/货币比率等方法来评估生态系统服务。能值分析法能充分考虑无法货币化的生态系统服务对人类社会的重要贡献，以及不同种类能量之间等级和质的差异性，将生态系统与人类社会经济系统有机结合起来。此外，它还能避免人为因素，具有量纲统一、热力学方法严密等优点。

（4）生态模型法。随着遥感等技术的广泛应用及研究方法的进步，生态系统服务的评估方法逐渐向生态模型靠近。目前，常见的生态系统模型包括 InVEST、ARIES、SoLVES、MIMES、TESSA 等。其中，InVEST 模型包含的评估模块较多，而 ARIES、SoLVES、MIMES 等模型在特定区域的评价结果较好。但是，生态模型还存在一些局限性，当前只能评估某些生态系统服务，例如水源涵养价值、碳储存价值等。

4. 生态系统服务的研究内容

目前，生态系统服务的相关研究可分为四个部分：级联效应、权衡与协同、空间流动、物质量与价值量评估。

（1）级联效应。生态系统服务的级联效应用于阐述生态系统服务各组成部分与人类福祉之间的关系，它将生态系统服务各组成部分与社会价值联系起来，构建了从自然科学到社会科学跨学科研究的桥梁，可以帮助决策者更好地将生态系统服务概念融入决策的制定过程。

（2）权衡与协同。在生态系统服务中，权衡是指某些类型生态系统服务的增加或减少，导致其他类型生态系统服务减少或增加的情形；协同是指两种或多种生态系统服务同时增强或同时减少的情形。深入研究生态系统服务的权衡与协同关系，对促进区域可持续发展以及实现人类福祉、生态系统服务和自然资本管理的"多赢"具有重要意义。

（3）空间流动。生态系统服务流研究将自然生态系统与人类社会系统连接起来，主要内容是探索生态系统服务由供给区到需求区的空间转移过程。生态系统服务流是实现生态系统服务供给与人类需求耦合的重要桥梁，科学理解生态系统服务从产生、传递到使用的全过程，明确区域生态系统服务供给与需求的平衡状况，对实现区域可持续发展与提高人类福祉具有重要意义。

（4）物质量与价值量评估。如前所述，生态系统服务评估方法大致可以归纳为物质量与价值量两类，物质量与价值量的评估是目前生态系统服务研究最为普遍的内容，能够最为直观地分析生态系统服务的变化情况，可为相关研究内容提供数据支撑。

三、社会-生态系统

（一）社会-生态系统的概念

社会-生态系统（social-ecological system，SES），也被称为复合人-地系统或人与自然复合系统，是指人类与环境相互作用形成的具有复杂性、非线性、不确定性和多层嵌套等特性的耦合系统。面对环境问题的复杂性，多学科交叉研究逐渐发展，社会-生态系统理论框架被认为是极具潜力的分析方法和学科前沿。美国国家科学基金会（National Science Foundation，NSF）于2001年开展了自然与人类耦合系统动力学（dynamics of coupled natural and human systems，CNH）研究计划，2019年进一步发展为CNH2，即社会-环境综合系统动力学研究计划，为社会-生态系统理论研究与实践探索提供了指导，吸引了全球可持续性领域众多学者的广泛关注。

社会-生态系统耦合研究鼓励对社会与生态系统的动态进行整体评估，尤其关注人类和生态系统相互作用，及其在多个相互关联的尺度上形成的动态反馈循环。这些相互作用和反馈可能对社会系统和生态系统要素产生积极或消极影响。如果对消极影响不加以控制，这些反馈会导致系统转变为不良状态或进入社会-生态贫困陷阱，或者导致其他意想不到的后果。因此，发展跨学科的研究框架和分析方法，深入了解社会-生态系统的动态机制，对于设计更有效的政策和干预措施以应对可持续发展的挑战至关重要。

（二）社会-生态系统耦合研究的核心内容

社会-生态系统的互馈机制是社会-生态系统耦合研究的核心内容，弹性（resilience）、适应力（adaptability）和转换力（transformability）是研究社会-生态系统动态演化和互馈机制的重要理论，也是理解和揭示复杂社会-生态系统非线性变化过程的关键因素。在全球变化和人类活动的驱动下，社会系统与生态系统均处在不断加剧的动态变化中，揭示二者之间的互馈机制是保持和增强系统弹性以及可持续性的科学基础，也是当前研究的主要难点。目前，主要通过发展社会-生态系统动态机制分析方法揭示社会-生态系统的变化过程与互馈机制，建立耦合社会系统与生态系统的权衡与优化模型，提出可持续的土地利用优化配置方案，从而推动社会-生态系统耦合研究在理论与方法上的创新，为生态系统的适应性治理和可持续发展提供科学依据。

（三）社会-生态系统耦合分析框架

人类社会与生态系统之间存在着复杂的相互作用，并不断地发生变化。根据生态整体主义环境伦理学的定义，大地作为地球协调运作的一个共同体，是由土壤、水、气体和生物等部分组成的整体生态系统，应该得到人类的尊重并承担保护大地共同体的义务。此外，生态系统还是一个具有输入和输出功能的动态系统，即生态系统会受到人为活动的影响，同时也会为人类社会带来财富或造成威胁。人类社会通过环境治理和政策制定来调节人与自然的关系，因此，社会-生态系统耦合理论成为探讨和解决这一全球问题的重要基础。该理论有助于理解和应对社会-生态系统多稳态、非线性、不确定性、整体性以及复杂性的特点。通过综合方法管理生态系统使其可持续地提供生态系统服务，已成为生态环境问题的国际研究前沿。

社会-生态系统的主要分析框架包括"驱动力—压力—状态—影响—响应"模型（DPSIR）、社会-生态系统框架（SES）、脆弱性框架（TVUL）、人与自然耦合系统（HES）、生态系统服务等十几种。其中，2009年由奥斯特罗姆（Ostrom）提出的SES框架最受关注。它将人类社会和生态系统交互过程中涉及的所有资源都囊括其中，形成了一个多维耦合互动的有机体，通过整合多学科知识而构建的多尺度、跨时空的分析框架，包括资源系统、资源单位、行动者、治理系统四个核心系统，以及在社会系统和生态系统两个宏观背景下进行的互动过程（interactions）和产出的结果（outcomes）等八个一级变量，具有强大的解释、诊断并解决问题的功能，为解决生态治理问题提供了强有力的工具。

（四）社会-生态系统耦合框架的应用

1. 自然资源管理和国土空间治理

在自然资源管理和国土空间治理方面，社会-生态系统耦合框架主要用于评价区域资源环境承载力、划定生态红线以及制定生态补偿政策等。

首先，社会-生态系统耦合框架可以为评价区域资源环境承载力提供界限和阈值。绿色可持续发展的目标就是将人类活动规模与强度控制在自然生态系统可承载限度之下，且社会经济系统又在安全、公正的范围之内。根据自然生态及社会经济本底状况，选取符合区域特征的地球界限过程，通过自上而下平均法和自下而上聚合法确定阈值及不确定范围，设定区域地球界限阈值，并与当前的资源环境利用情况进行比较，识别资源环境是否超载及超载程度。有别于以往基于指标体系评价资源环境承载力的工作，新框架通过对地表关键生物物理过程和社会经济过程进行综合分析设定安全边界阈值，因而分析结果更加客观。

其次，在生态红线划定方面，社会-生态系统耦合框架通过调控影响安全运行空间的地球界限和社会界限，将人类活动限制在一定的空间范围或质量控制范围之内。在保障生态系统产品和服务持续供给的前提下，达到维护国家和区域生态安全及社会经济可持续发展之目的。目前，生态红线划定方法和评估指标仍未统一，也较少考虑社会经济因素，导致生态红线的自然资源管理和国土空间治理目标难以实现。因此社会-生态系统耦合框架可以为生态红线划定技术方法的完善提供重要的理论支撑。

最后，社会-生态系统耦合框架可为生态补偿政策的制定提供参考。生态补偿是指以保护和可持续利用生态系统产品和服务为目的，以经济手段为主，为调节相关利益关系而进行的补偿活动。狭义的生态补偿是指由人类的社会经济活动给生态系统和自然资源造成的破坏及对环境造成的污染的补偿、恢复及综合治理；广义的生态补偿还包括对因生态环境保护而丧失发展机会的区域内的居民进行的资金、技术、实物上的补偿和提供政策上的优惠。明确经济活动对生态环境的损害程度及因生态环境保护带来的生态惠益是制定生态补偿策略的核心要求。社会-生态系统耦合框架以生态系统服务作为当前生态环境条件能够为人类提供的惠益，以其供需关系作为人类需求是否得到满足的指标，以供需权衡关系作为胁迫压力衡量安全运行空间的变化，根据安全运行空间的范围等因素进行综合判断，以便确定社会-生态系统的损益区间，进而制定生态补偿政策，达到自然资源有效管理的目的。

2. 区域绿色可持续发展

社会-生态系统耦合框架可应用于绿色发展道路的选择，以及当前发展是否符合绿色发展的判断。绿色可持续发展是建立在生态环境容量和资源承载力约束的条件下，将生态环境保护作为实现可持续发展的一种新型发展模式。绿色可持续发展将资源环境与社会经济发展有机整合，以可持续发展为目标，促成经济活动"绿色化"和"生态化"，以达到人与自然和谐共生的目的。社会-生态系统耦合框架以可持续发展目标为导向，以生态系统产品和服务的物质量和价值量作为测度指标，设置不同的社会经济发展路径和气候变化情景，量化不同发展路径和情景下由生态系统服务供需变化引起的安全运行空间的界限、范围和状态变化，预警不同社会经济发展路径下的社会-生态系统超越地球界限及社会界限的可能性，进而判断发展路径是否符合绿色发展的要求，是否为可持续发展路径。

经济发展与生态环境的关系已由用"绿水青山"换取"金山银山"，即不考虑或很少考虑资源环境承载力、忽视生态系统的脆弱性、盲目开发利用资源，向既要"金山银山"也要"绿水青山"的自然生态与社会经济和谐统一的方向发展，实现了经济增长方式的转变和发展理念的超越。生态系统服务作为联结"绿水青山"与"金山银山"的桥梁，在判断两者是否和谐统一中起到关键作用。人力资本、人造资本和社会资本通过生态系统服务与自然资本发生作用，进而影响人类福祉。量化和模拟"自然资本—生态系统服务—社会、人力和人造资本—人类福祉"这一级联框架，有助于识别某一环节的关键问题及驱动因素，并及时做出政策调整，实现"绿水青山"和"金山银山"的有机统一。

在生态文明建设的背景下，科学衡量社会-生态系统耦合协调程度具有重要的理论和实践意义。在理论上，它可以丰富新时代生态生产力的理论内涵，理解山水林田湖草生命共同体的系统思维，诠释"绿水青山就是金山银山"的发展观；在实践上，它可指导自然资源管理、国土空间治理、生态修复和自然环境保护等具体工作。从国际发展动态来看，生态系统服务和自然资本对社会经济发展的积极作用已经得到广泛关注，通过不同时空尺度基于生态系统服务的社会－生态系统分析框架，在制度、政策和治理体系层面调控安全运行空间状态，最终遴选出绿色可持续的发展路径，仍是未来一段时间值得研究的重要课题。

第二节 人地系统模拟

人地系统是一个由多要素共同作用的，自然、社会和经济复合的，整体开放的复杂巨系统，其中心目标是协调人地关系，重点研究人地系统的优化方案并落实到区域可持续发展上。在人地系统中，许多地理现象都具有非平衡性、多尺度性、不确定性、自相似性、层次性、随机性、交互性等复杂特征。传统的地理学研究方法和技术手段已经无法有效地解释这些复杂现象。建立人地模拟系统能够实现对复杂地理现象及其过程的多层次动态分析，这一过程主要基于科学数据，通过地理建模实现对复杂地理现象的模拟和预测。

一、科学数据

（一）数据与大数据

数据是对客观事物的属性、数量、位置及其相互关系的符号描述，是反映客观事物状态和属性的符号记录，是感觉器官或观测仪器对客观事物状态的感知结果，其表现形式通常是数字、文本、视频、音频、图像、图形与档案等。数据被认为是信息的载体与表现形式，而信息则是数据中蕴含的具体内容，需要经过加工处理才能获取。从原始社会结绳记事开始，人类就以不同的形式记录和传播各种各样的信息，如摩崖石刻、活字印刷，等等。在信息科技高度发达的今日，人类记录与传输数据的方式已经发生了翻天覆地的变化。当前，欧洲核子研究组织（European Organization for Nuclear Research，CERN）粒子加速器每秒试验能产生 1 PB（petabyte，1 PB = 1024 TB）的庞大数据流量；在 24 小时不间断运行的谷歌（Google）云计算中心，数据存储服务器的吞吐量可以高达 EB（exabyte，1 EB = 1024 PB）级别。

人类的生存发展离不开地球环境，无论是历史遗留资料，还是当下实时产生的观测数据，都记录着地球环境的变迁，同时也记录了人类历史的发展与社会文明的演进。在这些浩瀚的数据海洋中，可应用于地球科学研究，从而发掘地球系统知识以及人地活动规律的数据，都可以称为地球科学数据。这些数据来源广泛，产生于各类科学研究、工程活动与社会生活中，包括与地球大气圈、水圈、土壤圈、岩石圈、生物圈以及人类活动等相关联的各类信息，是人类社会赖以生存的战略性资源。将海量数据资源转化为地球知识与洞察力的操作涉及这些数据的管理、处理、分析与预测等多个过程，从而促进了数理统计、可视化分析、时空推理、人工智能、系统模拟等一系列基于数据驱动研究科学问题的理论、方法与技术的发展，形成了当前数据科学的体系框架。

与此同时，随着新型传感器与观测仪器平台的广泛运用、高性能计算机以及互联网与物联网技术的高速发展，人类获取数据以及处理数据的手段与能力获得极大的提升，由此产生了爆炸式的"数据增长"。这些数据大部分都是非结构化的异构数据，具有体积大、速度快、种类多的特征，因而被称为大数据。这些新型来源数据加速了数据科学的发展，使得基于数据驱动的研究模式在各个专业学科与应用领域形成了新的研究范式。同样地，传统地理学研究先后经历了地理经验科学范式、地理实证科学范式以及地理系统科学范式。在大数据时代，地理大数据研究范式为深化人地系统研究和解决当前环境与社会重大问题提供了一种新的思路和模式。地球科学大数据是人地系统模拟的基础与核心，无论是反演过去，还是预测未来，都需要客观世界中不断积累的海量历史资料与实时观测数据作为运行支撑。

（二）数据类型

随着对地观测技术的发展，人类获取地球科学数据的手段越来越丰富，所得到的可应用的地球科学数据种类也日益繁多，这为开展地球科学研究提供了基本信息资源。由于数据来源与采集目不同，数据的采集方式、存储以及传输方式也不相同，因此数据类型千差万别，一般可以按照数据的专题特征、结构特征以及空间特征进行以下分类。

1. 基于数据专题特征的分类

按照数据采集所面向的研究对象与专题属性，地球科学数据可以分为自然环境专题数据和人文社会专题数据。其中，自然环境专题数据是以地球环境为中心，通过对人类赖以生存的自然资源与生态环境的相关特征、状态及其变化进行调查观测而获取的数据资料，如地貌地势、资源分布、气候变化、地质活动以及生物多样性等。人文社会专题数据是以社会环境为核心，通过对人类社会系统中的建设规划、交通出行、商贸经济、政治战争等一系列人类活动进行地理关联的观测记录而形成的数据资料。

2. 基于数据结构特征的分类

由于数据采集所使用的仪器方法以及数据存储的载体介质有差异，数据存在多种多样的数据结构与形态（称为数据多模态特征），一般可以分为五类。①文本数据，如地理志、调查文档等。②数值数据，如气温变化、海平面高度、社会经济统计等。③图形数据，如地形图、行政区划、地质构造分区等。④影像数据，如遥感影像、地图扫描件、激光点云等。⑤视频数据，如遥感视频、无人机航拍视频等。

3. 基于数据空间特征的分类

空间是地理数据的固有属性，世界上大部分数据都与空间位置有关。按照是否具有空间特征的标准来看，地球科学数据又可以分为以下三类。

（1）空间数据：是具有明确的地理空间参考与空间坐标，用以描述现实世界客观对象的位置、形状、大小及其分布特征的数据。按照数据表达现实世界的方式，又可以分为矢量数据（离散表达）与栅格数据（连续表达）。其中，矢量数据通过记录实体的空间几何坐标及其关系，可以尽可能精确地表现点、线、多边形等地理实体。栅格数据将空间分割成有规律的网格，每一个网格称为一个单元，是通过在各单元上赋予相应的属性值来表示实体的一种数据形式。空间数据一般具备三个基本特征：空间位置特征（描述地理实体的空间位置或实体间的空间关系）、属性特征（描述空间现象的非空间特征）以及时间特征（数据采集或发生的时刻或时段）。注重时间维度特征或动态变化过程的空间数据，被称为时空数据。

（2）伪空间数据：有一些数据本身不具备地理参考价值，但是与客观世界特征相关联，并且可以通过空间化手段将其转化为空间数据，例如街道地址描述、社会经济统计数字以及未经几何校正的航拍相片等。

（3）非空间数据：除以上两类数据外，无法实现空间化的其他类型数据统称为非空间数据。

人地系统的复杂性包括时空尺度、层级组织、关联网络、功能耦合的复杂程度，共同决定了所观测到的数据类型千变万化、丰富繁杂。针对特定的人地现象或问题，可以选择相适应的数据类型进行分析。复杂的地理模拟分析过程，通常需要通过一系列数据处理方法，来融合不同尺度、不同来源、不同结构的观测数据，以改善模型估计精度，提高模型预测能力。这个过程称为数据同化。

（三）数据采集

数据的获取与处理是数据科学的基础工作。因数据的来源不同且存在的类型和格式不同，数据的获取方法也是不同的，按照场所可分为内业采集和外业采集，按照采集手段可分为人工采集与仪器采集。随着传感技术与信息技术的高度发展，数据采集方式越来越趋向于高效化、自动化与网络覆盖化。此外，数据在获取过程中都存在不同程度的错误或误差，因而需要对数据进行编辑和处理。为满足数据库统一管理和后续分析的需要，采集的数据往往以数字化的形式按照特定的数据库标准录入计算机系统。从数据采集的任务来源来看，一般可以分为以下五类。

1. 历史资料整理

由于早期的历史观测资料、工程图件主要是以纸质方式记录保存的，因而需要大量的人工或半人工任务以实现书面资料的数字化录入，例如古地貌环境变迁研究、历史气象观测信息收集等。需要空间化的数据，必须借助特定的地理信息系统（geographic information system，GIS）硬件或软件实现数据项向空间数据的转换，例如扫描地图的矢量化。此外，由于历史累积的大量数据资料存在坐标不一致、数据标准差异大等问题，需要通过时空参考转换等内业数据处理技术，实现多源多时期数据的统一与集成。

2. 外业调查与观测

外业调查与观测是获取数据的主要来源。全国或区域性的定期外业专项调查往往能够针对性地采集大面积的专题数据，例如全国国土调查、全国人口普查、全国地质矿产调查等。特定科考与调查项目是典型区域研究的主要数据来源，例如黄土高原水土流失科考、南极冰川科考、城市失业率调查问卷等。在外业调查过程中，通常需要借助测绘技术来实现区域地理空间的测定、地理对象空间位置与几何形态的测量。此类技术包括传统地形图测绘、GPS静态测量、RTK动态观测、航空摄影测量、激光雷达三维扫描、合成孔径雷达等。

3. 传感器自动采集

传感器能够自动采集各类环境状态指标、物体运动特征、电磁辐射反射能量等数据，是自然现象与生态环境观测的重要手段。目前，传感器技术发展迅速，类型丰富多样，包括光谱仪、位置传感器、温湿度传感器、气体传感器、速度传感器等。物联网技术能够将各种传感器融入互联网，从而形成一个巨大的实时观测网络，实现任何时间、任何地点的人、机、物的互联互通，其典型代表为全国气象观测网、水文信息观测网。遥感卫星作为一种天基平台，携带了可见光、热红外、微波等各种类型的传感器，从太空实现对地球的大范围重复观测。多颗遥感卫星或遥感星链在统一的调度指挥下就能够组建功能互补与全天候的对地观测网络。此外，智能手机携带的定位、相机以及通信等各类模块，已成为理想的移动传感平台。鉴于智能手机的普及和信号的全面覆盖，手机网络已经构成了一个极具研究价值的对人观测网络。

4. 开放信息获取

在大数据时代，很多机构或组织都致力于数据的开放与共享（有偿或无偿），最大限度地实现数据的应用价值。当前，各国政府、科研机构或协会组织会通过权威的门户网站共享数据，提供基于各种数据接口形式的数据共享服务，例如全国地理信息资源目录服务系统（https://www.webmap.cn）、国家地球系统科学数据中心（http://www.geodata.cn）。丰富的社会经济活动创造了庞大的数据源，很多企业在运营过程中积累了海量的数据资源，尝试以开放的姿态共享数据，以实现商业与社会的共赢，如谷歌、百度、腾讯等。近年来，众源地理信息数据也逐渐成为一种重要的开源数据获取渠道与研究热点，它是由大量非专业人员志愿获取并通过互联网向大众提供的一种开放地理数据。较传统数据而言，众源地理数据体量较大、信息丰富、成本低廉，具有很强的现势性。最具有代表性的众源项目是国际地理信息志愿者发起的开放街道地图（Open Street Map），它构建了一个供公众免费上传、编辑和使用的基础地理数据集。此外，很多互联网应用网站上发布了类型多样、形式丰富的大众日常生活实时信息，如推特、微博等社交媒体，美团、大众点评等生活服务类平台。在经过运营方允许的条件下，可借助各类数据爬虫技术来获取这些网站上基于结构化页面发布的众多数据内容。

5. 地理模拟与再分析

由于经费、精力、技术以及场地限制等问题，采集到的数据往往无法完整覆盖研究区的时空范围或尺度要求，就会出现数据部分缺失与不匹配的问题，导致地理模拟分析无法顺利进行。人们通常会借助"大数据+机器学习"技术、各种地理模拟与再分析方法，实现缺失时空信息的自动填补插值、时空分辨率的提升与精化以及时空变化数据的预测，例如高分辨率农田土壤墒情数据、区域未来气候预测数据、城市未来土地利用与边界扩张数据等。这些模型方法的输出结果为进一步的模拟计算以及其他应用模拟提供了重要的再分析资料与数据基础。

二、地理建模

（一）数字孪生

1. 数字孪生概述

数字孪生（digital twin），也被称为数字映射、数字镜像，是一种充分利用物理模型、传感器、运行历史等数据，集成多物理、多尺度、多学科的仿真过程，具有实时同步、忠实映射、高保真度的特性，能够实现物理世界与信息世界交互与融合的技术手段。它作为虚拟空间中对实体产品的镜像，反映了相对应物理实体产品的全生命周期过程。其概念最初的定义为包含"实体产品""虚拟产品"以及"二者间的连接"的"三维模型"。2011 年，美国空军研究实验室（Air Force Research Laboratory，AFRL）和美国航空航天局（National Aeronautics and Space Administration，NASA）合作提出了构建未来飞行器的数字孪生体。随后，数字孪生才真正引起学者们的关注。在此背景下，数字孪生的定义为"一种面向飞行器或系统的高度集成的多物理场、多尺度、多概率的仿真模型"，它能够利用物理模型、传感器数据和历史数据等内容反映与该模型对应的实体的功能、实时状态及演变趋势等。在此之后，一些学者在 NASA 所提概念的基础上进行了补充和完善，包括融入专家知识以实现精准模拟等。随后，数字孪生的概念向更加广泛的通用领域推进，在工业生产、IT 等领域内都得到了广泛和高度的关注。

在人地系统模拟方面，数字孪生具有巨大的应用潜力。如 2020 年 9 月，欧洲航天局（European Space Agency，ESA）首次宣布，将部署人工智能和量子计算，以在虚拟空间中构建地球的数字分身，即地球的"数字孪生"，希望能更好地了解人类居住的地球的过去、现在和未来。比如，可以模拟在某个地区如何通过可再生发电厂替代化石燃料发电来改变大气中温室气体的浓度，以及如何通过量化这种转变影响海平面上升的速度。

2. 数字孪生关键技术

数字孪生技术架构可以按技术特性分解为专业分析层、虚实交互层和基础支撑层，以安全互联技术、高性能并行计算技术为数字孪生的基础，通过精细化建模与仿真技术实现对产品的精细化数字表达，结合数据模型融合技术和交互与协同技术进行虚实交互，从而实现智能决策、诊断预测、可视监控、优化控制等。

（1）精细化建模与仿真技术指从几何、功能和性能等方面对产品进行精细化建模与跨领域多学科耦合仿真，连接不同时间尺度的物理过程构建模型，从而精确地表达物理实体的形状、行为和性能等。目前，精细化建模与仿真技术的研究主要包括精细化几何建模、逻辑建模、有限元建模、多物理场建模、多学科耦合建模与仿真实验等，通过这些技术的突破实现对物理实体的高保真模拟和实时预测。

（2）数据模型融合技术指基于数据对多领域模型进行实时更新、修正和优化，实现动态评估。目前，国内外研究学者通过神经网络、遗传算法、强化学习等数据分析技术，对结构、流程、多物理场等模型进行数据模型融合。

（3）交互与协同技术指利用虚拟现实（virtual reality，VR）、增强现实（augmented reality，AR）、混合现实（mixed reality，MR）等沉浸式体验人机交互技术，实现数字孪生体与物理实体的交互与协同。目前，交互与协同技术主要用于作为视觉、声觉等呈现的接口针对物理实体进行智能监测、评估，从而实现指导和优化复杂装备的生产、试验及运维。

（4）安全互联技术指对数字孪生模型和数据的完整性、有效性和保密性进行安全防护、防篡改的技术。当前的研究包括对数字孪生模型和数据管理系统可能遭受的攻击进行预测，并获得最优防御策略；基于区块链技术组织和确保孪生数据不可篡改、可追踪、可追溯等。

（5）高性能并行计算技术指通过优化数据结构、算法结构等提升数字孪生系统搭载的计算平台的计算性能、传输网络实时性、数字计算能力等。目前，基于云计算技术的平台通过按需使用与分布式共享的计算模式，能为数字孪生系统提供满足数字孪生计算、存储和运行需求的云计算资源和大数据中心。

（二）实景三维

1. 实景三维概述

广义上的实景三维是对一定空间范围内人类的生产、生活和生态空间进行真实、立体、时序化表达的数字虚拟空间，具有真实、现实、景观可视、三维立体表达的特点，是"人机兼容理解"的。狭义上的实景三维通常是新型基础测绘的标准化产品，是重要的国家新型基础设施。按照表达内容和层级，实景三维分为地形级、城市级、部件级。

从实际需求和字面来理解，实景三维模型中的实景反映了模型接近真实的程度及其直观性与真实感，三维则反映了立体结构数据表达的精确性与可计算性。实际上，并不是所有地理场景都需要事无巨细的实景三维表达，不同管理层级和不同专业通常需要不同粒度、不同模态的实景三维模型，这些模型需要反映出事物的本质特征，而把那些在分析计算中并无积极作用的细节和机制分离出来。

区别于传统三维模型"一张皮"的缺陷，实景三维数据具备实体化、单体化、语义与结构化等特性，是非尺度、全要素表达空间关系及属性信息的数据集。实景三维中国的建设包括地形级、城市级、部件级三级建设。这些数据集的构建，天然且无缝地为我们的人地系统构建提供了精确的数据，是人地系统模拟和科学决策的坚实数据基础。

2. 实景三维建模

2021年9月，自然资源部印发的《自然资源三维立体时空数据库主数据库设计方案》表明，"实景三维中国的地形级、城市级、部件级三维数据构成全国统一的三维空间框架，从而为各类自然资源的直观表达提供三维空间基底"。

（1）地形级实景三维建模，构建地形级地理场景、基础地理实体，获取其他实体数据，组装生成地形级实景三维产品，服务宏观规划。

（2）城市级实景三维建模，构建城市级地理场景、基础地理实体，获取其他实体数据，组装生成城市级实景三维产品，服务精细化管理。

（3）部件级实景三维建模，构建部件三维模型，获取其他实体数据，组装生成部件级实景三维产品，服务个性化应用。

实景三维建模按地形、城市和部件三级进行划分，除了考虑城市与农村的差别、自然地物与人工地物的差别外，更重要的是考虑国家和地方多层级管理对模型的精度（accuracy）、细节程度（detail）和现势性（up-to-date）等需求的差别。

（三）智慧地球

1. 智慧地球概述

随着IT技术、通信技术和传感器技术的发展和普及，传感器网络和物联网这一新的基础设施的日趋成熟，由数字地球发展到智慧地球是一种必然趋势，也颇具美好前景。"智慧地球"概念最早是由 IBM 公司于 2008 年 11 月提出的；2009 年 1 月，时任美国总统奥巴马公开肯定了 IBM "智慧地球"的设想；2009 年 8 月，IBM 发布了《智慧地球赢在中国》计划书，正式开启 IBM "智慧地球"中国战略的序幕。

智慧地球，其研究核心本体就是人类的家园——地球，人地系统的理论可为其做出智能决策提供坚实的理论指导。同时，智慧地球构建的某些先进理念、技术和数据，可以直接应用于人地系统的构建和模拟，也可以进一步促进人们对人地系统理论的认识。因此不论从理论角度还是实践角度讲，二者都是密不可分的。

2. 智慧地球的基本特征

从物理实现的角度讲，智慧地球以当今相关的数字化、网络化、智能化、物联网、云计算等尖端技术作为重要的支撑技术，其关键是要将物理基础设施和 IT 基础设施统一成智慧基础设施，它具备以下四个特征。

（1）智慧地球包含物联网。物联网的核心和基础仍然是互联网，是在互联网基础上延伸和扩展的网络，其用户端延伸和扩展到了任何物品与物品之间，以进行信息交换和通信。物联网应该具备三个特征：①全面感知，即利用射频识别系统（RFID）、传感器、二维码等随时随地获取物体的信息；②可靠传递，通过各种电信网络与互联网的融合，将物体的信息实时准确地传递出去；③智能处理，利用云计算、模糊识别等各种智能计算技术，对海量的数据和信息进行分析和处理，以对物体实施智能化的控制。

（2）智慧地球面向应用和服务。无线传感器网络是无线网络和数据网络的结合，与以往的计算机网络相比，它更多的是以数据为中心。由微型传感器节点构成的无线传感器网络则一般是为了某个特定的需要而设计的。与传统网络适应广泛的应用程序不同的是，无线传感器网络通常是针对某一特定的应用，是一种基于应用的无线网络。无线传感器网络的各个节点能够协作地实时监测、感知和采集网络分布区域内的各种环境或监测对象的信息，并对这些数据进行处理，从而获得详尽而准确的信息，将其传送给需要这些信息的用户。

（3）智慧地球与物理世界融为一体。在无线传感器网络当中，各节点内置有不同形式的传感器，用以测量热红外、声呐、雷达和地震波信号等，从而探测包括温度、湿度、噪声、光强度、压力、土壤成分、移动物体的大小、速度和方向等人们感兴趣的众多物质现象。传统的计算机网络以人为中心，而无线传感器网络则是以数据为中心。

（4）智慧地球能够实现自主组网、自维护。一个无线传感器网络当中可能包括成百上千或者更多的传感器节点，这些节点通过随机撒播等方式得以安置。对于由大量节点构成的传感网络而言，手工配置是不可行的。因此，网络需要具有自组织和自动重新配置能力。同时，单个节点或者局部几个节点由于环境改变等原因而失效时，网络拓扑应能随时间推移而发生动态变化。因此，须要求网络具备维护动态路由的功能，以保证网络不会因为节点故障而瘫痪。

（四）虚拟现实

1. 虚拟现实概述

虚拟现实是20世纪80年代后期兴起的一种基于计算机的新技术。它能使用户沉浸在计算机生成的幻觉世界之中，并允许他们在这种环境中遨游。虚拟现实的概念包含三层含义：一是用计算机来生成一个逼真的实体；二是用户可以通过人的自然机能与这个环境交互，这里的自然机能可以是人的头部转动、眼睛转动、手势或其他动作；三是往往要借助一些三维传感设备来完成交互动作，例如，头盔式三维立体显示器、可提供六个自由度的输入交互设备、数据手套和立体声耳机等。头盔式显示器分时间多路和时间平行两种显示方式。数据手套在虚拟现实中起到信息传递的作用，一般的数据手套不少于22个传感器，可快速测出手指的位置和运动。

虚拟现实作为一项技术，可以直接应用于人地系统的构建，从而在某些人与地球相互作用的场景下，能够拥有沉浸感、交互性和构想性，比文字描述或者图像、视频的表述更具穿透力，使人们能更透彻地了解某些人与地球相互作用的过程，从而对某些人地作用关系有更客观的认识和了解。

2. 虚拟现实的关键特征

（1）沉浸感（immersion）：又称临场感，指用户感到作为主角存在于模拟环境中的真实程度。理想的模拟环境会使用户难以分辨真假，使用户全身心地投入计算机创建的三维虚拟环境中，所达到的最高境界是环境中的一切看上去是真的，听上去是真的，动起来也是真的，甚至闻起来、尝起来等一切感觉都是真的，与在现实世界中的感觉一样。

（2）交互性（interactivity）：指用户对模拟环境内物体的可操作程度和从环境得到反馈的自然程度（包括实时性）。例如，用户可以用手去直接抓取模拟环境中虚拟的物体，这时手会有握着东西的感觉，并可以感受到物体的重量，视野中被抓住的物体也能立刻随着手的移动而移动。

（3）构想性（imagination）：强调虚拟现实技术应具有广阔的可想象空间，可拓宽人类认知范围，既可再现真实存在的环境，也可以随意构想客观不存在的，甚至是不可能发生的环境。

三、地理模拟

（一）地理模型

1. 地理模型的概念

模型是针对原型而言的，所谓原型是指人们在社会生活和生产实践中所关心和研究的实际对象，在科技领域常使用系统或过程等术语，如地球系统、生态系统、交通系统、地理系统等。模型是为了理解和预测现实世界而构建的一种有效替代物，它不是现实世界的复制，是对物体的一种简化，并能够体现物体的关键特征。地理学研究的目的是理解人类与环境之间的关系。因此，在地理建模过程中必然包含许多人为或主观因素。一个好的模型可以把一个复杂的问题简单明了地表达出来，反之则会将问题描述得愈加复杂难懂。

地理系统是由地球上多个地理要素所组成的多输入和多输出的复杂的真实系统，因此地理模型必须经过实践的检验。建模的目的是研究和解决原型的实际问题，而模型是经过简化和抽象得到的。在建模过程中，尽管模型的逻辑推理准确无误，但是这并不意味模型是成功的，它必须经过实践的检验，经检验后被认为是可以接受的模型才能付诸分析和应用。

从广义上讲，地理模型包括语言模型、图形模型、模拟模型等多种形式。但是，数学模型是对地理系统最基础、最深刻的描述。地理数学模型能够反映出真实地理系统中各主要因素之间的逻辑关系和数学关系，从而使模型成为定量分析和模拟计算的工具。某些地理问题在现实中难以借助实验进行模拟和研究各变量之间的数量关系，但是当建立了有关的地理数学模型后，就可以借助计算机技术将其转换为计算机程序，从而实现对真实地理系统的模拟、仿真及系统变量之间的数量关系的研究。另外，人地系统演化是一个漫长的过程，人们很难在较短的时间内观察到其变化规律，而借助地理数学模型和计算仿真模型，可以帮助人们认识其动态变化过程、预测其未来变化趋势，从而为地理系统的优化调控提供科学依据。

2. 地理模型的特点

（1）抽象性：一个具体的模型是为了达到某个特定目的，将实际系统经过简化、提炼后保留其本质属性而构造的原型替代物，地理模型也不例外。从本质上来说，地理模型是借助有关手段对地理系统的抽象描述，它以简洁的形式刻画了地理系统的客观本质。首先，地理模型是在一定假设条件下对现实地理系统的简化。其次，地理模型不可能与真实的地理系统完全对应，但是它必须包含真实地理系统中的主要因素，而且应当只包含那些决定系统本质性的重要因素。如果将所有因素不分主次地一概计入模型，那么不仅模型十分庞杂，而且事实上也无法求解，反而掩盖了问题的本质。

（2）相似性：地理模型与地理原型之间存在一定的对应关系。任何一个地理模型都是基于一定的目的，对一个地理原型的相似性描述。这里所谓的地理原型，就是科学家所关心和研究的地理现象、地理事件或地理过程。地理模型的作用就是描述原型系统的要素构成、要素之间的相互关系及其动态演化过程。因此，地理模型与其所描述的原型地理系统，在状态、结构、过程或者功能上，必须具有高度的相似性。

（3）可验证性：一般来说，地理模型具有一定的目的性和应用性，因此可以用于实际问题的计算、分析、仿真和模拟，并得出具体的结果。这样，我们就可以把模型运行的结果与实际情况进行比较，以此验证模型的有效性。当建立了一个地理模型后，我们就应该从理论和实践应用两个方面，对其不断地进行检验、修改、验证，从而使之更加完善。

（4）目的性：地理模型的基本特征是由其目的决定的。针对不同的研究目的，建立和应用的地理模型自然是不同的。从这方面来看，地理模型既有分析的模型，又有综合的模型；既有分布的模型，又有过程的模型；既有扩散模型，又有生灭模型；既有相互作用模型，又有相互联系模型；既有仿真模型，又有模拟模型；既有解释系统结构与过程机制的机理模型，又有反映系统行为的功能模型；等等。

（5）多时空特征：由于地理学的研究对象具有多种时空尺度，所以描述研究对象的地理模型也具有多时空尺度的性质。首先，从空间尺度来看，地理学的研究对象具有多种空间尺度，包括全球尺度、洲际尺度、国家尺度、流域尺度、地区尺度、城市尺度、社区尺度、小区尺度等。其次，从时间尺度来看，地理学的研究对象既有以地质年代和地层年代衡量的古地理过程，也有以历史年代衡量的历史地理过程，还有以年、月、日为尺度的现代地理过程。最后，从一定意义上讲，地理系统的空间尺度与时间尺度之间有一定的联系，往往较大的空间尺度对应较长的时间周期。在不同的空间和时间尺度中，地理模型的表现形式及其所包含的信息内容是不同的，为了揭示复杂的地理空间结构，就必须从不同的空间和时间尺度上建立地理模型，对各种尺度特征的地理过程进行模拟、仿真和预测。

（二）机器学习

1. 机器学习的概念

机器学习是实现人工智能的核心技术之一，是一门研究机器获取新知识和新技能并识别现有知识的学问。机器学习包含对人类已有知识的获取、对客观规律的发现以及对自身行为的修正。机器学习的方法可以分为两种：示教式学习和自学式学习。示教式学习是在机器学习过程中，人类作为教育者或监督者，给出评价准则或判断标准，对系统的工作效率进行检验，选择或控制"训练集"，以对学习过程进行指导和监督。这种学习方式通常是离线的、非实时的学习，也可以是在线的、实时的学习。自学式学习是在机器学习过程中，不需要人类作为示教者或监督者，而由系统本身的监督器实现监督功能，对学习过程进行监督，并提供评价准则和判断标准，通过反馈进行工作效果检验、控制选例和训练。这种学习方法通常是在线的、实时的学习。

机器学习系统是根据人工智能的学习原理和方法，应用知识表示、知识存储、知识推理等技术设计和构成的，具有知识获取功能并通过学习增长知识、改善性能、提高智能水平的系统，可称之为人工智能学习系统。机器学习系统可在适当的学习环境下使用合适的学习方法，通过与环境多次相互作用逐步学习有关知识而达到一定的学习能力，并且通过机器学到的知识来求解新问题。同时，通过学习，系统可以增长知识、提高技能、改善性能，完成原来不能完成的任务，或者比原来做得更好。

2. 机器学习的分类

机器学习可以根据不同角度、不同方式进行分类。按照实现途径分类，机器学习可以分为符号学习、连接学习、遗传算法学习等。

（1）符号学习：是指在一定的符号机制下，采用相关的知识表示方法及学习策略进行机器学习。根据机器学习中所用的学习策略、知识表示方法及应用领域，符号学习又可分为记忆学习、示教学习、演绎学习、类比学习、示例学习、解释学习等几种类型。

（2）连接学习：就是神经网络学习，它是一种基于神经网络的机器学习方法。近年来，人工神经网络的研究获得了很大的进展，所谓的"连接机制"与人工智能传统的"符号机制"形成了人工智能的两大学派。一个连接模型由一些相同单元及单元间带权的连接组成。连接机制是一种非符号的、并行的、分布式的处理机制。连接学习就是通过训练实例来调整网络中的连接权。比较有名的网络模型和学习算法有单层感知器网络和反向传播算法等。

（3）遗传算法学习：是一种优化算法，它模拟了生物的遗传机制和生物进化的自然选择。具体来说，一个概念描述的变形对应一个物种的个体，这些概念的诱导变化和重组可以用一个目标函数来衡量，判断其中哪些概念能够被保留在基因库中。遗传算法适用于非常复杂的环境，如带有大量噪声和无关数据不断进行更新的事物、不能明显和精确地定义的目标，以及通过很长的执行过程才能确定当前行为的价值等。

（三）地理空间智能

地理空间智能是指地理空间科学与人工智能相结合的交叉学科方向，

通过研究与开发机器的空间智能，提升对于人地系统中的地理现象和地球科学过程的动态感知、智能推理和知识发现能力，并寻求解决人类和地球环境系统相互作用中的重大科学和工程问题。比如，人口迁移预测、复杂条件下的智能交通决策、高精度地图制作与自动驾驶、全球变化对农业生产的影响、自然灾害应急救援等。

地理空间智能作为传统的地理信息技术在智能化方向的重要拓展，不仅促进了传统地理信息产业的转型升级，还开拓了新的智能化应用领域。地理空间智能可以分为地理空间感知智能、地理空间认知智能及地理空间决策智能三个方面，三者间的关系层层递进。

（1）地理空间感知智能：主要以实现空间目标提取和模式识别为任务，包括实现影像分类、语义分割、地物提取、实例分割等，与计算机视觉的任务相对应。计算机视觉针对二维或三维感知数据进行解译与重建，而地理空间智能针对的是特定的具有地理属性的数据，并完成与测绘地理信息需求相关的任务。在同源遥感信息方面，主要集中于土地覆盖、土地利用分类、城市功能区分类、空间目标提取等。在异源遥感信息方面，可以实现多源遥感影像信息融合、变化提取、时序动态信息提取等。

（2）地理空间认知智能：主要利用空间数据挖掘和智能分析技术，从空间数据中挖掘出隐藏的模式关系和趋势。基于人工智能的空间数据挖掘研究展现了较强的知识发现能力，主要体现在关联分析、聚类分析、异常检测等方面。例如，基于社交媒体数据的智能时空分析技术，被用于2014年上海外滩踩踏事件的社会舆情、居民出行、人群分布等内容的分析；新型冠状病毒感染蔓延期间，地理空间认知智能方法被用于群体健康数据、轨迹数据的可视化和建模，针对患者制定健康规划和干预措施等。

（3）地理空间决策智能：主要包括空间态势建模、智能预测，服务于多样化的地理信息产业应用需求。例如，地理空间智能通过对商业数据、运营数据的建模和分析，为销售额预测、消费者需求预测、客户分布分析、产业链选址等提供支持。在智能交通与自动驾驶方面，地理空间智能可以进行基于注意力机制的车流监控、实时跟踪、出行线路规划、交通状况监控与拥堵疏导等。在军事作战指挥方面，地理空间智能系统可以结合地图、影像情报、参战各方的地理位置数据等，对战场态势进行可视化和仿真，通过虚拟现实让指挥员身临其境地了解战场空间的态势变化。

以人工智能为强力助推器而快速发展的地理信息科学，正以前所未有的清晰度和逼真度监测与表征整个人地系统。地理空间智能作为地理信息科学与人工智能的交叉技术，在未来传感器、5G通信、云计算、虚拟增强现实等技术发展的促进下，将会大力发展，实现智能时代地理信息的服务需求。

第三节 人类命运共同体

一、全球空间与"一带一路"

人类一直试图寻找理解自身发展的钥匙，构建全球发展的空间秩序，以此来塑造人类命运的力量之一。在过去几千年的人类进化中，世界版图的空间格局一直处于纷繁复杂的变动状态，已濒于从国家和国际体系中滑落的边缘。人类期待着一个崭新的全球共同发展空间秩序的出现，"一带一路"倡议的提出与实践让我们看到了人类命运共同体构建与全球空间重塑的希望。

当今时代的所谓秩序起源于威斯特伐利亚体系，它以一个由独立国家组成的体系为基础，各国不干涉彼此的内部事务，并通过大体上的均势遏制彼此的野心。此体系后又延伸至维也纳体系、雅尔塔体系。但就几个体系的本质而言，均未脱离几大资本主义强国具有绝对的话语权与控制力的特征。

众多学者常常认为，当历史上的大转型发生在欧洲和北美之外的地区时，它们只被当作是对美国等西方国家已发生事情的仿效和响应。罗斯福认为，美国地位独特，经济充满活力，是唯一没有地区竞争的国家，既是大西洋国家，也是太平洋国家，可以利用地位优势掌握发言权，决定东西两侧大洋的命运。基辛格也认为，美国不仅仅是一个国家，还是上帝神圣计划的推手和世界秩序的缩影。沃勒斯坦提出了"欧洲世界体系"的观点,认为其他遥远地区被卷入了一个由欧洲所支配的经济体系,在这一体系中,欧洲成为一个"核心",并且有效地促使世界上其他地区要么接受这个体系中"边缘"或"半边缘"的经济角色,要么完全待在这一体系之外。

21世纪以来,横跨各个国家和地区的资本、信息、商品、服务以及人员的流动日益增长,导致经济活动不断全球化的趋势。世界经济正在被全球化和区域一体化的复杂系统重新塑造。与此同时,在百年未有之大变局下,全球治理体系也在发生重大的带有不确定性的变化。人类社会经济活动在空间上的投影构成了现实世界中不同范围、不同规模、不同等级的社会经济单元。

就一般意义而言,全球、区域、国家、地方四个层级是目前构成世界范围内人类活动单元的主要空间形式。长期以来,国家疆界与经济空间的一致性,正在被经济的国际化所撼动,国家控制其疆界范围内经济的能力正在逐渐消退。代之而起的是在全球尺度上经济的复杂性,并由此引发了各种空间尺度上重新建立控制力的各种尝试,国家的地位正在被重新定义。

人类活动在呈现加速化发展的同时也克服了空间上的各种障碍,使空间联系更加紧密,导致地球从一个星球收缩成一个"地球村"。尽管当今的科学技术水平已取得了前所未有的进步,但人类仍然无法脱离地球而生存。人类被地球环境所塑造的程度并不亚于其自身塑造地球环境的程度,人与自然生命共同体理念正是全球空间可持续的必然选择。

"一带一路"倡议正是在上述背景下产生的,它是人类社会首次提出的平等互利的全球和平发展倡议。"地球村庄"作为一个空间,既具有整体性,又具有单元性,而中国作为单元的组成部分,是一个情景编织者,"一带一路"要讲述的是一个没有中心的故事。

在一部人类历史贯穿于全球空间的塑造变动中,全球空间既包含地理空间,也包含文化空间、经济空间、生态空间等众多空间形态。

二、人地系统可持续发展

人类的未来会走向哪里?这是一个具有不确定性的问题,但人类对美好生活的向往是亘古未变的追求。地球作为生命的摇篮、万物的母亲、人类的家园，珍爱和呵护地球是人类唯一的选择。

人类和地球已进入同等重要，且必须和谐相处的共同历史阶段。我们学习"人地系统导论"的目的是科学认知和有效协调人类活动与地球环境之间的关系，构建人与自然生命共同体，使人类社会进行可持续的发展。

可持续发展是着眼于全人类的未来，强调在不损害未来发展能力的前提下合理有效的发展，是人类发展理论上的一次质的飞跃，可持续发展是解决人类未来发展问题的理论基础和行动指南。

可持续发展的内涵包括两个方面，即发展和持续性。发展是前提和基础，持续性是关键，可持续发展是发展与可持续的统一，两者相辅相成、互为因果。放弃发展则无可持续可言，若只顾发展而不考虑可持续，则长远的发展就失去了根基。

1987年，联合国世界环境与发展委员会发布了《我们共同的未来》特别报告，第一次提出了"可持续发展"的概念。《我们共同的未来》将地球视为一个有机整体，强调全球性和共同性。人口问题、粮食问题、生物多样性问题、能源问题、资源消耗问题和城市问题等已成为威胁人类未来的共同危机，是人类应该共同面对的挑战。要实现人与自然和人与人之间和谐的可持续发展，不仅需要人类共同的关切，而且更需要人类共同付出努力并采取共同的行动。

1992年，联合国环境与发展大会在巴西里约热内卢召开，大会通过的《二十一世纪议程》高度凝聚了当代人对可持续发展理论的认识。可持续发展包含国家主权、国际公平、自然资源、生态承受力、环境和发展相结合等重要内容。它不仅反映了人类对以往走过的发展道路的深刻反思，也反映了人们对今后所选择的发展道路和发展目标的憧憬和向往。它使人们逐渐认识到，走可持续发展道路才是人类社会有序演化的唯一选择。

从20世纪80年代开始，国际上也相继开展了若干大型科学研究计划：国际地圈生物圈计划（International Geosphere-Biosphere Program，IGBP）、国际生物多样性计划（International Programme of Biodiversity Science，DIVERSITAS）、国际全球环境变化人文因素计划（International Human Dimensions Programme on Global Environmental Change，IHDP）和世界气候

研究计划（World Climate Research Programme，WCRP），组建了地球系统科学联盟（Earth System Science Partnership，ESSP）。在此基础上，国际社会又提出了"未来地球"（Future Earth）计划。这是由国际科学理事会和国际社会科学理事会发起，联合国际教科文组织、联合国环境署等组织共同牵头组建的为期十年的大型科学计划，于2012年6月在里约热内卢联合国可持续发展大会上正式启动。该计划旨在打破学科壁垒，加强自然科学与社会科学的联系与融合，为全球、区域和各国应对全球环境变化提供必要的科学知识、技术方法和手段，支撑全球和区域可持续发展。

另外，美国提出了"未来地球"十年发展愿景，欧洲提出了"地球生存计划"，中国提出了"宜居地球"科学计划等。这些科学计划的重点均是关注全球环境变化、全球环境变化下的自然和人文驱动、人类福祉三个方面及它们之间的相互作用关系。由于这些相互作用关系可能跨越不同的时空尺度，并且以地球系统的各种限制条件为边界，因此重点任务就是理解和探索人类如何在地球系统边界条件以内寻求可持续发展的道路。

人地系统研究高度依赖数据科学，人地系统研究数据的获取呈现多样化的特征，包含社会统计数据、航空监测数据、多源卫星数据、导航定位数据、地面调查数据等。同时，自然与人文要素耦合的大数据综合集成，有助于人文社会科学研究的思维创新，进一步推动人文社会科学与自然科学及工程技术科学的融合。同时，我们也要认识到人类观测能力和方法的局限性。当前正在兴起的数据革命，如机器学习和人工智能，其主要目的是挖掘隐藏在数据中的科学内涵，从数据分析中发现新的机理与规律。地球科学家已将机器学习和人工智能技术成功应用于天气预报、资源能源勘探开发、火山和地震预警等领域。

所有科学研究计划的目的都是实现全球可持续发展目标。联合国制定的17个全球发展目标具体包括：消除贫困，消除饥饿，良好健康与福祉，优质教育，性别平等，清洁饮水与卫生设施，廉价和清洁能源，体面工作和经济增长，工业、创新和基础设施，缩小差距，可持续城市和社区，负责任的消费和生产，气候行动，水下生物，陆地生物，和平、正义与强大机构，促进目标实现的伙伴关系。

在过去的30多年中，拥有众多人口的中国一直在探索并实践适合中国特色社会主义的可持续发展道路,相继提出了人与自然生命共同体、人类命运共同体等理念及"一带一路"畅想等实践道路。

构建人与自然生命共同体,需要坚持人与自然和谐共生,坚持绿色发展。人类只有一个地球,各国共处一个世界,倡导"人类命运共同体"这一全球价值观包含相互依存的国际权力观、共同利益观、可持续发展观和全球治理观。

"人地系统导论"的学习能够让我们理解,人类发展的终极目标是构建人与自然生命共同体,达到人类命运共同体的可持续发展。

参考文献

中文文献

[1] 蔡劲松. 文化传播 [M]. 北京：社会科学文献出版社，2019.

[2] 曹宝明，李光泗，徐建玲，等. 中国粮食安全的现状、挑战与对策 [M]. 北京：中国农业出版社，2014.

[3] 曹磊. 全球十大环境问题 [J]. 环境科学，1995 (4)：86-88，96.

[4] 曹祺文，卫晓梅，吴健生. 生态系统服务权衡与协同研究进展 [J]. 生态学杂志，2016，35 (11)：3102-3111.

[5] 曹小曙，许志桦. 城市群综合交通运输系统研究 [M]. 北京：商务印书馆，2014.

[6] 曹小曙，阎小培. 珠江三角洲客、货运量的空间演化研究 [J]. 人文地理，2002 (3)：66-68.

[7] 曹小曙. 地理系统与地理治理 [J]. 科技导报，2020，38 (13)：32-38.

[8] 曹小曙. 基于人地耦合系统的国土空间重塑 [J]. 自然资源学报，2019，34 (10)：2051-2059.

[9] 曹小曙. 人类关键区的科学逻辑与研究趋势 [J]. 地理科学，2022，42 (1)：31-42.

[10] 曾德珩. 城市化与碳排放关系研究 [M]. 重庆：重庆出版社，2017.

[11] 曾诗鸿，李根，翁智雄，等. 面向碳达峰与碳中和目标的中国

能源转型路径研究[J]. 环境保护, 2021, 49 (16): 26–29.

[12] 柴彦威. 空间行为与行为空间[M]. 南京: 东南大学出版社, 2014.

[13] 陈航, 张文尝, 金凤君. 中国交通地理[M]. 北京: 科学出版社, 2020.

[14] 陈家琦, 王浩. 水资源学概论[M]. 北京: 中国水利水电出版社, 1996.

[15] 陈能场, 林大松, 郑煜基, 等. 土壤营养和污染的人类健康效应[J]. 科学, 2019, 71 (6): 11–18.

[16] 陈能场, 郑煜基, 何晓峰, 等. 全国土壤污染状况调查公报[J]. 中国环保产业, 2014 (5): 10–11.

[17] 陈泮勤. 地球系统碳循环[M]. 北京: 科学出版社, 2004.

[18] 陈瑞闪. 台风[M]. 福州: 福建科学技术出版社, 2002.

[19] 陈晓亮, 朱竑. 中国大陆社会与文化地理学研究领域综观[J]. 地理研究, 2018, 37 (10): 2024–2038.

[20] 陈艳艳, 刘小明. 城市交通出行行为机理与引导策略[M]. 北京: 科学出版社, 2016.

[21] 陈志恺. 中国水利百科全书(水文与水资源分册)[M]. 北京: 中国水利水电出版社, 2004.

[22] 陈宗胜, 沈扬扬, 周云波. 中国农村贫困状况的绝对与相对变动: 兼论相对贫困线的设定[J]. 管理世界, 2013 (1): 67–188.

[23] 程昌秀, 沈石, 李强坤. 黄河流域人地系统研究的大数据支撑与方法探索[J]. 中国科学基金, 2021, 35 (4): 529–536.

[24] 程蕾. 新时代中国能源安全分析及政策建议[J]. 中国能源, 2018, 40 (2): 10–15.

[25] 程维明, 周成虎, 李炳元, 等. 中国地貌区划理论与分区体系研究[J]. 地理学报, 2019, 74 (5): 839–856.

[26] 程雪阳. 国有自然资源资产产权行使机制的完善[J]. 法学研究, 2018, 40 (6): 145–160.

[27] 迟娟, 田宏. 我国自然灾害的空间分布及风险防范措施研究

[J]. 城市与减灾, 2021 (1): 34-39.

[28] 崔铁军. 地理空间数据库原理 [M]. 2版. 北京: 科学出版社, 2016.

[29] 单杰, 贾涛, 黄长青, 等. 众源地理数据分析及应用 [M]. 北京: 科学出版社, 2017.

[30] 蒂姆·伦顿. 地球系统科学 [M]. 林岩銮, 译. 北京: 外语教学与研究出版社, 2020.

[31] 樊杰, 王亚飞. 40年来中国经济地理格局变化及新时代区域协调发展 [J]. 经济地理, 2019, 39 (1): 1-7.

[32] 樊杰. "人地关系地域系统"是综合研究地理格局形成与演变规律的理论基石 [J]. 地理学报, 2018, 73 (4): 597-607.

[33] 樊杰. 中国主体功能区划方案 [J]. 地理学报, 2015, 70 (2): 186-201.

[34] 冯恩学. 田野考古学 [M]. 长春: 吉林大学出版社, 2008.

[35] 傅伯杰, 陈利顶, 于秀波. 中国生态环境的新特点及其对策 [J]. 环境科学, 2000 (5): 104-106.

[36] 傅伯杰, 冷疏影, 宋长青. 新时期地理学的特征与任务 [J]. 地理科学, 2015, 35 (8): 939-945.

[37] 傅伯杰, 张立伟. 土地利用变化与生态系统服务: 概念、方法与进展 [J]. 地理科学进展, 2014, 33 (4): 441-446.

[38] 傅伯杰, 周国逸, 白永飞, 等. 中国主要陆地生态系统服务功能与生态安全 [J]. 地球科学进展, 2009, 24 (6): 571-576.

[39] 傅伯杰. 联合国可持续发展目标与地理科学的历史任务 [J]. 科技导报, 2020, 38 (13): 19-24.

[40] 傅广典. 生存逻辑: 全球化穹顶下的人类同生共存 [M]. 武汉: 武汉大学出版社, 2017.

[41] 盖广生. 海洋灾害 [M]. 青岛: 青岛出版社, 2016.

[42] 葛全胜, 郑景云, 郝志新, 等. 过去2000年中国气候变化研究的新进展 [J]. 地理学报, 2014, 69 (9): 1248-1258.

[43] 郭安红, 李森, 何亮, 等. 近十年国家级农业气象灾害预报评

估业务技术进展[J]. 气象, 2021, 47 (6): 693-702.

[44] 郭华东. 地球大数据科学工程[J]. 中国科学院院刊, 2018, 33 (8): 818-824.

[45] 郭建平. 农业气象灾害监测预测技术研究进展[J]. 应用气象学报, 2016, 27 (5): 620-630.

[46] 郭新彪. 环境健康学[M]. 北京: 北京大学医学出版社, 2006.

[47] 郭远智, 刘彦随. 中国乡村发展进程与乡村振兴路径[J]. 地理学报, 2021, 76 (6): 1408-1421.

[48] 郝晋珉. 土地利用规划学[M]. 北京: 中国农业大学出版社, 2007.

[49] 郝守刚. 生命的起源与演化[M]. 北京: 高等教育出版社, 2000.

[50] 何萍. 灾害与防治[M]. 昆明: 云南人类出版社, 2018.

[51] 何志宁. 自然灾害社会学: 理论与视角[M]. 北京: 中国言实出版社, 2016.

[52] 黄昌勇, 徐建明. 土壤学[M]. 北京: 中国农业出版社, 2010.

[53] 黄季焜, 解伟, 盛誉, 等. 全球农业发展趋势及2050年中国农业发展展望[J]. 中国工程科学, 2022, 24 (1): 29-37.

[54] 黄锡生, 王中政. 论自然资源的法律概念[J]. 资源科学, 2022, 44 (1): 210-219.

[55] 江涛. 全球化与全球治理[M]. 北京: 时事出版社, 2017.

[56] 蒋海兵, 张文忠, 祁毅, 等. 区域交通基础设施可达性研究进展[J]. 地理科学进展, 2013, 32 (5): 807-817.

[57] 金凤君, 姚作林. 新全球化与中国区域发展战略优化对策[J]. 世界地理研究, 2021, 30 (1): 1-11.

[58] 金凤君. 我国空间运输联系的实验研究: 以货流为例[J]. 地理学报, 1991, 46 (1): 16-25.

[59] 金其铭, 董昕, 张小林. 乡村地理学[M]. 南京: 江苏教育出

版社，1990.

[60] 凯·安德森，史蒂夫·派尔，奈杰尔·思里夫特. 文化地理学手册［M］. 李蕾蕾，张景秋，译. 北京：商务印书馆，2009.

[61] 凯文·林奇. 城市意象［M］. 方益萍，何晓军，译. 北京：华夏出版社出版，2017.

[62] 坎普赫，卡斯庭，克莱恩，等. 地球系统［M］. 张晶，戴永久，译. 北京：高等教育出版社，2011.

[63] 黎夏，叶嘉安，刘小平，等. 地理模拟系统：元胞自动机与空间智能［M］. 北京：科学出版社，2020.

[64] 李本纲，冷疏影. 二十一世纪的环境科学：应对复杂环境系统的挑战［J］. 环境科学学报，2011，31（6）：1121-1132.

[65] 李闯. 自然灾害灾情调查及评估方法研究进展［C］//第31届中国气象学会年会第四届气象服务发展论坛：提高水文气象防灾减灾水平，推动气象服务社会化发展，2014，105-109.

[66] 李东林，宋彬. 地质灾害调查与评价［M］. 武汉：中国地质大学出版社，2013.

[67] 李广贺，刘兆昌，张旭. 水资源利用工程与管理［M］. 北京：清华大学出版社，1998.

[68] 李平一. 中国粮食生产稳定发展路径探析［M］. 北京：中国农业出版社，2014.

[69] 李齐. 中国能源安全现状与矛盾转变［J］. 国际石油经济，2018，26（4）：18-26.

[70] 李树刚，常心坦. 灾害学［M］. 北京：煤炭工业出版社，2008.

[71] 李双成，刘金龙，张才玉，等. 生态系统服务研究动态及地理学研究范式［J］. 地理学报，2011，66（12）：1618-1630.

[72] 李双成. 如何科学衡量自然对人类的贡献：一个基于生态系统服务的社会—生态系统分析框架及其应用［J］. 人民论坛·学术前沿，2020，（11）：28-35.

[73] 李涛，曹小曙，黄晓燕. 珠江三角洲交通通达性空间格局与人

口变化关系 [J]. 地理研究, 2012, 31 (9): 1661-1672.

[74] 李铁峰. 灾害地质学 [M]. 北京: 北京大学出版社, 2002.

[75] 李维森. 新型基础测绘的探索与实践 [M]. 北京: 测绘出版社, 2018.

[76] 李小建. 经济地理学 [M]. 北京: 高等教育出版社, 2015.

[77] 李雪慧, 史丹. 新形势下我国能源安全的现状及未来战略调整 [J]. 中国能源, 2016, 38 (7): 11-16.

[78] 李寻欢, 周扬, 陈玉福. 区域多维贫困测量的理论与方法 [J]. 地理学报, 2020, 75 (4): 753-768.

[79] 联合国可持续发展大会中国筹委会. 中华人民共和国可持续发展国家报告 [M]. 北京: 人民出版社, 2012.

[80] 林志慧, 刘宪锋, 陈瑛, 等. 水—粮食—能源纽带关系研究进展与展望 [J]. 地理学报, 2021, 76 (7): 14.

[81] 刘传正. 崩塌滑坡灾害风险识别方法初步研究 [J]. 工程地质学报, 2019, 27 (1): 88-97.

[82] 刘大同, 郭凯, 王本宽, 等. 数字孪生技术综述与展望 [J]. 仪器仪表学报, 2018, 39 (11): 1-10.

[83] 刘会平, 潘安定. 自然灾害学导论 [M]. 广州: 广东科技出版社, 2007.

[84] 刘明堂, 胡万元, 陆桂明. 水利信息监测及水利信息化 [M]. 北京: 水利水电出版社, 2019.

[85] 刘平阔, 彭欢, 骆赛. 中国能源转型驱动力的结构性特征研究 [J]. 中国人口·资源与环境, 2019, 29 (12): 45-56.

[86] 刘伟. 我国地质灾害调查统计与分析 [J]. 采矿技术, 2021, 21 (5): 100-103.

[87] 刘贤腾, 周江评. 交通技术革新与时空压缩: 以沪宁交通走廊为例 [J]. 城市发展研究, 2014, 21 (8): 56-62.

[88] 刘小鹏, 程静, 赵小勇, 等. 中国可持续减贫的发展地理学研究 [J]. 地理科学进展, 2020, 39 (6): 10.

[89] 刘彦随. 现代人地关系与人地系统科学 [J]. 地理科学, 2020,

40（8）：1221－1234.

[90] 刘彦随. 中国乡村振兴规划的基础理论与方法论 [J]. 地理学报，2020，75（6）：1120－1133.

[91] 刘彦随. 中国新时代城乡融合与乡村振兴 [J]. 地理学报，2018，73（4）：637－650.

[92] 刘焱序，傅伯杰，王帅，等. 空间恢复力理论支持下的人地系统动态研究进展 [J]. 地理学报，2020，75（5）：891－903.

[93] 刘应杰. 中国的区域发展战略和区域政策 [J]. 区域经济评论，2021（1）：10－13.

[94] 刘瑜，郭浩，李海峰，等. 从地理规律到地理空间人工智能，测绘学报，2022，51（6）：1062－1069.

[95] 陆大道. 中国地理学的发展与全球变化研究 [J]. 地理学报，2011，66（2）：147－156.

[96] 栾丰实，方辉，靳桂云. 考古学理论·方法·技术 [M]. 北京：文物出版社，2002.

[97] 吕学军，董立峰. 自然灾害学概论 [M]. 长春：吉林大学出版社，2010.

[98] 马凤娇，刘金铜. 基于能值分析的农田生态系统服务评估：以河北省栾城县为例 [J]. 资源科学，2014，36（9）：1949－1957.

[99] 马宪民，杨君锐，人工智能的原理与方法 [M]. 西安：西北工业大学出版社，2002.

[100] 马学宁. 灾害神奇大法 [M]. 武汉：武汉大学出版社，2013.

[101] 毛德华. 灾害学 [M]. 北京：科学出版社，2010.

[102] 倪世雄，潜旭明. 新地缘政治与和谐世界 [J]. 清华大学学报（哲学社会科学版），2008（5）：123－130.

[103] 宁志中. 中国乡村地理 [M]. 北京：中国建筑工业出版社，2019.

[104] 牛慧恩. 国土规划、区域规划、城市规划：论三者关系及其协调发展 [J]. 城市规划，2004（11）：42－46.

[105] 牛文元. 可持续发展理论的内涵认知：纪念联合国里约环发大

会20周年 [J]. 中国人口·资源与环境, 2012, 22 (5): 9-14.

[106] 欧阳志云, 赵同谦, 赵景柱, 等. 海南岛生态系统生态调节功能及其生态经济价值研究 [J]. 应用生态学报, 2004 (8): 1395-1402.

[107] 欧阳志云, 郑华. 生态系统服务的生态学机制研究进展 [J]. 生态学报, 2009, 29 (11): 6183-6188.

[108] 潘裕娟. 特大城市批发市场的物流空间格局及其形成机制 [M]. 北京: 商务印书馆, 2016.

[109] 彭建, 胡晓旭, 赵明月, 等. 生态系统服务权衡研究进展: 从认知到决策 [J]. 地理学报, 2017, 72 (6): 960-973.

[110] 秦大河, 陈宜瑜, 李学勇. 中国气候与环境演变（上卷）: 中国气候与环境的演变与预测 [M]. 北京: 科学出版社, 2005.

[111] 秦大河. 冰冻圈科学概论 [M] 北京: 科学出版社, 2021.

[112] 秦大河. 气候变化科学与人类可持续发展 [J]. 地理科学进展, 2014, 33 (7): 874-883.

[113] 秦萧, 甄峰, 魏宗财. 未来城市研究范式探讨: 数据驱动亦或人本驱动 [J]. 地理科学, 2019, 39 (1): 31-40.

[114] 山东省市场监督管理局. 规划水资源论证技术导则: DB37/T 4190—2020 [S]. 2020.

[115] 尚玉昌. 普通生态学 [M]. 北京: 北京大学出版社, 2010.

[116] 佘玉梅, 段鹏. 人工智能原理及应用 [M]. 上海: 上海交通大学出版社, 2018.

[117] 沈金瑞. 自然灾害学 [M]. 长春: 吉林大学出版社, 2009.

[118] 沈仁芳, 陈美军, 孔祥斌, 等. 耕地质量的概念和评价与管理对策 [J]. 土壤学报, 2012, 49 (6): 1210-1217.

[119] 沈扬扬, 李实. 如何确定相对贫困标准?: 兼论"城乡统筹"相对贫困的可行方案 [J]. 华南师范大学学报（社会科学版）, 2020 (2): 91-101, 191.

[120] 史培军, 王季薇, 张钢锋, 等. 透视中国自然灾害区域分异规律与区划研究 [J]. 地理研究, 2017, 36 (8): 1401-1414.

[121] 史培军. 三论灾害系统研究的理论与实践 [J]. 自然灾害学

报，2002，11（3）：1-9.

［122］史培军. 四论灾害系统研究的理论与实践［J］. 自然灾害学报，2005，14（6）：1-7.

［123］史培军. 五论灾害系统研究的理论与实践［J］. 自然灾害学报，2009，18（5）：1-9.

［124］史培军. 再论灾害研究的理论与实践［J］. 自然灾害学报，1996，5（4）：6-17.

［125］舒廷飞，杨静，温琰茂. 新技术革命对环境的影响及环境科学未来的研究方向［J］. 环境与开发，2001，16（3）：7-11.

［126］水利部水利水电规划设计总院. 全国水资源综合规划技术大纲［R］. 北京：水利部水利水电规划设计总院，2002.

［127］宋长青，程昌秀，杨晓帆，等. 理解地理"耦合"实现地理"集成"［J］. 地理学报，2020，75（1）：3-13.

［128］宋长青. 地理学研究范式的思考［J］. 地理科学进展，2016，35（1）：1-3.

［129］苏珊·汉森，吉纳维夫·朱利亚诺. 城市交通地理学［M］. 北京：商务印书馆，2014.

［130］孙然好，李卓，陈利顶. 中国生态区划研究进展：从格局、功能到服务［J］. 生态学报，2018，38（15）：5271-5278.

［131］孙儒泳. 普通生态学［M］. 北京：高等教育出版社，1993.

［132］谭见安，王五一，雒昆利，等. 地球环境与健康［M］. 北京：化学工业出版社，2004.

［133］谭见安. 健康、环境、发展：当代医学地理的主题［J］. 地理学报，1994，49（7）：710-718.

［134］汤爱平，文爱华. 自然灾害的概念、等级［J］. 自然灾害学报，1999，8（3）：61-65.

［135］汪品先，田军，黄恩清，等. 地球系统与演变［M］北京：科学出版社，2018.

［136］王恩涌. 文化地理学导论：人·地·文化［M］. 北京：高等教育出版社，1989.

[137] 王浩, 杨贵羽, 杨朝晖. 水土资源约束下保障粮食安全的战略思考 [J]. 中国科学院院刊, 2013, 28 (3): 9.

[138] 王红瑞, 赵伟静, 邓彩云, 等. 水—能源—粮食纽带关系若干问题解析 [J]. 自然资源学报, 2022, 37 (2): 307-319.

[139] 王嘉丽, 周伟奇. 生态系统服务流研究进展 [J]. 生态学报, 2019, 39 (12): 4213-4222.

[140] 王健, 余建华, 李开盛. 国际关系中的变局与治理 [M]. 上海: 上海社会科学院出版社, 2021.

[141] 王首伟, 雅丽, 超静. 国际关系学概要 [M]. 天津: 天津人民出版社, 2015.

[142] 王帅, 傅伯杰, 武旭同, 等. 黄土高原社会—生态系统变化及其可持续性 [J]. 资源科学, 2020, 42 (1): 96-103.

[143] 王双银, 宋孝玉主编. 水资源评价 [M]. 2版. 郑州: 黄河水利出版社, 2014.

[144] 王顺久, 侯玉, 张欣莉, 等. 水资源优化配置理论发展研究 [J]. 中国人口·资源与环境, 2002, 12 (5): 81-83.

[145] 王雨, 王会肖, 杨雅雪, 等. 水—能源—粮食纽带关系定量研究方法综述 [J]. 南水北调与水利科技 (中英文), 2020, 18 (6): 22.

[146] 邬建国, 郭晓川, 杨稢, 等. 什么是可持续性科学? [J]. 应用生态学报, 2014, 25 (1): 1-11.

[147] 吴传钧. 论地理学的研究核心: 人地关系地域系统 [J]. 经济地理, 1991, 11 (3): 1-6.

[148] 吴殿廷, 丛东来, 杜霞. 区域地理学原理 [M]. 南京: 东南大学出版社, 2016.

[149] 吴格言. 文化传播学 [M]. 北京: 中国市场出版社, 2004.

[150] 吴良镛. 人居环境科学导论 [M]. 北京: 中国建筑工业出版, 2001.

[151] 伍蕾, 谢波. "技术"与"人本"理念下未来城市的空间发展模式 [J]. 规划师, 2020, 36 (21): 14-19, 44.

[152] 武廷海, 宫鹏, 李嫣. 未来城市体系: 概念、机理与创造

[J]. 科学通报, 2022, 67 (1): 18-26.

[153] 席雪红. 河南省农村居民相对贫困动态演化的实证研究 [J]. 安徽农业科学, 2012, 40 (18): 9933-9935.

[154] 肖国安, 王文涛. 中国粮食安全报告: 预警与风险化解 [M]. 北京: 红旗出版社, 2009.

[155] 肖红蓉. 全球气候变化与碳排放权交易问题研究 [M]. 武汉: 华中师范大学出版社, 2018.

[156] 肖星, 张林. 世界政治多极化与地缘政治 [M]. 北京: 人民教育出版社, 2001.

[157] 谢高地, 张彩霞, 张雷明, 等. 基于单位面积价值当量因子的生态系统服务价值化方法改进 [J]. 自然资源学报, 2015, 30 (8): 1243-1254.

[158] 徐强. 全球可再生能源发展态势和前景展望 [J]. 国际经济合作, 2012, (11): 79-82.

[159] 许武成. 灾害地理学 [M]. 北京: 科学出版社, 2015.

[160] 许学强, 周一星, 宁越敏. 城市地理学 [M]. 北京: 高等教育出版社, 2022.

[161] 杨林生, 王五一, 谭见安, 等. 环境地理与人类健康研究成果与展望 [J]. 地理研究, 2010 (9): 1571-1583.

[162] 杨晴青. 黄土高原半干旱区乡村人居环境系统脆弱性演变及乡村转型 [D]. 西北大学, 2019.

[163] 姚士谋, 汤茂林, 陈爽, 等. 区域与城市发展论 [M]. 合肥: 中国科学技术大学出版社, 2004.

[164] 叶艳妹, 林耀奔, 刘书畅, 等. 山水林田湖草生态修复工程的社会—生态系统 (SES) 分析框架及应用: 以浙江省钱塘江源头区域为例 [J]. 生态学报, 2019, 39 (23): 8846-8856.

[165] 叶自成. 地缘政治与中国外交 [M]. 北京: 北京出版社, 1998.

[166] 叶自成. 陆权发展与大国兴衰: 地缘政治环境与中国和平发展的地缘战略选择 [M]. 北京: 新星出版社, 2007.

[167] 尹京苑, 赵俊娟, 李成范. 遥感技术在城市防灾减灾中的应用 [M]. 北京: 华文出版社, 2012.

[168] 袁承程, 张定祥, 刘黎明, 等. 近10年中国耕地变化的区域特征及演变态势 [J]. 农业工程学报, 2021, 37 (1): 267-278.

[169] 袁靖著. 中国科技考古导论 [M]. 上海: 复旦大学出版社, 2018.

[170] 袁益, 舒展. 新时期中国能源安全问题的研究综述与展望 [J]. 河北地质大学学报, 2019, 42 (1): 93-102.

[171] 袁周炎妍, 万荣荣. 生态系统服务评估方法研究进展 [J]. 生态科学, 2019, 38 (5): 210-219.

[172] 张城, 李晶, 周自翔, 等. 生态系统服务级联效应研究进展 [J]. 应用生态学报, 2021, 32 (5): 1633-1642.

[173] 张宏锋, 欧阳志云, 郑华. 生态系统服务功能的空间尺度特征 [J]. 生态学杂志, 2007 (9): 1432-1437.

[174] 张京祥, 黄贤金. 国土空间规划原理 [M]. 南京: 东南大学出版社, 2021.

[175] 张兰生, 方修琦, 任国玉. 全球变化 [M]. 2版. 北京: 高等教育出版社, 2017.

[176] 张力小, 张鹏鹏. 食物—能源—水关联关系的概念内涵与现实挑战 [J]. 国外社会科学前沿, 2019 (9): 6.

[177] 张量, 金益, 刘媛霞, 等. 虚拟现实 (VR) 技术与发展研究综述 [J]. 信息与电脑 (理论版), 2019, 31 (17): 126-128.

[178] 张鹏林, 余长慧, 李维庆. 时空数据库原理与技术 [M]. 武汉: 武汉大学出版社, 2019.

[179] 张书颖, 王志滨, 郑冬梅. 海洋灾害知多少 [M]. 沈阳: 辽宁科学出版社, 2014.

[180] 张文尝, 金凤君, 荣朝和, 等. 空间运输联系: 理论研究·实证分析·预测方法 [M]. 北京: 中国铁道出版社, 1992.

[181] 张新时, 周广胜, 高琼, 等. 中国全球变化与陆地生态系统关系研究 [J]. 地学前缘, 1997 (2): 137-145.

[182] 张旭东. 全球化时代的文化认同 [M]. 上海：上海人民出版社, 2021.

[183] 张永生, 张振超, 童晓冲, 等. 地理空间智能研究进展和面临的若干挑战 [J]. 测绘学报, 2021, 50 (9)：1137-1146.

[184] 张之沧, 闾国年. "智慧地球" 概念解析 [J]. 自然辩证法研究, 2015, 31 (11)：117-122.

[185] 张之沧. 虚拟空间与 "人、地、机" 关系 [J]. 南京师大学报（社会科学版）, 2015 (1)：5-12.

[186] 张志强, 孙成权, 程国栋, 等. 可持续发展研究：进展与趋向 [J]. 地球科学进展, 1999, 14 (6)：589-595.

[187] 章申. 环境问题的由来、过程机制、我国现状和环境科学发展趋势 [J]. 中国环境科学, 1996, 16 (6)：401-405.

[188] 赵鹏军, 朱峻仪. 智慧交通的发展现状及其所面临的挑战 [J]. 当代建筑, 2020 (12)：44-46.

[189] 赵蜀蓉. 全球化与世界政治 [M]. 成都：电子科技大学出版社, 2017.

[190] 甄峰. 信息时代新空间形态研究 [J]. 地理科学进展, 2004, 23 (3)：16-26.

[191] 郑文超, 贡伟, 汪德生. 智慧交通现状与发展 [J]. 指挥信息系统与技术, 2018, 9 (4)：8-16.

[192] 中国气象科普网. 气象词典 [DB/OL]. [2021-03-27]. http://www.qxkp.net.

[193] 中央气象局气象科学研究院. 中国近五百年旱涝分布图集 [M]. 北京：中国地图出版社, 1981.

[194] 周国华, 贺艳华, 唐承丽, 等. 中国农村聚居演变的驱动机制及态势分析 [J]. 地理学报, 2011, 66 (4)：515-524.

[195] 周尚意, 孔翔, 朱竑编. 文化地理学 [M]. 北京：高等教育出版社, 2004.

[196] 周尚意. 文化地理学研究方法及学科影响 [J]. 中国科学院院刊. 2011, 26 (4)：415-422.

［197］周扬，李寻欢. 贫困地理学的基础理论与学科前沿［J］. 地理学报，2021，76（10）：2407-2424.

［198］周忠，周颐，肖江剑. 虚拟现实增强技术综述［J］. 中国科学：信息科学，2015，45（2）：157-180.

［199］朱德举. 中国耕地保护［M］. 北京：中国大地出版社，1997.

［200］朱庆，张利国，丁雨淋，等. 从实景三维建模到数字孪生建模［J］. 测绘学报，2022，51（6）：1040-1049.

［201］左其亭，窦明，马军霞. 水资源学教程［M］. 北京：中国水利水电出版社，2008.

［202］左其亭，王中根. 现代水文学［M］. 2版. 郑州：黄河水利出版社，2006.

［203］Jean-Paul Rodrigue, Claude Comtois, Brian Slack. 交通运输地理［M］. 王建伟，付鑫，译. 北京：人民交通出版社，2014.

外文文献

［1］Abernethy V D. Nature's Services: Societal Dependence on Natural Ecosystems［M］. Washington D. C.: Island Press, 1997.

［2］Berkes F, Folke C, Colding J. Linking Social and Ecological Systems: Management Practices and Social Mechanisms for Building Resilience［M］. Cambridge: Cambridge University Press, 2000.

［3］Costanza R, D'Arge R, de Groot R, et al. The Value of the World's Ecosystem Services and Natural Capital［J］. Nature, 1997, 387: 253-260.

［4］Coffeya W J. Geography and the Environment: Systems Analytical Methods［J］. Economic Geography, 1983, 59（3）：326-328.

［5］Daher B T, Mohtar R H. Water-Energy-Food (WEF) Nexus Tool 2.0: Guiding Integrative Resource Planning and Decision-Making［J］. Water International, 2015, 40: 748-771

［6］Daily G C, Myers J P, Reichert J, et al. Nature's Services: Societal Dependence on Natural Ecosystems［M］. 4th ed. Washington D. C.:

Island Press, 1997.

[7] Doxiadis C A. Ekistics: An Introduction to the Science of Human Settlements [M]. Athens: Athens Publishing Center, 1968.

[8] Folke C, Carpenter S R, Walker B, et al. Resilience Thinking: Integrating Resilience, Adaptability and Transformability [J]. Ecologyand Society, 2010, 15 (4): 299-305.

[9] Gunderson L H, Holling C S. Panarchy: Understanding Transformation in Human and Natural Systems [M]. Washington D. C.: Island Press, 2002.

[10] Harrer M. World Development Report 1991 [J]. Small Enterprise Development, 1991, 2 (4): 54-55.

[11] Hoff H. Understanding the Nexus, Background Paper of the Bonn 2011 Conference: The Water, Energy and Food Security Nexus [C]. Stockholm Environment Institute, Stockholm, 2011.

[12] Howells M, Hermann S, Welsch M, et al. Integrated Analysis of Climate Change, Land-Use, Energy and Water Strategies [J]. Nature Climate Change, 2013, 3 (7): 621-626.

[13] Johnson R. Poverty [J]. Irish Penny Journal, 1840, 1 (9): 66.

[14] Liu J G, Dietz T, Carpenter S R, et al. Complexity of Coupled Human and Natural Systems [J]. Science, 2007, 317 (5844): 1513-1516.

[15] Mace G M. Whose conservation? [J]. Science, 2014, 345 (6204): 1558-1560.

[16] Molajou A, Pouladi P, Afshar A. Incorporating Social System into Water-Food-Energy Nexus [J]. Water Resources Management, 2021, 35: 4561-4580.

[17] Oleg A S. Geographic Space: An Ancient Story Retold [J]. Transactions of the Institute of British Geographers, 2016, 41 (4): 585-596.

[18] Ostrom E. A General Framework for Analyzing Sustainability of Social-Ecological Systems [J]. Science, 2009, 325 (5939): 419-422.

[19] Price L L, Rowntree B S. Poverty: A Study of Town Life [J]. The Economic Journal, 1902, 11 (65): 260-266.

[20] Reyers B, Folke C, Moore M L, et al. Social-Ecological Systems Insights for Navigating the Dynamics of the Anthropocene [J]. Annual Review of Environment and Resources, 2018, 43 (1): 267-289.

[21] Shorrocks A, Townsend P. Poverty in the United Kingdom: A Survey of Household Resources and Standards of Living [J]. The Economic Journal, 1980, 90 (360): 954.

[22] Srinivasan T N, Sen A K. Poverty and Famines: An Essay on Entitlement and Deprivation [J]. Social Scientist, 1983, 65 (1): 200.

[23] Steffen W, Crutzen P, John R M, et al. The Anthropocene: Are Humans Now Overwhelming the Great Forces of Nature? [J]. Ambio A Journal of the Human Environment, 2008, 36 (8): 614-621.

[24] Vitousek P M, Mooney H A, Lubchenco J, et al. Human Domination of Earth's Ecosystems [J]. Science, 1997, 277 (5325): 494-499.

[25] Zhou Y, Liu Y. The Geography of Poverty: Review and Research Prospects [J]. Journal of Rural Studies, 2022 (93): 408-416.

附录　专业术语对照表（中—阿—英—俄）

序号	中文	阿文	英文	俄文
1	不可再生能源	الطاقة غير المتجددة	nonrenewable energy resources	невозобновляемые источники энергии
2	常规能源	الطاقة التقليدية	conventional sources of energy	традиционная энергия
3	城市	الحضر	urban	город
4	城市出行	التنقل الحضري	urbantrip	городские путешествия
5	城市化	التحضر	urbanization	урбанизация
6	城市交通	المواصلات الحضرية	urban transport	городской транспорт
7	城市交通规划	تخطيط المواصلات الحضرية	urban traffic planning	планирование городского транспорта
8	城市景观感知	إدراك المناظر الطبيعية الحضرية	urban landscape perception	восприятие городских ландшафтов
9	城市空间	الفضاء الحضري	urban space	городское пространство
10	城市空间结构	البنية المكانية الحضرية	urban spatial structure	пространственная структура города
11	城市起源	أصل المدن	origin of cities	городские истоки
12	城市形态	الشكل الحضري	urban morphology	городская форма

续上表

序号	中文	阿文	英文	俄文
13	城市演变	التطور الحضري	urban Evolution	эволюция городов
14	城乡规划	التخطيط الحضري والريفي	urban and rural planning	городское и сельское планирование
15	出行行为	سلوك التنقل	travel behavior	поведение путешественников
16	村庄规划	تخطيط القرية	village planning	планирование деревень
17	大模型	النموذج الكبير	bigdata model	большие модели
18	大气科学	علم الضغط الجوي	atmospheric science	наука об атмосфере
19	大气圈	الضغط الجوي	atmosphere	атмосфера
20	大数据	البيانات الضخمة	big data	большие данные
21	地方尺度	المقياس المحلي	local scale	местный масштаб
22	地理环境	البيئة الجغرافية	geographic environment	географическая среда
23	地理建模	النمذجة الجغرافية	geographical modeling	географическое моделирование
24	地理科学	الجغرافيا	geographical science	геонауки
25	地理空间	الفضاء الجغرافي	geographical spatial	геопространство
26	地理模拟	المحاكاة الجغرافية	geographic simulation	географическое стимулирование
27	地理模拟器	المحاكي الجغرافي	geographic simulator	геосимулятор
28	地理系统	النظام الجغرافي	geography system	геосистемы
29	地理要素	العامل الجغرافي	geographic element	географические элементы
30	地球环境	بيئة الأرض	Earth environmental	окружающая среда Земли

续上表

序号	中文	阿文	英文	俄文
31	地球系统	نظام الأرض	Earth system	система Земли
32	地球系统科学	علم نظام الأرض	Earth system science	наука о системе Земли
33	地球系统组成	بنية نظام الأرض	structure of the Earth system	состав земной системы
34	地震预报	التنبؤ بالزلازل	earthquake prediction	прогнозирование землетрясений
35	地震灾害	كارثة زلزالية	earthquake disaster	сейсмическая катастрофа
36	地质灾害	كارثة جيولوجية	geological hazard	геологические катастрофы
37	调水工程	مشروع تحويل المياه	water diversion project	проект переброски воды
38	多式联运	النقل متعدد الوسائط	multimodal transport	мультимодальные перевозки
39	多维贫困	الفقر متعدد الأبعاد	multidimensional poverty	многомерная бедность
40	二次能源	الطاقة الثانوية	secondary energy sources	вторичная энергия
41	风暴潮	عرام العواصف	storm tide	штормовая волна
42	个体贫困	الفقر الفردي	individual poverty	индивидуальная бедность
43	耕地	الأراضي الصالحة للزراعة	cultivated land	пахотные земли
44	耕地保护	حماية الأراضي الصالحة للزراعة	cultivated land protection	защита пахотных земель
45	耕地分布	توزيع الأراضي الصالحة للزراعة	distribution of cultivated land	распределение пахотных земель
46	耕地数量	كمية الأراضي الصالحة للزراعة	cultivated land quantity	количество пахотных земель

附录　专业术语对照表（中－阿－英－俄）

续上表

序号	中文	阿文	英文	俄文
47	耕地质量	جودة الأراضي الصالحة للزراعة	cultivated land quality	качество пахотных земель
48	工业区位	الموقع الصناعي	industrial location	промышленное расположение
49	公共健康	الصحة العامة	public health	общественное здравоохранение
50	公路运输	النقل عبر الطرق العامة	highway transportation	автомобильный транспорт
51	管道运输	النقل عبر الأنابيب	pipeline transport	трубопроводный транспорт
52	国际关系	العلاقات الدولية	international relations	международные отношения
53	国际人口迁移	النزوح الدولي للسكان	international population migration	международная миграция населения
54	国内人口迁移	النزوح الداخلي للسكان	domestic population migration	внутрсняя миграция населения
55	空间规划	التخطيط المكاني الإقليمي	spatial planning	территориальное планирование
56	空间治理	الحوكمة المكانية الإقليمية	space governance	территориальное пространственное управление
57	海啸	تسونامي	tsunami	цунами
58	海洋科学	علم البحار	marine science	морская наука
59	海洋灾害	كارثة بحرية	marine disaster	морская катастрофа
60	航空运输	النقل الجوي	air transportation	воздушный транспорт
61	滑坡	انهيارات التربة	landslide	оползень
62	环境	البيئة	environment	окружающая среда
63	环境健康	الصحة البيئية	environmental health	здоровье окружающей среды

续上表

序号	中文	阿文	英文	俄文
64	货流	تدفق السلع	cargo flow	грузопоток
65	机器学习	تعلم الآلة	machine learning	машинное обучение
66	极地科学	العلوم القطبية	polar scientific	полярная наука
67	疾病与传播	انتشار الأمراض	epidemic spread	заболевание и передача инфекции
68	交通流	التدفق المروري	traffic flow	транспортный поток
69	交通需求管理	إدارة الطلب على المواصلات	traffic demand management	управление спросом на трафик
70	交通运输方式	طرق النقل	public transportation mode	вид транспорта
71	交通运输网络	شبكة النقل	transportation network	транспортная сеть
72	交通运输与联系	النقل والربط	transport and connection	транспортировка и контакты
73	经济活动	النشاط الاقتصادي	economic activity	экономическая деятельность
74	经济活动部门	فرع النشاط الاقتصادي	factor of economic activity	сектор экономической деятельности
75	经济结构	الهيكل الاقتصادي	economic structure	экономическая структура
76	经济区	المنطقة الاقتصادية	economic zone	экономическая зона
77	经济区位	الموقع الاقتصادي	economic location	экономическое положение
78	经济全球化	العولمة الاقتصادية	economic globalization	экономическая глобализация
79	经济增长	النمو الاقتصادي	economic growth	экономический рост
80	居民出行	سلوك التنقل	residents travel	поведение в путешествиях
81	距离障碍	عائق المسافة	distance gap	барьер расстояния

附录　专业术语对照表（中－阿－英－俄）

续上表

序号	中文	阿文	英文	俄文
82	绝对贫困	الفقر المطلق	absolute poverty	абсолютная бедность
83	考古	علم الآثار	archaeometry	археология
84	科学数据	البيانات العلمية	scientific data	научные данные
85	可持续发展目标	أهداف التنمية المستدامة	sustainable developmen goals	цели устойчивого развития ООН
86	可持续减贫	الحد من الفقر بشكل مستدام	sustainable poverty reduction	устойчивое снижение уровня бедности
87	可达性	إمكانية الوصول	accessibility	достижимость
88	可再生能源	الطاقة المتجددة	renewable energy	возобновляемые источники энергии
89	客流	تدفق الركاب	passenger flow	пассажиропоток
90	空间尺度	المقياس المكاني	spatial scale	пространственный масштаб
91	空间贫困	الفقر المكاني	space-induced poverty	космическая бедность
92	空间相互作用	التفاعلات المكانية	spatial dependent interactions	пространственное взаимодействие
93	空间行为	السلوك المكاني	spatial dependent behavior	пространственное поведение
94	跨国投资	الاستثمار العابر للحدود الوطنية	transnational investment	трансграничные инвестиции
95	跨文化传播	التواصل بين الثقافات	intercultural communication	межкультурная коммуникация
96	历史	التاريخ	history	история
97	粮食	الغذاء	grain	зерно
98	粮食生产	إنتاج الغذاء	grain production	производство продуктов питания
99	粮食—水—能源纽带关系	العلاقة بين الغذاء والمياه والطاقة	grain-water-energy nexus	взаимосвязь продовольствия, воды и энергии

续上表

序号	中文	阿文	英文	俄文
100	邻里	الجيران	neighborhood	соседи
101	贸易扩张	توسع التجارة	trade expansion	расширение торговли
102	南水北调	مشروع تحويل المياه من الجنوب إلى الشمال	South-to-North water diversion	переброска воды с юга на север
103	能量流动	تدفق الطاقة	energy flow	поток энергии
104	能源	الطاقة	energy	энергия
105	能源安全	أمن الطاقة	energy security	энергетическая безопасность
106	能源互联网	إنترنت الطاقة	energy internet	энергетический интернет
107	能源消费	استهلاك الطاقة	energy consumption	потребление энергии
108	能源转型	تحول الطاقة	energy transformation	энергопереход
109	泥石流	السيول المحملة بالطين والحجارة	debris flow	селевый поток
110	年龄结构	الهيكل العمري	age structure	возрастная структура
111	农业区	منطقة زراعية	agricultural area	сельскохозяйственный район
112	农业区位	الموقع الزراعي	agricultural location	сельскохозяйственное местоположение
113	耦合机理	آلية الاقتران	coupled mechanism	соединительный механизм
114	贫困	الفقر	poverty	бедность
115	贫困风险	خطر الفقر	poverty risk	риск бедности
116	贫困区	منطقة الفقر	poverty stricken area	бедный район
117	气象灾害	كارثة الطقس	meteorological disaster	метеорологические катастрофы
118	清洁能源	الطاقة النظيفة	clean energy	чистая энергия

续上表

序号	中文	阿文	英文	俄文
119	区际产业转移	تحول الصناعة بين الأقاليم	interregional industrial transfer	межрегиональный промышленный трансфер
120	区域	إقليم	regional	регион
121	区域发展	التنمية الإقليمية	regional development	региональное развитие
122	区域规划	التخطيط الإقليمي	regional planning	региональное планирование
123	区域经济一体化	التكامل الاقتصادي الإقليمي	regional economic integration	региональная экономическая интеграция
124	区域绿色发展	التنمية الإقليمية الخضراء	regional green development	зеленое развитие региона
125	区域协调发展	التنمية المنسقة للمناطق	regional coordinated development	скоординированное региональное развитие
126	区域性贫困	الفقر الإقليمي	regional poverty	региональная бедность
127	区域战略	الاستراتيجية الإقليمية	regional strategy	региональная стратегия
128	全球变化	التغيرات العالمية	global change	глобальное изменение
129	全球变化影响	تأثير التغيرات العالمية	global change impact	влияние глобальных изменений
130	全球空间	الفضاء العالمي	global space	глобальное пространствоо
131	全球气候变化	التغير المناخي العالمي	global climate change	глобальное изменение климата
132	全人类共同价值	القيم الإنسانية المشتركة	humanity common value	общие ценности всего человечества

续上表

序号	中文	阿文	英文	俄文
133	人地关系	العلاقة بين الإنسان والطبيعة	man-land nexus	взаимоотношения человека и земли
134	人地系统	أنظمة الإنسان والطبيعة	man-land system	системы «Человек-земля»
135	人地系统可持续发展	استدامة أنظمة الإنسان والطبيعة	sustainable development of man-land system	устойчивое развитие
136	人地系统耦合	اقتران أنظمة الإنسان والطبيعة	coupled man-land system	сопряжение системы «Человек-земля»
137	人工智能	الذكاء الاصطناعي	artificial intelligence	искусственный интеллект
138	人口变动	الديناميكا السكانية	population dynamics	демографические измененияя
139	人口出生	الولادات السكانية	population birth	рождаемость населения
140	人口分布	التوزيع السكاني	population distribution	распределение населения
141	人口规模	حجم السكان	population size	численность населения
142	人口结构	البنية السكانية	population structure	демографическая структура
143	人口密度	الكثافة السكانية	population density	плотность населения
144	人口迁移	هجرة السكان	population migration	миграция населения
145	人口数量	كمية السكان	population quantity	численность населения
146	人口质量	نوعية السكان	population quality	качество населения
147	人口死亡	وفيات السكان	population death	смертность населения
148	人口再生产	تكاثر السكان	population reproduction	воспроизводство населения

续上表

序号	中文	阿文	英文	俄文
149	人口增长	نمو السكان	population increase	рост населения
150	人类关键区	المنطقة البشرية الحرجة	human critical area	критическая зона человечества
151	人类活动	النشاط البشري	human activity	человеческая деятельность
152	人类健康	الصحة البشرية	human health	здоровье человека
153	人类命运共同体	مجتمع ذو مستقبل مشترك للبشرية	human destiny community	сообщество единой судьбы человечества
154	人类圈	الأنثروبوسفير	anthroposphere	антропосфера
155	人类生存风险	المخاطر التي تتهدد بقاء الإنسان	human subsistence risks	риск человеческого существования
156	人类世	حقبة التأثير البشري	anthropocene	антропоцен
157	人类文明	الحضارة البشرية	human civilization	человеческая цивилизация
158	人类文明新形态	الشكل الجديد للحضارة البشرية	new forms of human civilization	новая форма человеческой цивилизации
159	人与自然生命共同体	مجتمع الحياة المشترك بين الإنسان والطبيعة	shared community of man and nature	сообщество человеческой и природной жизни
160	三次产业分类	التصنيفات الصناعية الثلاثة	three factors of industrial classifications	классификация третичных отраслей
161	社会发展	التقدم الاجتماعي	social progress	социальное развитие
162	社会空间	الفضاء المجتمعي	social space	социальное пространство
163	社会空间分异	التمايز المكاني الاجتماعي	social spatial heterogeneity	социально-пространственная дифференциация

续上表

序号	中文	阿文	英文	俄文
164	社会流动	الحراك الاجتماعي	social mobility	социальная мобильность
165	社会－生态系统	النظام الاجتماعي البيئي	social-ecological system	социально-экологические системы
166	社会网络	الشبكة الاجتماعية	social network	социальные сети
167	社区	الحي السكني	community	микрорайон
168	深度学习	التعلّم المُتعمّق	deep learning	глубокое обучение
169	生态保护与修复规划	الحماية البيئية وتخطيط الترميم	ecological protection and restoration planning	планирование сохранения и восстановления окружающей среды
170	生态补偿	التعويض البيئي	ecological payment	экологическая компенсация
171	生态红线	الخط الأحمر البيئي	ecological red line	экологическая красная линия
172	生态文明	الحضارة البيئية	ecological civilization	экологическая цивилизация
173	生态系统服务	خدمات النظام الإيكولوجي	ecosystem services	экосистемные услуги
174	生物多样性	التنوع البيولوجي	biodiversity	биоразнообразие
175	生物圈	المحيط الحيوي	biosphere	биосфера
176	时间尺度	المقياس الزمني	temporal scale	шкала времени
177	时空压缩	تقليص الزمان والمكان	spatio-temporal compression	сжатие пространства и времени
178	实景三维	مشهد حقيقي ثلاثي الأبعاد	real 3D	живое действие 3D
179	收入贫困	فقر الدخل	income dependent poverty	бедность по доходам
180	数字孪生	التوأم الرقمي	digital twin	цифровой двойник

续上表

序号	中文	阿文	英文	俄文
181	水利工程	الهندسة الهيدروليكية	hydraulic engineering	строительство гидротехнических сооружений
182	水利枢纽	تقاطع مائي	hydropower	гидроузел
183	水利系统	نظام الحفاظ على المياه	water conservancy system	гидротехническая система
184	水路运输	النقل المائي	waterway transportation	водный транспорт
185	水圈	الغلاف المائي للأرض	hydrosphere	гидросфера
186	水网工程	هندسة شبكات المياه	water network engineering	проект водопроводной сети
187	水循环	دورة المياه	water cycle	гидрологический цикл
188	水资源	موارد المياه	water resources	гидроресурсы
189	水资源供需	العرض والطلب على الموارد المائية	water resources supply and demand	водоснабжение и спрос на воду
190	水资源配置	توزيع الموارد المائية	water resources reallocation	распределение водных ресурсов
191	水资源数量	كمية الموارد المائية	water resources quantity	количество водных ресурсов
192	水资源质量	جودة الموارد المائية	water resources quality	качество водных ресурсов
193	台风	إعصار	typhoon	тайфун
194	碳达峰	ذروة الكربون	carbon peak	пик выбросов углерода
195	碳循环	تدوير الكربون	carbon cycling	круговорот углерода
196	碳源	مصادر الكربون	carbon sources	источник углерода
197	碳中和	الحياد الكربوني	carbon neutral	углеродная нейтральность

续上表

序号	中文	阿文	英文	俄文
198	铁路运输	النقل عبر السكك الحديدية	railway transportation	железнодорожный транспорт
199	土地利用	استخدام الأرض	land use	землеустройство
200	土壤环境容量	القدرة البيئية للتربة	soil environmental capacity	экологическая емкость почв
201	土壤污染	تلوث التربة	soil contamination	загрязнение почвы
202	土壤健康	صحة التربة	soil health	здоровье почвы
203	土壤元素	عامل التربة	soil element	почвенные элементы
204	土壤自净	تنقية التربة ذاتيا	soil self-purification	самоочищение почвы
205	伪空间数据	البيانات المكانية الزائفة	pseudo-spatial data	псевдопространственные данные
206	未来城市与规划	مدن المستقبل والتخطيط	future city and planning	будущие города и планирование
207	未来地球	أرض المستقبل	future earth	будущая земля
208	温室气体排放	انبعاثات الغازات الدفينة	greenhouse gas emission	выброс парниковых газов
209	文化	الثقافة	culture	культура
210	文化传播	التواصل الثقافي	culture transmission	культурная коммуникация
211	文化分区	تمايز الثقافة	cultural partition	культурное зонирование
212	文化景观	المناظر الطبيعية الثقافية	culture landscape	культурный ландшафт
213	文化区	المنطقة الثقافية	cultural area	культурный район
214	物流	الخدمات اللوجستية	logistics	логистика
215	物质循环	الدورة المادية	material cycle	материальный круговорот

续上表

序号	中文	阿文	英文	俄文
216	乡村	الريف	rural	деревня
217	乡村规划	التخطيط الريفي	rural planning	планирование сельской местности
218	乡村环境	البيئة الريفية	rural environment	сельская среда
219	乡村景观	المناظر الطبيعية الريفية	rural landscape	сельский ландшафт
220	乡村聚落	الاستيطان الريفي	rural settlement	сельские поселения
221	乡村人居环境	بيئة المستوطنات البشرية الريفية	rural human settlement environment	жилая среда сельской местности
222	乡村振兴	النهضة الريفية	rural revitalization	возрождение села
223	相对贫困	الفقر النسبي	relative poverty	относительная бедность
224	详细规划	التخطيط المفصل	detailed planning	детальное планирование
225	新技术浪潮	موجة التكنولوجيا الجديدة	new technology trend	волна новых технологий
226	新能源	الطاقة الجديدة	new energy	новые источники энергии
227	信息传递	نقل المعلومات	information transfer	передача информации
228	信息流	تدفق المعلومات	information flow	информационный поток
229	性别结构	هيكل الجنس	sex structure	гендерная структура
230	虚拟现实	الواقع الافتراضي	virtual reality	виртуальная реальность
231	岩石圈	غلاف الأرض الصخري	lithosphere	литосфера
232	一次能源	الطاقة الأولية	primary energy	первичный источник энергии

续上表

序号	中文	阿文	英文	俄文
233	"一带一路"	مبادرة "الحزام والطريق"	the belt and road	инициатива «Пояс и путь»
234	灾害风险性评估	تقييم أخطار الكوارث	disaster risk assessment	оценка риска стихийных бедствий
235	战略规划	التخطيط الاستراتيجي	strategic planning	стратегическое планирование
236	智慧地球	الكوكب الذكي	smart planet	умная Земля
237	智慧服务	الخدمة الذكية	smart service	интеллектуальные услуги
238	智慧交通	المواصلات الذكية	intelligent transportation	интеллектуальный транспорт
239	智慧治理	الحوكمة الذكية	intelligent governance	разумное управление
240	中心地理论	نظرية المكان المركزي	central place theory	теория центральной мест
241	重力模型	نموذج الجاذبية	gravity model	гравитационная модель
242	中国式现代化	التحديث الصيني النمط	chinese path to modernization	модернизация в китайском стиле
243	主体功能区	المنطقة الوظيفية الرئيسية	main functional area	основные функциональные регионы
244	专项规划	التخطيط المتخصص	specialized planning	специальное планирование
245	资本流动	تدفق رأس المال	capital flow	движение капитала
246	资源环境承载力	قدرة تحمل الموارد البيئية	resources and environment carrying capacity	допустимая нагрузка на природную среду и ресурс
247	自然区	المنطقة الطبيعية	natural region	природная зона
248	自然灾害	الكوارث الطبيعية	natural disasters	стихийное бедствие

续上表

序号	中文	阿文	英文	俄文
249	自然灾害调查	التحقيق في الكوارث الطبيعية	natural disaster investigation	расследование стихийного бедствия
250	自然灾害防范	الوقاية من الكوارث الطبيعية	natural disasters prevention	предотвращение стихийных бедствий
251	自然灾害评价	تقييم الكوارث الطبيعية	natural disaster evaluation	оценка стихийных бедствий
252	自然灾害预警	التحذير من الكوارث الطبيعية	natural disaster warning	предупреждениестихийного бедствия
253	自然资源管理	إدارة الموارد الطبيعية	natural resource management	управление природными ресурсами
254	总体规划	الخطة الرئيسية	master plan	генеральный план